金融機関の
コーポレート・
ガバナンス

服部泰彦
Hattori Yasuhiko

文理閣

はじめに

　本書は、1990年代半ばから2000年代初頭までの金融機関の経営破綻が多発した時期を分析の対象としている。その金融危機の状況のなかで、注目されるようになった金融機関のコーポレート・ガバナンスのあり方の考察が本書の内容である。

　日本において、コーポレート・ガバナンスが研究の対象となってきたのは、1980年代後半のバブル経済が崩壊し、それまで賛美されてきた「日本的経営」論が後景に退き、逆に「日本的経営」が抱える構造的な問題が強調され出した1990年代初頭以降である。しかし、当初は、一般企業のコーポレート・ガバナンスがもっぱら問題とされ、金融機関はそうした一般企業のガバナンスを担うステークホルダーの一つとして考察されるにすぎなかった。ところが、1997年11月における都市銀行の一角である北海道拓殖銀行、および四大証券の一角である山一証券、さらには1998年10月の日本長期信用銀行、および同年12月の日本債券信用銀行といった大手金融機関の経営破綻を一つの契機として、一般企業のコーポレート・ガバナンスだけではなく、金融機関そのものがコーポレート・ガバナンスの研究対象となってきた。

　もう一つの契機は、1996年秋以降の金融ビッグバンの動向である。ビッグバン以前においては、金融規制があり、金融界には市場規律・市場メカニズムが作用しない状況であったことから、金融機関はそもそもコーポレート・ガバナンスの対象にはならなかった。ところが、金融ビッグバン以降になって、市場規律・市場メカニズムが作用するようになり、金融行政のあり方が大きく変化し、金融機関のコーポレート・ガバナンスが研究の対象となってきたのである。

　本書では、一般企業にはない、金融機関に固有のステークホルダーである「預金者」と「金融当局」を取り出し、こうした「預金者による市場の規律」

や「金融当局による監督・監視」が、金融機関のコーポレート・ガバナンスに対して、どのような役割を果たしているのかを分析している。もちろん、金融機関も企業の一つである以上、金融機関の内部規律の問題、特に経営者によるワンマン体制や融資審査の甘さ、経営者の保身というチェック機構の問題を分析し、それらの問題がいかにバブル期における不動産関連の乱脈融資、バブル崩壊後の不良債権処理の先送り、経営破綻へと繋がっているかを考察している。これらの問題について、第1部では理論的側面を、第2部では事例研究を通して実証的側面を考察している。

本書は、先ほど述べたように、1990年代半ばから2000年代初頭までの金融機関の経営破綻が多発した時期を扱っており、その意味では少し古いという印象を免れない。しかし、現時点においても、本書は重要な意義を有していると考える。

その一つの理由は、2014年から15年にかけてコーポレート・ガバナンスに関する新たな動きが出てきたことである。2015年5月にコーポレート・ガバナンス、特に取締役会のあり方に関係する改正会社法が施行された。また、2014年8月に、経済産業省の「伊藤レポート」が発表された。このレポートでは、いくつかの論点が提起されているが、大きな衝撃を与えたのは、日本企業が持続的な成長を達成するためには、8％以上のROE（自己資本利益率）を目指すべきであることを提起していることである。これによって、経営指標としてのROEの持つ重要性が再認識されることになった。

さらに、2014年2月に「日本版スチュワードシップ・コード」が、そして2015年6月に「コーポレートガバナンス・コード」が公表された。この2つのレポートは、アベノミクスの成長戦略の一環として出てきたものであり、「車の両輪」として位置付けられている。こうした最近の新たな動きから、コーポレート・ガバナンスのあり方がますます注目されるようになっている。詳細については、序章のⅢで考察している。

もう一つの理由は、これまで数多くのコーポレート・ガバナンス関連の著書が出版されてきたが、それらのほとんどは一般企業のコーポレート・ガバナンスに関するものである。金融機関のコーポレート・ガバナンスに関する

著書の出版は少ないのが現状である。こうした状況から、今日においても本書は重要な意義を有していると考えた次第である。

 2016年4月

服 部 泰 彦

目　次

はじめに　i

序章　本書の課題と構成
　Ⅰ　コーポレート・ガバナンスとは何か……………………………………… 1
　Ⅱ　日本におけるコーポレート・ガバナンス論の高まりの背景…………… 2
　Ⅲ　コーポレート・ガバナンスの新たな動き………………………………… 3
　Ⅳ　金融機関のコーポレート・ガバナンスの内容とその背景……………… 7
　Ⅴ　預金者による市場の規律…………………………………………………… 9
　Ⅵ　金融当局による金融規制・金融行政と監督・監視機能………………… 13
　Ⅶ　本書の構成…………………………………………………………………… 17

第1部　理論的考察

第1章　金融機関のコーポレート・ガバナンス
　はじめに………………………………………………………………………… 25
　Ⅰ　金融機関のコーポレート・ガバナンス…………………………………… 26
　Ⅱ　金融機関のコーポレート・ガバナンスと預金者………………………… 32
　Ⅲ　金融機関のコーポレート・ガバナンスと金融当局……………………… 33
　おわりに………………………………………………………………………… 35

第2章　「市場規律」論の検討
　はじめに………………………………………………………………………… 39
　Ⅰ　「市場規律」論の論理展開………………………………………………… 40
　Ⅱ　「市場規律」論の検討……………………………………………………… 45
　おわりに………………………………………………………………………… 54

第3章 「預金者による市場の規律」について

はじめに ··· 57
I 「預金者による市場の規律」の有効性を認める見解 ·············· 58
II 「預金者による市場の規律」の有効性を否定する見解 ············ 63
おわりに ··· 72

第4章 銀行の経営破綻と預金流出
——預金者による市場の規律——

はじめに ··· 77
I 戦後日本の「銀行不倒神話」とその崩壊過程 ······················ 78
II 「預金の全額保護」以前の段階 ······································ 86
III 「預金の全額保護」と1997年11月の金融危機 ···················· 91
IV 早期是正措置と金融再生法 ·· 94
V ペイオフ凍結解除目前の検査強化 ·································· 97
VI 預金者による市場の規律 ·· 97
おわりに ··· 103

第5章 日本の金融システム・金融行政とコーポレート・ガバナンス

はじめに ··· 109
I 金融ビッグバン構想と新しい金融システム・金融行政への転換 ········ 110
II そごう問題の経過 ·· 117
III 金融再生法と瑕疵担保条項 ·· 123
IV 金融システム・金融行政とコーポレート・ガバナンス ·············· 127
おわりに ··· 129

第2部 実証的考察——事例研究を通して——

第6章 木津信組の経営破綻と預金流出

 はじめに ·· 135
 Ⅰ 鍵弥前理事長のワンマン体制と乱脈融資 ································· 136
 Ⅱ 紹介預金の整理と大口・高金利預金 ·· 138
 Ⅲ 預金流出の実態 ·· 140
 Ⅳ 取り付け騒ぎ ·· 144
 おわりに ·· 148

第7章 拓銀の経営破綻とコーポレート・ガバナンス

 はじめに ·· 151
 Ⅰ 拓銀の設立と戦後の再出発 ·· 152
 Ⅱ 高度成長期における拓銀の経営 ·· 155
 Ⅲ バブル期における拓銀の経営戦略 ·· 161
 Ⅳ バブル期における拓銀の乱脈融資の実態 ································ 167
 Ⅴ バブルの崩壊と大量の不良債権の発生・隠蔽 ························ 171
 Ⅵ 道銀との合併合意と合併延期 ·· 176
 Ⅶ 拓銀の経営破綻——資金繰りの悪化 ·· 179
 Ⅷ 金融当局・旧大蔵省の責任 ·· 185
 おわりに ·· 189

第8章 山一の経営破綻とコーポレート・ガバナンス

 はじめに ·· 193
 Ⅰ 昭和40年の証券恐慌と山一式経営の弱点 ······························· 194
 Ⅱ 社内主流派の確立——経営戦略転換の機を逃す ···················· 203
 Ⅲ バブルと財テク——「にぎり」と「飛ばし」 ························ 208
 Ⅳ 角谷通達と営業特金の整理 ·· 214

Ⅴ　損失補てん事件と損失の隠蔽——組織的犯罪 ……………………… 217
　　Ⅵ　大蔵省の証券行政の責任 ……………………………………………… 224
　　Ⅶ　破綻への迷走——市場メカニズムの圧力 …………………………… 229
　　おわりに …………………………………………………………………… 236

第9章　長銀の経営破綻とコーポレート・ガバナンス

　　はじめに …………………………………………………………………… 241
　　Ⅰ　長期信用銀行法の制定と長銀の設立 ………………………………… 242
　　Ⅱ　高度成長期と長期信用銀行の役割 …………………………………… 245
　　Ⅲ　大企業の「銀行離れ」と長銀の新しい路線への模索 ……………… 252
　　Ⅳ　バブルの発生と不動産向け乱脈融資 ………………………………… 256
　　Ⅴ　バブル崩壊と不良債権の先送り・隠蔽 ……………………………… 269
　　Ⅵ　市場の圧力に翻弄される長銀——護送船団行政の限界 …………… 272
　　Ⅶ　政争の具として翻弄された長銀 ……………………………………… 278
　　おわりに …………………………………………………………………… 282

初出一覧

　本書は、これまでに発表した以下の論文に基づいている。なお、本書をまとめるにあたって、論文によっては大幅に削除したり、訂正しているところがある。

序　章　書き下ろし
第1章　「金融機関・銀行のコーポレート・ガバナンス」『関西大学商学論集』第47巻第4・5号合併号、2002年12月
第2章　「市場規律と日本の金融システム」『立命館経営学』第44巻第4号、2005年11月
第3章　「預金者による市場の規律」『立命館経営学』第42巻第5号、2004年1月
第4章　「銀行の経営破綻と預金流出―預金者による市場規律―」『立命館経営学』第45巻第4号、2006年11月
第5章　「日本の金融システムとコーポレート・ガバナンス―金融再生法とそごう問題―」『立命館経営学』第39巻第6号、2001年3月
第6章　「木津信組の経営破綻と預金流出」『立命館経営学』第41巻第6号、2003年3月
第7章　「拓銀の経営破綻とコーポレート・ガバナンス」『立命館経営学』第41巻第5号、2003年1月
第8章　「山一の経営破綻とコーポレート・ガバナンス」『立命館経営学』第40巻第6号、2002年3月
第9章　「長銀の経営破綻とコーポレート・ガバナンス」『立命館経営学』第40巻第4号、2001年11月

序章

本書の課題と構成

I　コーポレート・ガバナンスとは何か

　コーポレート・ガバナンスとは、「企業統治」と訳されることが多いが、明確な規定があるわけではない。もともとこの概念は、アメリカにおいて1970年代から会社法の文献や資料で盛んに用いられるようになった[1]。

　コーポレート・ガバナンスとは何かを考える場合に重要なのは、まず第一に、コーポレート・ガバナンスの問題は、「会社は誰のものか」、「会社の支配者は誰か」といった従来の企業支配論と重なり合うところが多いということである。企業支配という場合の「支配」(control) 論は、「会社の意思決定の権限」は誰が握っているのか、さらにその会社の意思決定を直接担う「最高経営責任者の任免権」を誰が握っているのかという形で論じられてきた。そして、より具体的には、1930年代においてバーリー＝ミーンズによって、株式会社の規模は拡大し、所有と支配が分離した段階で、所有論の観点から支配者は支配株主かそれとも経営者かという形で議論が提起されてきた。しかし、ここで問題にしようとしているのは、governance の問題であり、control の問題ではない[2]。つまり、「会社における意思決定の仕組み」の問題を含むとはいえ、それより広い概念であると言える。

　第二に、経営とは、意思決定された企業の政策や経営目標を達成するためのさまざまな戦略や戦術の選択と実行に関わる問題であるが[3]、最近アメリカでは、意思決定だけではなく、この経営が適切に行われているかどうかをチェックするシステムという意味で、コーポレート・ガバナンスが問題にされている[4]。その意味で、コーポレート・ガバナンスとは、「各種のステー

クホルダーが、それぞれの利害の観点から経営者を監視し、企業の意思決定と経営に影響を及ぼすシステムである」ということになる。市場規律という場合の「規律付け」についても、その内容は同じである。

　第三に、資本主義の発展とともに、企業規模が拡大し、社会における企業の占める比重が大きくなるにしたがい、企業活動が社会に及ぼす影響が大きくなったことが、ガバナンス議論の一契機となっている面がある。こうした段階では、経営者の活動に対して影響を及ぼす主体は株主だけに限定されない。株主だけではなく、従業員、債権者、取引先、監督官庁、地域社会、消費者といった企業内外のさまざまなステークホルダーの利害をいかに調整しながら、経営者が経営活動を行うかといった問題にまでガバナンスの概念は拡大されている[5]。

II　日本におけるコーポレート・ガバナンス論の高まりの背景

　二度の石油ショックを乗り越え、世界経済の低迷のなかで成長を遂げてきた1980年代の日本経済において、「日本的経営」に対する賛美論が強まり、それを支えてきた株式持合いが肯定的に評価されてきた。そして、この日本独特の企業システムは、単なる日本的特殊性ではなく、「時代と国境を越えられる普遍性」[6]をもつという議論さえ現れた。

　しかし、90年代の深刻な不況とともに、急速に「日本的経営」の賛美論は後景に退き、日本企業は「構造的転換期」を迎えることになった。この頃から、コーポレート・ガバナンス論が日本においても論じられ始めた。その背景には、次の四つのものがある。

　第一は、1993年の商法改正によって実現した株主代表訴訟の手数料の引き下げ（一律8200円の手数料で訴訟ができるようになった）である。これは取締役の経営上の個人責任を追及するものとしてアメリカで定着してきた制度であるが、この手数料の引き下げで株主は訴訟を起こしやすくなり、経営をチェックする上で一定の役割をもつことになった。もともとこの改正の動きは、1989年の日米構造協議においてアメリカが日本でも株主代表訴訟をもっ

とやりやすくせよと要求したことによる[7]。

　第二は、アメリカの機関投資家によるコーポレート・ガバナンスに対する意識が強まるなかで、投資先である日本の企業に対しても具体的な要求（配当の増減、取締役の員数、社外取締役の導入等）を提示するようになったことである[8]。

　第三の背景は、大規模な設備投資が行われた80年代において、資本の浪費が目立ち自己資本利益率（ROE）が低下したことにより、コーポレート・ガバナンスの観点から日本企業の投資基準を見直す必要性が痛感されたことである[9]。

　第四の背景は、90年代に入ってからの相次ぐ一連の企業不祥事により、企業の支配構造の観点から暴走する経営者に対してチェック機能がうまく作用していない現実が指摘されたことである[10]。

Ⅲ　コーポレート・ガバナンスの新たな動き

(1) 会社法の改正

　2014年から2015年にかけて、次々とコーポレート・ガバナンスに関する新たな動きが出てきた。こうした近年の新たな動きによって、コーポレート・ガバナンスはますます注目されるようになった。

　そうした新たな動きの一つは、会社法の改正である。改正会社法は、2014年6月20日に成立し、2015年5月1日に施行された。コーポレート・ガバナンスの強化に関しては、取締役会の監督機能を強化するために、社外取締役をより積極的に活用することになった。改正の主なポイントは、次の三つである。①社外取締役を選任していない場合には、「社外取締役を置くことが相当でない理由」について定時株主総会での説明等により開示することが義務づけられたこと、②従来認められていた「監査役会設置会社」、「委員会設置会社」（改正会社法では、「指名委員会等設置会社」に名称変更）に加えて、株式会社の新たな機関設計として、「監査等委員会設置会社」（取締役3人以上、うち社外取締役が過半数）が選択可能になったこと、③社外取締役および

社外監査役の社外要件の厳格化、である[11]。以上の改正により、ガバナンスがより強化されることになった。2016年の2月現在で、この「監査等委員会設置会社」に移行する上場企業が380社を超え、上場企業全体の約1割に上ったという状況である[12]。

(2) 伊藤レポート

二つ目は、2014年8月に公表された、経済産業省の「伊藤レポート」(「持続的成長への競争力とインセンティブ～企業と投資家の望ましい関係構築～」プロジェクト)である。

このレポートにおいて、いくつかの論点が提起されているが、大きな衝撃を与えたのは、日本企業は、持続的な成長を達成するためには、8％以上のROE（自己資本利益率）を目指すべきであることを提起したことである。これによって、経営指標としてのROEの持つ重要性が再度認識されることになった[13]。

この点について同レポートは、次のように述べている。「持続的成長とは、中長期的に企業価値を高めることである。それは、中長期的に資本コストを上回るパフォーマンスをあげることによって実現され、投資家はそうした価値創造に期待して長期投資を行う」（12ページ）。「企業の持続的成長は、長期的な視野を持つ投資家との協創であり、それを評価する重要な指標がROE等の資本利益率である」（13ページ）。「ROEの水準を評価するに当たって最も重要な概念が『資本コスト』である。長期的に資本コストを上回る利益を生む企業こそが価値創造企業であることを日本の経営陣は再認識し、理解を深めるべきである。本プロジェクトでは、グローバルな機関投資家が日本企業に期待する資本コストの平均が7％超との調査結果が示された。これによれば、ROEが8％を超える水準で約9割のグローバル投資家が想定する資本コストを上回ることになる。個々の企業の資本コストの水準は異なるが、グローバルな投資家と対話する際の最低ラインとして8％を上回るROEを達成することに各企業はコミットすべきである。さらに自社に適した形で水準を高め、持続的な成長につなげていくことが重要である」（13

ページ）。

　そして、このROEが日本では米国や欧州に比べ、極端に低いこと、さらに、ROEは売上高利益率、資本回転率、レバレッジという三つの構成要素から成り立っているが、日本では資本回転率やレバレッジではなく、売上高利益率が低いことが、ROEの低さの原因であることを指摘している。

(3) 日本版スチュワードシップ・コード

　2014年2月に、「日本版スチュワードシップ・コード」(「『責任ある機関投資家』の諸原則《日本版スチュワードシップ・コード》～投資と対話を通じて企業の持続的成長を促すために～」)が、金融庁から公表された。

　まず指摘しておく必要があることは、この「日本版スチュワードシップ・コード」と次に説明する「コーポレートガバナンス・コード」とは、アベノミクスの第三の矢である「成長戦略」の一環として提起されていることである。

　本コードにおいて、「スチュワードシップ責任」[14]について次のように規定されている。「本コードにおいて、『スチュワードシップ責任』とは、機関投資家が、投資先の日本企業やその事業環境等に関する深い理解に基づく建設的な『目的を持った対話』（エンゲージメント）などを通じて、当該企業の企業価値の向上や持続的成長を促すことにより、顧客・受益者の中長期的な投資リターンの拡大を図る責任を意味する。本コードは、機関投資家が、顧客・受益者と投資先企業の双方を視野に入れ、『責任ある機関投資家』として当該『スチュワードシップ責任』を果たすに当たり有用と考えられる諸原則を定めるものである」(2ページ)。

　そして、企業側の責任と機関投資家の責任とは、いわば「車の両輪」であると次のように述べている。「一方で、企業の側においては、経営の基本方針や業務執行に関する意思決定を行う取締役会が、経営陣による執行を適切に監督しつつ、適切なガバナンス機能を発揮することにより、企業価値の向上を図る責務を有している。企業側のこうした責任と本コードに定める機関投資家の責務とは、いわば『車の両輪』であり、両者が適切に相まって質の

高い企業統治が実現され、企業の持続的な成長と顧客・受益者の中長期的な投資リターンの確保が図られていくことが期待される」(2ページ)。

(4) コーポレートガバナンス・コード

2014年6月に閣議決定された「『日本再興戦略』改訂2014―未来への挑戦―」という成長戦略の道筋を示した文書を受けて、同年8月に、金融庁と東京証券取引所を共同事務局とする「コーポレートガバナンス・コードの策定に関する有識者会議」が設置された。そして、同有識者会議は、2015年3月に「コーポレートガバナンス・コード原案」を公表した。さらに、この原案の公表を受けて、各証券取引所は、「コーポレートガバナンス・コード」を決定するとともに、関連する上場制度の整備を行い、2015年6月から施行された。

東京証券取引所が公表した『コーポレートガバナンス・コード～会社の持続的な成長と中長期的な企業価値の向上のために～』は、第1章「株主の権利・平等性の確保」、第2章「株主以外のステークホルダーとの適切な協働」、第3章「適切な情報開示と透明性の確保」、第4章「取締役会等の責務」、第5章「株主との対話」という5つの章で構成されており、5つの基本原則、30の原則、38の補充原則が置かれている。

本コード(原案)の序文において、いくつかのことが指摘されているので、それらを見ていくことにしよう。まず第一に、「本コード(原案)では、会社におけるリスクの回避・抑制や不祥事の防止といった側面を過度に強調するのではなく、むしろ健全な企業家精神の発揮を促し、会社の持続的な成長と中長期的な企業価値の向上を図ることに主眼を置いている」(27ページ)と述べている。つまり、経営者の監視・チェックという従来のコーポレート・ガバナンスの捉え方ではなく、企業の成長・収益力の側面に力点を置いた捉え方になっているところに特色がある。

第二に、「本コード(原案)とスチュワードシップ・コードとは、いわば『車の両輪』であり、両者が適切に相まって実効的なコーポレート・ガバナンスが実現されることが期待されている」(28ページ)という点を指摘して

いる。

　また、本コードにおいては、2名以上の独立社外取締役（また、取締役会はその独立性の判断基準についても策定・開示すべきとしている）を選任することや、政策保有株式の保有については、中長期的な経済合理性の説明を求めている。

　以上のような会社法の改正やレポートが次々と発表され、コーポレート・ガバナンスの枠組みがほぼ出そろい、2015年は「企業統治元年」と称された[15]。

Ⅳ　金融機関のコーポレート・ガバナンスの内容とその背景

(1) 内部規律の問題

　金融機関も企業の一つであるがゆえに、金融機関のコーポレート・ガバナンスを考察するかぎり、内部規律の問題を考察の対象とする必要がある。その一つが、取締役会のあり方の問題であり、平たく言えば一部経営者によるワンマン体制、および経営者の保身が引き起こす問題である。もう一つは、これは金融機関に固有のことであるが、融資審査の甘さというチェック機構の問題である。

　ワンマン体制、および保身の問題は、第2部の事例研究において、特に第6章での木津信組や第7章での拓銀、第9章での長銀のケースにおいて考察されている。第8章における山一証券の分析において、社内における主流派の形成によって、経営陣のトップに対するチェック機構が存在しなくなったという問題が分析されている。また、融資審査の問題は、特に第6章での木津信組、第7章での拓銀、第9章での長銀のケースにおいて考察されている。

　この両者は、1980年代後半におけるバブル期において、不動産関連の乱脈融資を引き起こす原因となり、その後のバブル崩壊後の不良債権処理とその先送り、経営破綻へと繋がっていくことになる。

（2）ガバナーのガバナンス

　金融機関は、提供した資金を融資先である企業が有効に活用しているかに関心を持たざるを得ない。企業がその資金を有望なプロジェクトに投資し、十分な利益を上げ、定期的に利息を支払い、満期時には元本を返済できるかどうかについて利害関係を有している。そうである以上、金融機関は、その企業の経営活動を監視・チェックする必要がある。それゆえ、金融機関は、本来企業のガバナーとしての役割を担うことになる。したがって、従来コーポレート・ガバナンスと言えば、一般企業のコーポレート・ガバナンスのことであり、金融機関はあくまでもガバナーの一つとしてしか問題にされてこなかった。ところが、1997年から98年にかけての大手金融機関の経営破綻を一つの契機として、このガバナーである金融機関をいかにガバナンスするかが問題になってきたのである。

（3）金融機関・銀行のガバナンスの背景

　では、どのような背景から金融機関のコーポレート・ガバナンスが考察の対象になってきたのであろうか。
　第一の背景は、1997年に発生した四大証券の総会屋への利益供与の発生である。第二の背景は、1997年11月に発生した本格的な金融危機の発生である。この時に、三洋証券、拓銀、山一証券、徳陽シティ銀行の経営破綻が続発した。特に、都市銀行の一角である拓銀、四大証券の一角である山一証券といった大手金融機関の経営破綻は衝撃的であった。第三の背景は、1996年秋以前は金融規制があり、金融業界には市場規律・市場メカニズムが作用しない状況であったことから、金融機関はそもそもコーポレート・ガバナンスの対象にはならなかった。ところが、金融ビッグバン以降になって、市場規律・市場メカニズムが作用するようになり、金融行政のあり方が大幅に変化し、金融機関のコーポレート・ガバナンスが研究の対象となってきたのである。

(4) 金融機関・銀行に固有のステークホルダー

金融機関も企業の一形態である以上、企業と同様のステークホルダーとの関係が問題となる。企業の内部組織の側面では、ステークホルダーは例えば、取締役会、監査役会、従業員などであり、またその内部組織のあり方は、企業の、または金融機関のガバナンスのあり方に大きな影響を及ぼす。

企業の外部からのステークホルダーは、取引先、消費者、地域社会などさまざまであるが、特に金融の側面で言えば、株主（株主総会を含む）、債権者（社債投資家、銀行など）である。しかし、一般企業ではなく、金融機関に固有のステークホルダーとしては、預金者と金融当局が上げられる。預金者は、金融機関一般ではなく、預金を取り扱っている銀行に固有のものである。また、金融当局は、金融庁（旧大蔵省）、日銀、預金保険機構といった構成要素からなる。

そこで、「金融機関のコーポレート・ガバナンス」を論ずるうえにおいて、金融機関に固有のステークホルダーである預金者と金融当局を特別に取り出し、考察する必要がある。そこで、次のⅤでは「預金者による市場の規律」、Ⅵでは「金融当局の金融規制・金融行政と監視機能」を分析することにしたい。

Ⅴ 預金者による市場の規律

第2章、第3章、第4章においては、「預金者による市場の規律」を取り扱っているが、ここでは主に第2章の内容を、補足的な論点も含めてまとめておきたい。第2章では、「市場規律」論の代表的な論者として堀内昭義氏を取り上げている。そこで、まず最初は、堀内氏の見解[16]の内容を紹介し、次にその内容を検討するという順序で考察していきたい。

見解の内容の紹介から始めることにしたい。まず第一に、堀内氏は、市場規律・市場メカニズムの二つの側面を区別している。一つは、「淘汰と選別の圧力」という破壊的な側面である。もう一つは、「過度なリスク選択を抑制する」という安定化の側面である。そして、金融システムの効率性を論ず

る場合には、破壊的な側面を強調し、信用秩序の維持を論ずる場合には、安定化の側面を強調している。全体としては、信用秩序の維持の側面を論じているので、安定化の側面だけが主に取り出されることになる。

　第二は、預金者の「合理的な」行動と市場規律の有効性に関する問題である。この点では、通説的見解を次のように批判的に論じている。通説的見解では、不健全な銀行の破綻が、風説の流布や混乱によって、健全な銀行の破綻までをも引き起こすという「伝染効果」によって、銀行部門全体に取り付け騒ぎが広がり、市場機能全体が混乱するという理解になっている。システミック・リスクを説明する場合、このように説明されることが多い。つまり、通説的見解では、金融恐慌・金融危機の局面において、預金者は不健全な銀行から一斉に預金を引き出すだけではなく、健全な銀行からも預金を引き出すという「不合理な」行動を取っていると考える。つまり、預金者は混乱しているということになる。

　それに対して、堀内氏は、金融危機の局面においても、不健全な銀行の破綻が他の銀行の破綻へと次々に波及するとしても、それは不健全な銀行の破綻が他の不健全な銀行へと波及しているだけであり、預金者は比較的的確な情報に基づいて、「合理的に」行動すると理解する。預金者は、「合理的に」行動したとしても、金融恐慌は起こるのである。1927年の昭和恐慌においても、1929年の世界恐慌においても、倒産した銀行は全体からすれば一部にすぎないのである。

　では、なぜ堀内氏は、このように考えるのであろうか。それは、預金者は「合理的に」行動し、市場規律は有効に機能するからである。預金者が、健全な銀行からも預金を一斉に引き出すという「不合理な」行動を取るのであれば、市場規律は有効に機能したと言えるであろうか。預金者は、不健全な銀行からのみ預金を引き出すから、不健全な銀行の経営者は、「過度なリスク選択を抑制する」という市場規律に導かれることになる。我々もまた、堀内氏と同じように、預金者は「合理的に」行動し、それゆえ市場規律は一定程度有効に機能すると考える。

　第三は、「市場規律の限界」と金融当局による行政的介入についてであ

る。市場規律が有効に機能し、預金者が「合理的に」行動するためには、預金者は的確な情報を収集し、合理的な判断能力を有していることが前提となる。ところが、市場規律は、「情報の非対象性」に伴う「情報の不完全性」から解放されているわけではない。「情報の不完全性」ゆえに、預金者が早い段階での的確な情報を得られないことから、市場規律は十分には機能しないことになる。ここに、堀内氏は「市場規律の限界」と金融当局の行政的介入の根拠を見出している。したがって、金融当局は、「銀行、金融機関の経営内容、とりわけその健全性を監視し情報を収集し、それを市場に伝達する」[17]という役割を果たす必要がある。第4章の事例研究における、1995年半ばから2000年代初頭の銀行の経営破綻と預金の流出の実態の分析から分かるように、預金者がもっと早く的確な情報を得ていれば、市場規律はもう少し有効に機能したかもしれない。この点でも、我々は、市場規律が有効に機能するためには、こうした金融当局の行政的介入が必要であると考える。

　以上は、主に堀内氏の見解の内容紹介であった。次に、堀内氏の見解の検討に移ることにしたい。そこで、いくつかの問題点と改善点を列挙しておきたい。

　まず第一は、銀行の「内部規律」の問題が、「市場規律」論における論理展開の不可欠の媒介環として取り上げられていないということである。第2部の事例研究において、破綻した金融機関に関しては、内部規律において何らかの問題を抱えていることが解明されている。預金を取り扱っている木津信組や拓銀においても、経営者は預金流出という「静かな取り付け」の段階において、「市場の脅威」を感じて「内部規律」の改善をしなければならなかったが、ワンマン体制を克服することができず、経営が一層悪化し、その結果「突然で激烈な取り付け」に発展し、経営破綻に至った。ところが、堀内氏の場合には、預金流出という「市場の脅威」と「過度なリスク選択を抑制する」という市場規律の「安定化の側面」とが直接的に関連づけられている。しかし、現実においては、たとえ預金流出という「市場の脅威」があったとしても、市場規律が有効に機能するためには、内部規律が改善されるという媒介環が不可欠である。木津信組や拓銀においては、預金流出という市

場の脅威があったにもかかわらず、経営者はワンマン体制や不良債権問題の先送りと保身という内部規律の問題を改善することができず、その結果市場規律を有効に活用することができなかったのである。このように、市場規律が有効に機能するかどうかについては、内部規律の問題を不可欠の媒介環として、論理的に組み入れることが必要である。

　第二は、以上述べたことと大いに関連しているが、預金流出という市場の脅威を、「静かな取り付け」と「突然で激烈な取り付け」に区別しておくことが必要であるということである。この点は、詳しくは第3章を参照されたい。堀内氏も強調しているように、金融当局の行政的介入を通じて「情報の不完性」をできるだけ克服し、預金者が不健全な銀行の経営内容をもっと早い段階でより正確な情報を収集し、正しい判断をしていれば、「静かな取り付け」がもっと早く生じたであろう。この点は、木津信組や拓銀だけではなく、第4章での事例研究を見ても明らかなように、内部規律の問題を含め経営の改善を行う時間的余裕を十分に与える上において非常に重要な点である。

　第三は、金融当局による行政的介入の内容に関する点であるが、この点は次のⅥの項目で取り上げることにしたい。

　第四は、市場規律と預金保険との関連の問題である。特に、日本においては1996年から2002年において、「預金の全額保護」が政府によって実施されていたが、この状況において預金者がどのように行動したか、「合理的に」行動したかどうかについては重要であるが、この点は第4章を参照されたい。

　最後は、市場規律の破壊的側面と安定化の側面に関する問題である。論理的な分析においては、この二つの側面を分離して取りだすことができるし、またそうした分析は必要でもある。しかし、現実の世界においては、両者は分かちがたく結びついているのである。しかし、堀内氏においては、金融システムの効率化を論ずる場合には、「破壊的な側面」だけを強調し、信用秩序の維持を論ずる場合には、「安定化の側面」だけが強調されている。そして、全体としては、信用秩序の維持がもっぱら考察されているので、市場規律の「安定化の側面」だけが問題にされ、市場規律は有効に機能し、金融当

局はその市場規律がさらに有効に機能するように「補完的な役割」を演じればよいと考えられている。しかし、現実には、市場規律・市場メカニズムの「破壊的な側面」が機能しており、今後とも1990年代後半のような金融危機が発生することになるであろう。

Ⅵ　金融当局による金融規制・金融行政と監督・監視機能

(1) 規制産業としての金融業——金融業はなぜ規制を必要とするのか

　金融当局による金融機関への監督・監視機能を考察しようとすれば、まず金融業は、なぜ政府・監督官庁からの規制を必要とするのかという問題を分析しなければならない。なぜなら、金融業には他の産業にはないさまざまな規制が課せられてきたからである。

　第一の要因は、金融機関の成長を促進するためである。これは、金融機関だけではなく、企業一般にも当てはまる問題である。特に、高度成長期においては、先進諸国の経済へのキャッチアップのために、企業および金融機関の成長を促進することは非常に重要であった。

　第二の要因は、日本企業の先進諸国企業へのキャッチアップのために、金利コストをできるだけ引き下げるためである。このためには、金融機関・金融市場への規制を必要とした。人的低金利政策と呼ばれる金融規制がそれである。市場での自由な需要と供給の関係で決まる自由金利よりも、企業への貸出金利を低く設定する必要がある。そのためには、金融機関・銀行の調達金利を自由金利よりも低く設定しなければならず、金融市場の金利を体系的に規制する必要があった。

　第三の要因は、金融機関・銀行の倒産を回避するために、金融機関・銀行の間の競争を規制することである。これは、金融機関・銀行が倒産する以前の段階で、事前に規制することから事前的規制、ないしは予防的規制と言われるものである。戦後日本においては、護送船団行政と呼ばれている。

　第四の要因は、信用秩序の維持、金融システムの安定のために規制を行うことである。この規制は、企業一般にはない、金融機関・銀行に固有の特性

に起因することなので、その特性を次の項目で、いくつか挙げておきたい。

(2) 信用秩序の維持と金融機関の特性

　一つ目の特性は、金融機関が取り扱う商品の性質にある。企業一般が取り扱う商品は、特定の使用価値をもっていることから、その関連産業部門は、数個に限られる。それに対して、金融機関が取り扱う商品は、「貨幣資本」であり、それはあらゆる産業部門と関連を持つという「普遍性」を持っている。したがって、企業が倒産しても、それが及ぼす影響は、数個の関連産業に限定されるが、金融機関が倒産した場合には、あらゆる産業部門の多くの企業に影響を及ぼすために、企業とは異なり金融機関の倒産は極力避ける必要があるために、金融規制は特別に必要となる。

　第二の特性は、金融機関は、「信用」を基礎として経済活動を行っているということである。この信用は、無数の債権債務関係の連鎖から成り立っている。好況局面において経済が順調に拡大し、資金の還流がスムーズに行われている間は、信用の拡張に支えられ、この債権債務関係の連鎖は複雑に関連しながら拡大することになる。しかし、恐慌局面において、いったん資金の還流が滞れば、この債権債務関係の連鎖はどこかで断ち切られ、その切断は一気にすべての連鎖関係へと波及することになり、信用は急激に縮小し、資本主義経済を大混乱に陥れる危険性を持っている。したがって、「信用」を基礎としている金融機関の倒産を極力防ぐ必要性が出てくる。

　第三の特性は、金融機関、特に銀行は預金業務を通じて決済機能を担っているということである。企業の経済活動や個人の生活は、銀行の担っている決済機能なしにはありえないことから、「公共性」を帯びている。その意味からも、金融機関・銀行の倒産は回避しなければならないのである。

(3) 金融規制・金融行政と金融当局の監督・監視機能

　以上のように、金融機関・銀行は、企業以上に政府の規制産業としての側面を強く持っている。そうした「信用秩序の維持」・「金融システムの安定」という観点から、金融当局による金融機関に対する監督・監視機能が重要な

意味を持つことになる。このような金融当局による監督・監視機能は、金融機関・銀行のコーポレート・ガバナンスを考察する場合に重要な意味を持つことになる。

(4) 金融規制と事前的規制

　信用秩序維持の方法としては、金融機関の間の競争を規制することによって金融機関の倒産を回避する「事前的規制」と金融機関の競争を認め、たとえある金融機関が倒産するとしてもその倒産を他の金融機関の倒産へと波及しないように、いかに早期に隔離するかという「事後的規制」の二つがある。

　前者の金融規制・金融行政の方法は、次のような特徴を持つことになる。戦後、日本の政府・官僚機構は欧米の先進諸国に対するキャッチアップ政策を優先させてきた。金融当局である旧大蔵省においても同様である。そのために、旧大蔵省は、金融機関へのきびしい監督・監視活動よりも、業界の「保護・育成」に重点をおいて行政指導を行ってきた。したがって、旧大蔵省は、明確なルールを設定し、それに違反すればきびしく罰するという「透明で事後的な金融行政」ではなく、国際競争力を強化するために、金融機関の経営にさまざまな問題があったとしても曖昧に処理し、金融機関の倒産を事前に回避しながら規模の拡大を追求してきた。こうした「密室行政・裁量行政・事前的規制」は、金融当局の金融機関に対する甘い監督・監視体制を築くことになり、金融機関と金融当局との癒着関係へと発展していった。バブルの崩壊が進行するなかで、その癒着関係が暴かれることになった。旧大蔵省と日銀の検査官は、銀行の大蔵省担当者（MOF担）の接待汚職を受けていたことが明るみに出た。以上の癒着関係に彩られた金融行政のなかで、銀行は乱脈融資を続けることができ、それは巨額の不良債権を発生させる一つの原因ともなった。こうした事件を契機に、癒着関係は批判を浴び、これまでの「密室行政・裁量行政・事前的規制」の改革が実施されていくことになる。

(5) 金融ビッグバンと事後的規制への移行

　金融ビッグバン構想が提起した新しい金融システム・金融行政への転換は、金融当局の金融機関に対する監督・監視機能のあり方に関わる問題であるがゆえに、コーポレート・ガバナンスの観点からもこの問題を考察する必要がある。市場原理主義を基礎とした金融ビッグバンの構想からしても、政府および金融当局の市場メカニズムへの介入をできるだけ排除し、金融当局による「密室行政・裁量行政・事前的行政」から「市場規律に立脚した透明性の高い事後的な金融行政」へと移行する必要がある。そのためには、以前の「密室的で裁量的な金融行政」ではなく、明確なルールを決め、そのルールに違反すれば事後的にきびしい罰則を適用するという「事後的で透明性の高い金融行政」へと転換しなければならなかった[18]。

　その代表的な金融行政が、1998年4月から実施された早期是正措置であった[19]。早期是正措置の特徴は、金融当局の措置の発動基準が客観的で統一的な指標（自己資本比率）に基づいて実施され、かつ発動される措置の内容が事前に公表されていることである[20]。

(6) 「市場規律」論と金融当局による監督・監視機能

　この節の最後に、金融当局による監督・監視機能の観点から第2章における「市場規律」論の問題を少し検討しておきたい。堀内氏は、金融当局による行政的介入の根拠として二つの点を挙げている。一つが、Vの項目で前述したように、市場規律も、「情報の非対象性」に伴う「情報の不完全性」から解放されていないという問題である。「情報の不完全性」ゆえに、預金者が速い段階での的確な情報を得られないことから、市場規律は十分には機能しないことになる。ここに、堀内氏は「市場規律の限界」と金融当局の行政的介入の根拠を見出している。したがって、金融当局は、「銀行、金融機関の経営内容、とりわけその健全性を監視し情報を収集し、それを市場に伝達する」という役割を果たす必要がある。この点では、信用秩序の維持において、主役はあくまでも市場規律であり、金融当局は市場規律が有効に機能するように、「補完的な役割」に徹すればよいということになる。

もう一つは、銀行・金融機関が破綻した場合の、破綻処理という側面である。この点については、第2章では触れていないこともあり、ここで補足しておきたい。堀内氏は、金融当局の「補完的な役割」について言及したすぐ後で、「同時に、銀行、金融機関が破綻した場合に、預金者や投資家の利益を代理して破綻処理にあたる。そのためには、金融当局の検査・調査を拡充する必要がある」[21]と述べている。

　ここにおいて、金融当局は、単に市場規律の「補完的な役割」を演じればよいということだけではなく、破綻処理の必要性についても考察されている。しかし、ここでは、二つ三つの金融機関の破綻が想定されているだけであり、既定の破綻処理の方式に則って淡々と処理すればよいという程度のものと思われる。というのは、1990年代半ばに護送船団行政が破綻し、市場規律が機能するようになり、事前的行政から事後的行政に移行するなかで、金融機関の競争が働くようになれば金融機関が倒産するが、その倒産が他の倒産に波及することがないようにいかに「隔離」するかが、新しい段階での金融行政の役割と考えられているからである。

　だが、今後とも、市場規律の破壊的側面により、1990年代後半のような金融危機が発生する可能性がある。その場合には、金融当局は「補完的な役割」や二つ三つの金融機関の破綻を想定した破綻処理の方式では済まなくなると考えられる。事実、2008年のリーマンショックを契機とするグローバル金融危機が発生したときには、国民の批判にもかかわらず、金融当局による公的資金の注入が行われ、ボルカー・ルールやドッド・フランク法という新しい金融規制の実施が必要とされた。このように、金融当局は市場規律の後景に退いていればよいということではなく、前面に出ざるを得ない役割を担っているのである。

Ⅶ　本書の構成

　第1部は、金融機関のコーポレート・ガバナンスに関する理論的側面を考察している。第1章の「金融機関のコーポレート・ガバナンス」は、企業と

は異なる金融機関の特性や金融機関に固有のステークホルダーである預金者と金融当局によるチェック機能といった金融機関のコーポレート・ガバナンスの全体像を概略している。

第2章の「『市場規律』論の検討」においては、市場規律には、代表的には株式市場における投資家による市場規律と預金市場における預金者による市場規律があるが、その「市場規律」に関する考え方を考察している。近年、戦後日本における金融規制・金融行政や金融・証券市場のあり方を批判し、市場規律や市場メカニズムの機能を重視する観点から金融システム・金融行政のあり方を論じる考え方が存在する。ここでは、このような論理を展開する理論を「市場規律」論と呼び、その代表的論者として堀内昭義氏の見解を紹介するとともに、その内容を検討している。

第3章の「『預金者による市場の規律』について」においては、銀行に固有のステークホルダーである預金者が、銀行の経営者に対して、いかなる意味において銀行のガバナンスとしての役割を果たしているのかを分析している。特に、「預金者による市場の規律」の有効性を認める見解とその有効性を否定する見解の双方を紹介し、その内容を検討している。

第4章の「銀行の経営破綻と預金流出―預金者による市場の規律―」においては、1990年代半ばから2000年代初頭における銀行の経営破綻とその破綻時における預金流出の実態を分析している。というのは、預金者は、預金流出（＝預金の引出し）という方法で、銀行経営の過度なリスク・テイクを事前に抑制するという規律づけを行うからである。特に、預金保険や日本政府による「預金の全額保護」との関連で、預金者の行動が合理的であったのかどうかを分析している点に特徴がある。

第5章の「日本の金融システム・金融行政とコーポレート・ガバナンス」においては、金融機関に固有のもう一つのステークホルダーである金融当局によるガバナンスを考察している。特に、金融ビッグバンを契機に、新しい金融システムへの転換が政策的に提起されるなかで、金融行政のあり方が、従来の旧大蔵省主導の不透明な「密室行政」・「事前的行政」から明確なルールに基づき、市場メカニズムを生かした透明性の高い「事後的行政」へとい

かに移行したかについて考察している。

　第2部は、金融機関のコーポレート・ガバナンスに関する実証的側面を、特に事例研究という形で考察している。

　金融機関といっても、預金業務を扱っている銀行と預金業務を扱っていないその他の金融機関とでは大きく異なっている。前者の金融機関に固有のステークホルダーとしては金融当局だけではなく、預金者が存在している。後者の金融機関においては、預金者は存在しない。本書では、木津信組は、普通銀行ではなく協働組織金融機関であるが、預金業務を扱っているという意味で銀行として扱っている。また、長銀については、預金業務を扱っている点では銀行であるが、主要な資金調達手段は金融債の発行で行っている。その点では、ステークホルダーとしては、預金者はほとんど意味をもっておらず、金融当局のみが考察の対象となっている。

　また、金融機関も一つの企業であるということから、それぞれの金融機関における取締役会のあり方（具体的には、ワンマン体制の実態）や融資審査の体制といった内部規律についても重要な考察の対象とした。この内部規律の問題は、市場規律論の論理展開における重要な一環として大きな意味をもっている。この点は、具体的には第2章を参照されたい。

　さらに、第2部の事例研究の順番であるが、まずは預金業務を取り扱っている木津信組と拓銀を、第6章「木津信組の経営破綻と預金流出」、第7章「拓銀の経営破綻とコーポレート・ガバナンス」として最初に取り上げ、預金業務を行っていないか重要な意味をもっていない山一証券と長銀を、第8章「山一の経営破綻とコーポレート・ガバナンス」、第9章「長銀の経営破綻とコーポレート・ガバナンス」として次にもってきた。

1) 証券取引法研究会国際部会訳編『コーポレート・ガバナンス―アメリカ法律協会「コーポレート・ガバナンスの原理：分析と勧告」の研究―』（日本証券経済研究所、1994年）、69ページ。
2) しかし、governance の問題と control の問題は密接に関連しており、バーリー＝ミーンズの著書は単に企業支配論を論じただけではなく、「コーポレート・ガバナンス問題に関する古典」（『コーポレート・ガバナンス―アメリカ法律協会「コーポ

レート・ガバナンスの原理：分析と勧告」の研究—』、72ページ）とも言われている。
3) 「経営」に関する理解として、「経営（マネジメント）とは、企業の目的を達成するためのさまざまな戦略や戦術の選択と実行に関わっている」という理解がある（寺本義也編著『日本企業のコーポレート・ガバナンス―開かれた経営を目指して―』生産性出版、1997年、58ページ）。
4) 1990年代に入り、アメリカの機関投資家は、経営政策に同意できない企業の株式は、売却するというそれまでのウォールストリート・ルールから、投資先企業に対し積極的な発言ないし提言を行うことによって、自己の投資成績を高めようとする投資スタイルに方向転換をはかるようになった。このような投資スタイルは、リレーション・インベストメントと呼ばれる。この機関投資家の投資スタイルは、経営政策に同意できない企業の株式を売却することによって退出（exit）するのではなく、政策変更のために積極的に発言（voice）し、企業の経営者に対してチェック機構としての役割を果たすというものであり、この退出（exit）―発言（voice）論を一つの理論的根拠として最近アメリカでは、コーポレート・ガバナンス論議が行われている。したがって、「意思決定や経営をチェックする仕組み」という意味でコーポレート・ガバナンスが議論されることが多い。

　1980年代のアメリカにおいては、当初は、機関投資家を含め多くの株主は、敵対的M＆Aが経営の非効率性を改め、マーケット・メカニズムを通して株主の利益を高めるものとして評価していた。つまり、敵対的M＆Aがコーポレート・ガバナンスの改善をもたらすものとして期待されていたのである。しかし、買収ブームが過熱するなかで、敵対的M＆Aは短期的視野の経営を企業に強いる側面が強まり、その反省からリレーション・インベストメントの方向へ機関投資家は方針転換したのである（以上については、仲野昭「コーポレート・ガバナンスについて」『東京銀行月報』1994年3月号、吉川満「米国におけるコーポレート・ガバナンス」『ジュリスト』№1050、1994年8月1-15日号を参照した）。
5) コーポレート・ガバナンスの理解に関して、以上の三つの観点を挙げているものとして、奥寺孝康編『コーポレート・ガバナンス―新しい危機管理の研究―』金融財政事情研究会・早稲田大学エクステンション、1996年の久保利英明発言（82ページ）、寺本義也編著『日本企業のコーポレート・ガバナンス―開かれた経営を目指して―』、15ページ、深尾光洋・森田泰子『企業ガバナンス構造の国際比較』（日本経済新聞社、1997年）、9ページ、がある。
6) 伊丹敬之『人本主義企業』（筑摩書房、1987年）、29ページ。
7) 海外事業活動関連協議会編『米国のコーポレート・ガバナンスの潮流』（商事法務研究会、1995年）、3ページ。奥村宏『総会屋スキャンダル―野村証券事件の構図―』（岩波書店、1997年）、30～31ページ。
8) 佐藤正典「わが国企業の会社運営に対する問題提起（上）」『商事法務』№1357、1994年6月15日、32ページ。

9) 渡辺茂・山本功「日本企業のコーポレート・ガバナンス―戦後最低の ROE から―」『財界観測』1992 年 9 月。
10) 例えば、水口宏「日本大企業における「株式会社」の蘇生―経営者支配の克服による株主主権の実質的回復―」『財界観測』1993 年 5 月。
11) 「法務省だより　あかれんが」vol.47（2014 年 November, http://www.moj.go.jp/KANBOU/KOHOSHI/no47/2.html#report02―2016 年 6 月 25 日閲覧）を参照した。
12) 『日本経済新聞』2016 年 2 月 20 日付。
13) 伊藤レポートが公表され、経営指標としての重要性が再度指摘されたことにより、次のような文献が出版されることになった。小宮一慶『よくわかる ROE 経営』（東洋経済新報社、2015 年）、柳良平『ROE 革命の財務戦略』（中央経済社、2015 年）、手島直樹『ROE が奪う競争力』（日本経済新聞社、2015 年）、である。
14) 日本版スチュワードシップ・コードの起源が、2010 年に世界で初めて策定されたイギリスのスチュワードシップ・コードにあることやスチュワードシップの本来の意味については、藤井智朗・笹本和彦監修『スチュワードシップ・コード時代の企業価値を高める経営戦略―企業と投資家の共生に向けて―』（中央経済社、2014 年）を参照されたい。
15) 伊藤邦雄「経済教室　これからの企業統治⑤」『日本経済新聞』2016 年 5 月 31 日付。
16) 堀内氏の見解としては、『金融システムの未来―不良債権問題とビッグバン―』（岩波新書、1998 年）と『日本経済と金融危機』（岩波書店、1999 年）を取り上げている。
17) 堀内『金融システムの未来』167 ページ。
18) 2005 年 4 月のペイオフの全面的解禁から、金融行政は「緊急時」から「平時」に移行することになるが、果たして金融庁は、「事前裁量型」から「事後監督型」へと移行し、市場規律を「補完」する審判の役割に徹し切れるかどうかについて、特集したものとして、「『金融平時』体制を構築できるか『金融庁への大疑問』」『金融ビジネス』2005 年 4 月号、がある。
19) 早期是正措置導入の経過については、次の文章が参考になる。「早期是正措置は、自己責任原則と市場規律に立脚した透明性の高い金融行政の確立を謳った 95 年 12 月の金融制度調査会答申『金融システム安定化のための諸施策―市場規律に基づく新しい金融システムの構築―』で、その導入が提唱された。これを受けて翌年に成立した「金融機関健全性確保法」によって根拠規定（銀行法第 26 条第 2 項）が設けられ、98 年 4 月から実施されている」（佐藤隆文『信用秩序政策の再編―枠組み移行期としての 1990 年代―』日本図書センター、2003 年、307 ページ）。
20) ここでは、金融当局の金融行政として、事前的規制から事後的規制への移行について述べてきたが、1990 年代後半の金融危機において、金融当局は金融機関に対して公的資金の投入を行ったが、こうした公的資金の投入における問題点については、米田貢『現代日本の金融危機管理体制―日本型 TBTF 政策の検証―』（中央大

学出版部、2007 年）を参照されたい。
21) 以上の引用については、堀内『金融システムの未来』、167 ページ。

第1部
理論的考察

第1章

金融機関のコーポレート・ガバナンス

はじめに

　1990年代に入りバブルが崩壊し、倒産・経営破綻を含め企業不祥事が続発するなかで、1992年頃から日本でもコーポレート・ガバナンスに関する研究が進められるようになってきた。しかし、それは一般企業つまり非金融企業を対象とするものであった。金融機関は、資金の提供者として、重要なステークホルダーの一つとして、非金融企業の監視役として問題にされてきたにすぎない。特に、日本に固有の銀行システムであるメインバンク・システムとの関連で、メインバンクによる企業のガバナンスという形で論じられてきた。

　ところが、1997年頃を境に、金融機関それ自身のコーポレート・ガバナンスが論じられるようになってきた[1]。つまり、「モニターをモニターするのは誰か」[2]ということが問題にされ出したのである。しかし、その研究はまだ十分であるとは言えない状況にある[3]。

　本章では、何を契機に、金融機関のコーポレート・ガバナンスが議論されるようになったのか、一般企業とは異なる金融機関に固有のコーポレート・ガバナンスとは何か、つまり一般企業と金融機関のコーポレート・ガバナンスとの共通性と差異を、従来の研究も検討しながら、分析していきたい。

　そして、最後に、金融機関に固有のステークホルダーである預金者と金融当局との関連で、「金融機関のコーポレート・ガバナンス」をより深く論ずることにしたい。

I　金融機関のコーポレート・ガバナンス

(1) コーポレート・ガバナンスとは何か

　コーポレート・ガバナンスとは、「企業統治」と訳されることが多いが、明確な規定があるわけではない。もともとこの言葉が使用される一つのきっかけは、1960年代後半以降のアメリカでの「企業の社会的責任」を求める各種の運動のなかに見いだされる[4]。

　日本では、90年代に入ってバブルが崩壊し、バブル時代に隠蔽されていた経営上の各種の問題が一気に噴き出したことから、議論されるようになった。つまり、経営者の経営姿勢が厳しく問われるようになった。さらに、80年代には世界的に賛美されていた「日本的経営」が、90年代には逆に経営上の構造的問題として批判的に見られるようになった。90年代におけるアメリカの成功と日本の失敗という逆転現象のなかで、日本の経営のあり方が根本的に見直されるなかで、その一環として日本のコーポレート・ガバナンスのあり方も、議論の対象となった。

　こうしたなかで、企業を取り巻くステークホルダーが、企業の経営者に対して、経営のあり方についてどのような規律づけを行うのか、をめぐって議論されるようになった。この問題は、①ステークホルダーをどの範囲に限定するのか、どのステークホルダーを主体とするのか、各種のステークホルダーの利害の調整こそが課題であるなど、②経営者に規律づけを行う場合にどのような経営のあり方を求めるのか、株主重視の経営か従業員重視の経営か、コンプライアンスの問題、経営の効率性の指標を何で見るかなど、③どのような方法で規律づけを行うのか、市場の規律づけが有効かどうか、④またこれらの要因は、経営環境のあり方によっても大きく変化してくる、などさまざまな論点を含んでいる。

　したがって、議論も多様性を帯びてくることになるが、本書では、コーポレート・ガバナンスを、「各種のステークホルダーが、それぞれの利害の観点から経営者を監視し、企業の意思決定と経営に影響を及ぼすシステムであ

(2) 金融機関のコーポレート・ガバナンス議論の諸契機

日本では1992年頃から、企業のコーポレート・ガバナンスが議論されるようになった。そして、前述したように、議論の対象は、最初はもっぱら一般企業、つまり非金融企業であった。それが、金融機関自身がコーポレート・ガバナンスの議論の対象になったのは、1997年頃からである。では、何を契機に「金融機関のコーポレート・ガバナンス」が論じられるようになったのであろうか。

第一の契機は、1997年に発生した四大証券の総会屋への利益供与事件の発生である。その際に、第一勧銀が総会屋への資金源となる融資を行っていたことも問題にされた[5]。1991年にも、金融・証券スキャンダルが発生したが、この時点ではまだ、コーポレート・ガバナンスそのものが問題にされていなかった。

第二の契機は、1997年11月に発生した金融危機である。この時には、三洋証券、拓銀、山一証券、徳陽シティ銀行の経営破綻が続発した。それ以前においても、90年代に入って中小金融機関の経営破綻は発生していたが、都市銀行の一角である拓銀や四大証券の一角である山一証券といった大手金融機関の経営破綻が初めて起こり、金融機関そのもののコーポレート・ガバナンスが注目されるようになった[6]。

第三の契機は、富山氏が、「銀行の一般事業会社に対するコーポレート・ガバナンスに関して多くの研究蓄積があるが、銀行に対するガバナンスを実証研究したものは比較的少ない。その理由の一つとして、銀行が規制産業であるため、株式を通じた統治機構は不在であると考えられていた点が指摘できる。しかし金融自由化の流れの中で、政府機関の統治機構、救済機構が低下し、民間によるガバナンスの重要性が増してきていると推測できる」[7]と論じていることから、金融規制が行われていた時代には、そもそも金融機関のコーポレート・ガバナンスそのものが問題とされなかったということである。その点で、1996年秋の金融ビッグバン以降、本格的にこの問題が論じ

られる現実的基盤が生じてきたと言える。

(3) 企業と金融機関とのガバナンスの共通性と差異 (1)
―― 金融機関の特性との関連で ――

　金融機関のコーポレート・ガバナンスとは何かを把握するためには、一般企業のコーポレート・ガバナンスとの共通性（実体規定）と金融機関に固有のコーポレート・ガバナンス（形態規定）とをまずは切り離して分析し、そのうえで両者を総合することによってその本質を理解する必要がある。

　本章では、主に金融機関に固有のコーポレート・ガバナンスの特殊性の側面を分析することにしたい。非金融企業にはない金融機関の特性の一つは、それらが取り扱う商品の性質にある。一般企業である非金融企業が製造する商品は、特殊な使用価値を持っている。それゆえ、関連産業部門は数個に限られている。それに対して、金融機関が取り扱っている商品は、「貨幣資本」であり、その金融業務は融資や投資という形でそれを提供することにあるがゆえに、あらゆる部門と関連性を持つという「普遍性」を持っている。したがって、一般企業が倒産しても、それが及ぼす影響は数個の関連産業に限定されるが、金融機関が倒産した場合には、金融機関同士だけではなく、あらゆる部門の企業にも影響を及ぼすことになる。

　さらに、金融・銀行制度は、「信用」を基礎にしているがゆえに、経済が順調に拡大し、資金の還流がスムーズに行われている間は、信用の拡張に支えられて経済も大きな進展を見せるが、いったん資金の還流が滞れば、信用は急激に縮小し、資本主義経済を大混乱に陥れる危険性を持っている。場合によっては、大恐慌の発生により、資本主義体制を維持できないほどの衝撃を資本主義社会に加える。1929年恐慌はその典型である。

　以上のような金融機関の持つ「普遍性」や「信用」といった特性は、「公共性」というもう一つの特性を生み出す。金融機関が取り扱う貨幣資本を、あらゆる部門の企業や個人に、融資や投資という形で提供するといった金融仲介機能の側面においても、またその業務を通じてあらゆる企業や個人に決済機能を提供しているという側面においても、社会全体にとって不可欠な存

在であり、その意味で「公共性」を持っている。したがって、金融機関の倒産に基づく金融システムの混乱は回避すべきものである。また、信用の側面においても、金融機関の倒産に基づく信用の崩壊は、社会全体に及ぼす影響の大きさからいっても回避すべきものである。

したがって、金融機関は政府の規制産業としての側面を強く持つことになり、信用秩序の維持・金融システムの安定という観点から、金融当局の監督・監視が必要となる。

(4) 企業と金融機関とのガバナンスの共通性と差異 (2)
――ステークホルダーとの関連で――

金融機関は、以上の特性から一般企業である非金融企業にはない特殊なステークホルダーとの関係を持つことになる。そして、それが金融機関のコーポレート・ガバナンスの特殊性を生み出すことになる。

金融機関も企業の一形態であるがゆえに、非金融企業と同様のステークホルダーとの関係とそれらによる規律づけを受けることになる。企業の内部組織からのガバナンスの側面では、ステークホルダーは例えば、取締役会、監査役会、従業員等であり、また企業の内部組織形態のあり方においてもガバナンスは大きな影響を受ける。

企業の外部からの、特に金融面からのガバナンスの側面では、例えば株主（株主総会を含む）、債権者（社債投資家、銀行）等である。この側面での金融機関に固有のステークホルダーは、預金者（この場合には、金融機関一般ではなく、預金を取り扱う銀行に限定される）と金融当局の二つが大きい。金融当局は、金融庁（旧大蔵省）、日銀、預金保険機構といったさまざまな構成要素からなる。

(5) 従来の金融機関のガバナンス論の検討 (1)
――企業との共通性のみを指摘する議論――

以上において、金融機関のコーポレート・ガバナンスの問題を考察してきたが、それを分析する場合には、前述したように、共通性としての一般企業

のコーポレート・ガバナンスの側面と特殊性としての金融機関に固有のコーポレート・ガバナンスの側面の両方を分析する必要があることを強調しなければならない。本章では、一般企業のコーポレート・ガバナンスの側面はほとんど考察できないが、「金融機関のコーポレート・ガバナンス」の分析を行う場合、問題を「共通性としての一般企業のコーポレート・ガバナンスの側面」にのみ解消してはならない。そこで、これまでの研究においては、いかなる議論が行われてきたのかを概観しておくことにしよう。

寺西氏は、「銀行セクターのガバナンスは、非金融企業セクターのそれとの類推として分析することが可能である」し、「その類推は特に日本の場合に適用できる」[8]と述べている。これは、「金融機関のコーポレート・ガバナンス」を一般企業のコーポレート・ガバナンスに解消してしまう議論の典型である。また、青野氏も都市銀行のガバナンスをテーマにしながらも、もっぱら銀行の一般企業としての側面に関するガバナンスのみを論じている[9]。さらに、斎藤氏や粕谷・武田両氏の場合は、「地方銀行のガバナンス」の分析が行われているが、この場合も金融機関に固有のガバナンスの分析は行われていない[10][11]。

また、1997年11月号の『金融ジャーナル』における「銀行ガバナンス」の特集でも、1999年5月3日・10日合併号の『金融財政事情』における「金融機関のコーポレート・ガバナンス」の特集でも、一般企業のコーポレート・ガバナンスの問題に解消されている。

(6) 従来の金融機関のガバナンス論の検討（2）
——金融機関に固有のガバナンス論——

次に、金融機関に固有のコーポレート・ガバナンスについて論じている文献についても検討しておこう。この場合には、金融機関に固有の代表的なステークホルダーである「預金者」と「金融当局」のどちらか一方、その双方について言及している文献に分類しながら見ていくことにしよう。

まず「預金者」についてのみ言及しているものに、川口氏の論文がある。川口氏は預金者による銀行の経営者への市場規律は認めているが、「しか

し、預金保険の存在で、少なくとも保険の対象となる預金者は金融機関の業務リスクを懸念する動機を失っている」[12]と述べている。また、ポール・シェアード氏も次のように述べている。「預金者が保護されている以上、預金者の監視機能は働かず、経営者がモラル・ハザードに陥ってもこれを防止できない」[13]。一般的には、このように言うことはできるが、しかし、政府によって預金の全額保護が保証されていたにもかかわらず、1997年11月に拓銀は、大量の預金流出に伴う資金繰りの悪化が一つの原因で経営破綻した。その流出は、1997年初頭から始まっており、その意味において預金保険の存在によって、預金者による規律づけが全く働かないとは言えないと思われる。この点について、詳しくは第4章を参照されたい。

次に、「金融当局」の監視機能についてであるが、この点については、堀内・清水両氏と富山氏が、「天下り」に限定してその有効性を検討している[14]。しかし、天下りを大株主の役員派遣に伴う規律づけと同じレベルで捉えることには無理があると思われる。というのは、旧大蔵省であろうが、日銀であろうが、退職した者の再就職先として、例えば地方銀行に就職するのであり、もはや旧大蔵省や日銀の職員でない以上、旧大蔵省や日銀の金融行政に従って、経営者の規律づけを強力に行うとは思えないからである。また、天下りは、金融当局と金融機関との癒着を示すものであり、金融当局の金融機関に対する厳しい監視機能としては意味を持たないのではないだろうか。

ポール・シェアード氏は、これまでの日本のコーポレート・ガバナンスは、金融当局→メインバンク→大企業→下請企業といったピラミッド型になっており、その頂点に金融当局が位置していると捉えている。

最後に、「預金者」と「金融当局」の両方に言及している文献として、岡村氏の論文がある。岡村氏は、一般企業とは異なる銀行の特殊性との関連で銀行のガバナンスの問題を考察している。そして、その特殊性として「預金者」と「金融当局」を挙げているが、両者によるガバナンスの有効性は従来から高くなかったとして、株主によるガバナンスを主要な分析の対象にしており、結局「株主によるガバナンスについては、銀行だけに見られる特殊性

はそれほど存在しない」[15]ということで、「金融機関・銀行に固有のコーポレート・ガバナンス」の分析意義については否定している。

II　金融機関のコーポレート・ガバナンスと預金者

　厳密に言えば、金融機関のすべてが預金を取り扱っているわけではないので、金融機関のなかでも預金を取り扱っている銀行のみが、ここでの考察の対象となる。

　非金融企業の負債の大半は、証券市場からの資金調達か、金融機関・銀行からの借入れである。しかし、銀行の場合には、その大半が預金ということになる。したがって、預金者は銀行にとっての主要なステークホルダーの一つであり、預金者による銀行経営への規律づけは、銀行に固有のガバナンスとして欠かせない問題である。

　しかし、寺西氏は、銀行の預金者はあまりにも小さく分散されているので、銀行をモニターするインセンティブが十分でないことから、預金者による銀行経営への規律づけを否定している[16]。また、富山氏も、「銀行は多数の預金者と契約を結び、これらの小口預金者が銀行をモニターすることは不可能である。そのため預金者の代理人として金融当局には絶大な権限が与えられている」「銀行をモニターするには誰か一人代表者を決めてモニターすればよい」[17]と述べている。

　確かにすべての預金者が一つの統一的な意思を持って行動しているわけではない。したがって、ステークホルダーとしての預金者の問題を、金融当局という一人の代理人にその権限を与えるというのではなく、不特定多数の預金者からなる預金市場として捉えることが必要であると思われる[18]。

　というのは、1990年代の日本での銀行の経営破綻において、大量の預金流出に伴う資金繰りの悪化が、破綻の一つの主要な要因となっているからである[19]。それは、個々の預金者の銀行経営に関する判断に基づいての預金の解約・払戻しの結果である。したがって、預金者を、銀行に固有のガバナンスを分析する際の主要なステークホルダーの一つとして、位置づけるべき

である。

Ⅲ　金融機関のコーポレート・ガバナンスと金融当局

(1) 金融当局の金融機関経営へのガバナンスの権限の根拠

　企業を監督・監視するのは金融機関であるが、その金融機関を監督・監視するのは誰か、ということを問題にしてきたが、金融機関に固有のステークホルダーでいえば、一つは預金者であり、もう一つは金融当局である。では、金融当局は何を根拠にそのような権限を有しているのであろうか。

　富山氏は、「銀行は大多数の預金者と契約を結び、これらの小口預金者が銀行をモニターすることは不可能である。そのため預金者の代理人として金融当局に絶大な権限が与えられている」[20]と述べている。しかし、金融当局の権限の根拠は、「預金者の代理人」という抽象的なものではなく、銀行法に基づいている[21]。前述した金融機関の特性から必然的に生ずる「信用秩序の維持」・「金融システムの安定」という観点から、個々の金融機関の倒産は、政府として回避しなければならない重要な課題であり、だからこそ金融機関には他の産業にはないさまざまな規制が課せられてきたのである。その一環として、金融当局は金融機関の経営を監督・監視する権限が付与されているのである。

(2) 金融行政の主体としての金融当局

　金融当局には、このように金融機関をガバナンスする権限が付与されているのであるが、それがこれまで有効に機能してこなかった側面も見逃せない。この点を指摘しているのは、岡村氏である。岡村氏は、「負債によるガバナンスや金融当局によるガバナンスの有効性は従来から高くなかったと考えられる」[22]と述べている。負債すなわち預金の問題はすでに考察したので、ここではなぜこれまで金融当局、特に旧大蔵省のガバナンスの有効性は従来高くなかったのかを明らかにしておく必要がある。

　そのためには、戦後日本の金融行政の特徴を概観しておくことが重要であ

る。第一の特徴は、先進諸国への経済面・金融面でのキャッチアップ政策とそこから発生する旧大蔵省の保護行政・事前行政・密室行政という側面である。戦後の荒廃した経済状態のなかで、先進諸国へのキャッチアップ政策は、旧大蔵省の金融行政に大きな影響を与えた。そのために、個々の金融機関を厳しく監督・監視するよりも、いかに急速に国際競争力を強化させるかが、旧大蔵省にとっての最大の課題となった。したがって、徹底した保護行政を展開し規模の拡大を図ること、個々の金融機関に経営上の問題が生じても、明確なルールを設けて事後的に厳しく罰することはせずに事前に処理してしまうこと、したがって問題を公にすることなく密室で政治的に決着をつけること、こうした金融行政を展開してきた。また、こうしたことから、金融当局と金融機関との間に癒着が生まれ、接待汚職の温床となってきた。

第二の特徴は、信用秩序の維持の観点から、個々の金融機関が倒産しないように、金融機関の間で競争の激化を緩和し、経営上最も効率性の悪い金融機関でも利益が上がるような護送船団行政が展開されてきたことである。そのために、さまざまな金融規制が行われてきたのであり、市場メカニズムが有効に働く余地はなく、市場メカニズムを基礎とした新しいガバナンス・システムは問題にならなかった。

(3) ガバナンスの主体としての金融当局の今後の課題

以上のように、金融当局のガバナンス機能は、金融行政の一環として展開されてきた[23]。しかし、戦後日本の金融行政の特徴は、金融当局のガバナンス機能が有効に働くようには展開されてこなかったことが一つの大きな問題点として挙げられる。

金融ビッグバンにより、さまざまな金融の側面での改革が提起され、実行に移されていったが、金融行政のあり方についても、これまでの国民・預金者不在の保護行政・事前行政・密室行政・護送船団行政に対する批判が強められてきた。そこで、従来の金融規制を基礎とした金融システムから金融市場を基礎とした金融システムへの移行、そのなかでの金融行政のあり方の改革が、大きな改革課題の一つとして取り上げられてきた。より具体的に言え

ば、金融規制・保護行政を基礎とした密室型の事前的行政から金融市場を基礎としたルール型の事後的行政への移行であった。

しかし、ここで重要なことは、金融・証券市場のメカニズムによる規律づけが、金融機関のガバナンスに関して今後においては主体となるから、金融当局の役割は意味をなさなくなったという理解は誤りであるということである[24]。金融行政が意味がなくなるのではなく、金融行政のあり方を改革することが必要なのであり、その意味では、金融当局によるガバナンスが意味がなくなるのではなく、金融当局によるガバナンスのあり方が、新しい時代にふさわしいように改革されていく必要があるということである。

おわりに

最後に、本章の検討課題との関連で、今後に残された課題を明らかにしておきたい。

まず第一に、本章の検討課題の一つは、金融機関のガバナンスの本質を解明するためには、一般企業と金融機関のガバナンスの共通性と差異の双方を、明確にすることであった。本章では、金融機関に固有のガバナンスをもっぱら検討してきたが、金融機関のガバナンスの解明は、一般企業のガバナンスと金融機関に固有のガバナンスとを総合することによってなされるものであるから、その意味では、一般企業のガバナンスの解明を独自に行う必要がある。

第二に、預金者によるガバナンスの問題として、預金保険の対象となる預金者は、規律づけのインセンティブを全く持っていないというのが、これまでの主流であるが、果たしてそう言い切れるかどうかは拓銀の経営破綻の例を挙げたように、今後の検討課題の一つになると思われる。この点については、第4章を参照されたい。

第三に、金融当局のガバナンスの今後のあり方がより具体的に解明される必要がある。金融自由化・金融ビッグバンが進行するなかで、金融規制を基礎とした金融行政から市場メカニズムを基礎とした金融行政への転換が行わ

れていくが、その際に、金融当局のガバナンスのあり方はどのように変わり、金融当局のガバナンスは依然としてこれまでどおり意味を持ち続けるのか、より深く解明していく必要がある。この点については、第5章を参照されたい。

1) この点については、寺西氏は次のように述べている。「銀行による企業のモニタリングのメカニズムや効果については、これまで相当程度研究されてきた。しかし、銀行自身はどのようにモニターされてきたのかという問題は、まだ十分に研究されているとは言えない」。Juro Teranishi (1997) "Bank Governance in the Japanese Economic System", *Banca Nazionale Lavoro Quarterly Review*, Special Issue, p.41.
2) 堀内・清水両氏は、次のような表現を使っている。"who could monitor the banks", "who monitors the monitor (i.e.banks)" A.Horiuchi and Shimizu, "An Analysis of Issue who Monitors the monitor : The Impact of Amakudari on Bank Performances", Jan.1997（1997年度理論・計量経済学会報告論文）p.1, p.2.
3) 岡村秀夫「銀行のガバナンス構造と経営効率性」関西大学『経済論集』第49巻第2号（1999年9月）、粕谷宗久・武田浩一「地方銀行のガバナンス―地方銀行の経営に対する都市銀行の影響を中心に―」『経済研究』第51巻第1号（2000年1月）、富山雅代「銀行のガバナンス構造と役員交代」『日本経済研究』第42号（2001年3月）の論文においても、この論点に関して、未だ十分な研究がされているとは言えないことを指摘している。
4) この点については、出見世信之『企業統治問題の経営学的研究』（文眞堂、1997年）、第4章を参照されたい。
5) この点については、『金融ジャーナル』1997年11月号（この号で「銀行ガバナンス」の特集が組まれている）、および岡村秀夫「銀行経営のガバナンス」『証券レポート』№1553（1997年12月）で触れている。
6) この点については、岡村秀夫「銀行経営のガバナンス」で触れている。
7) 富山雅代「銀行のガバナンス構造と役員交代」『日本経済研究』第42号（2001年3月）、185ページ。
8) Juro Teranishi, op.cit., p.48. その際に、寺西氏は、銀行の預金者はあまりにも小さくて分散されているので、銀行をモニターするインセンティブが十分ではないということから、預金者による銀行の経営者への規律づけを否定している。
9) 青野正道『都市銀行のガバナンス―ソニー流経営モデルへの取り組み―』（中央経済社、2001年）。
10) 斎藤達弘「株式市場における地方銀行の評価―株式所有構造の影響についてのパネル分析―」『現代ファイナンス』№3（1998年3月）。
11) 粕谷宗久・武田浩一「地方銀行のガバナンス―地方銀行の経営に対する都市銀行

の影響を中心に―」『経済研究』第 51 巻第 1 号（2000 年 1 月）。
12) 川口恭弘「市場規律と預金保険―金融機関のコーポレート・ガバナンスに関する一考察―」『金融法務事情』No. 1517（1998 年 6 月 15 日）、7 ページ。
13) ポール・シェアード『メインバンク資本主義の危機』（東洋経済新報社、1997 年）、203 ページ。
14) A.Horiuchi and K.Shimizu, op.cit., 堀内昭義『金融システムの未来』（岩波新書、1998 年）第 5 章、および富山雅代、前掲論文。
15) 岡村秀夫「銀行のガバナンス構造と経営効率性」、69 ページ。
16) Juro Teranishi, op.cit., p.48.
17) 富山雅代、前掲論文、187 ページ。
18) 川口恭弘氏は、預金市場として、銀行経営者への規律づけの問題を取り扱っている。前掲論文参照。
19) 預金の流出を銀行の経営破綻との関連である程度詳しく論じている文献は少ない。しかし、いくつかの例を挙げれば、木津信組では、日本経済新聞社編『誰が銀行をつぶしたか―ドキュメント関西金融の破綻―』（日本経済新聞社、1996 年）、6 ～ 10 ページ、29 ～ 32 ページ。拓銀では、旧大蔵省「拓銀の資金繰りと今後の対応」（銀行局銀行課、1997 年 11 月 16 日）、日本経済新聞社編『日本が震えた日』（日本経済新聞社、1998 年）、107 ～ 110 ページ。北海道新聞社編『拓銀はなぜ消滅したか』（北海道新聞社、1999 年）、84 ～ 86 ページ。
20) 富山雅代、前掲論文、187 ページ。
21) その権限の根拠を銀行法に求めている文献として、例えば、ポール・シェアード『メインバンク資本主義の危機』、151 ページ、および北海道新聞社編『拓銀はなぜ消滅したか』、272 ページがある。
22) 岡村秀夫「銀行のガバナンス構造と経営効率性」、69 ページ。今後の問題としては、「規制緩和が進められる中で、金融当局の役割は銀行経営に対する直接指導・規制から、金融市場におけるルール遵守の監督や金融システムの安定性確保に移行しつつある」（69 ページ）と述べられている。しかし、今後、金融行政の主体が、事前的規制から事後的行政へ移行したとしても、金融当局の金融機関・銀行へのガバナンスの役割の意義が否定されることにはならない。
23) ポール・シェアード氏は、この点に関して次のように述べている。「日本の金融行政は、他の先進諸国と違う側面を持っている。日本の金融行政当局は、どの国も持っている信用保持や金融不安の連鎖防止という金融行政の機能のほかに、もうひとつ、金融機関のコーポレート・ガバナンスまで担っていた。日本の金融当局は、監督・監視の権限を使って、その金融機関の人事や事業運営など経営そのものに介入してきた」（ポール・シェアード『メインバンク資本主義の危機』、20 ページ）。しかし、どの国の金融当局も、監督や監視といったガバナンス機能は金融行政の一環として行っており、日本もその点では同じである。
24) 堀内氏は、「金融行政と市場規律のバランス」ということを提起している（『金融

システムの未来』、160ページ)。

第2章

「市場規律」論の検討

はじめに

　近年、戦後日本における金融規制・金融行政や金融・証券市場のあり方を批判し、市場規律や市場メカニズムの機能を重視する観点から金融システムのあり方を論じる考え方が存在する。

　戦後日本の金融・証券市場においては、銀行・金融機関の間で市場規律や市場メカニズムが働く余地は非常に小さかった。というのは、証券市場においては、企業集団の構成メンバーを中心に、企業や銀行・金融機関が株式を持ち合い、互いに安定株主となることによって、経営者は敵対的買収という脅威を感じることなく、経営をすることができたからである。また、金融市場においても、預金者は戦後長年にわたって築かれてきた「銀行不倒神話」によって完全に保護されていたために、銀行取付けや預金流出という市場の脅威を感じる必要もなかった。

　そして、このような金融市場における市場規律や市場メカニズムの機能が作用しない戦後日本の金融システムを規定してきたのは、金融当局による金融規制や金融行政であった。このような市場規律や市場メカニズムが作用しない戦後日本の金融・証券市場やそれを規定していた金融規制・金融行政のあり方が、金融自由化の不徹底を招き、1990年代における不良債権問題や1997年11月の金融危機を引き起こした主要な要因として捉える考え方がある。

　本章では、このような論理を展開する理論を「市場規律」論と呼ぶことにするが、その代表的な論者として堀内昭義氏を取り上げることにする。とい

うのは、堀内氏は、金融・証券市場に限定しているとはいえ、市場規律や市場メカニズムの機能について他の論者とは比較にならないほど深く考察されているからである。また、この問題は、同時に銀行・金融機関に固有のステークホルダーである預金者や金融当局のあり方を問うことから、銀行・金融機関のコーポレート・ガバナンスの問題でもある。

I 「市場規律」論の論理展開

(1) 市場規律の規定と二つの側面

　堀内氏は、「市場規律」を次のように規定している。「預金者や投資家たちが銀行の経営状態を絶えず監視し、業績の劣悪な銀行に対して圧力を加えることは、銀行経営者の注意深い判断や経営戦略を引き出すはずである。健全な経営の実現に失敗すれば市場から厳しい圧力が加えられるという条件は、銀行経営者や株主（彼らは経営者を内部から監視する役割を担う建前である）に対して規律を与える重要な条件のひとつである。このような市場のメカニズムを『市場規律』と呼ぶことができよう」[1]。このような内容を持った市場メカニズムのことを、堀内氏は「市場規律」と呼んでいるが、そこには、「淘汰や選別の圧力」という破壊的な側面と、「過度なリスク選択を抑制する」という安定化の側面との二つの側面がある。

　「淘汰や選別の圧力」という破壊的な側面として、たとえば次のように言われている。「市場規律の意味は、健全経営に失敗した銀行は非常に厳しい条件に陥り、破綻してしまう可能性が高いという状況を作り出すことである」[2]。また、次のようにも言われている。「預金者や投資家の側からの選別の圧力が、銀行の過度のリスク選択を『予防』できるであろう。このような預金者や投資家の選別の圧力を『市場規律』と呼ぶことができる」[3]。

　「過度なリスク選択を抑制する」という安定化の側面については、たとえば次のように言われている。「こうした市場からの脅威があるために、経営者は経営の失敗を回避するような慎重な経営に専心する誘因が与えられる。ここで注意すべきは、われわれが市場規律に期待するのは、経営破綻への道

にできる限り近寄らないように銀行を牽制することだという点である。市場規律は、銀行を経営破綻に追い込むことができるから重要なのではない」[4]。また、次のようにも言われている。「健全経営規制にしろ、金融・資本市場の規律づけにしろ、その最も重要な役割はあくまでも事前的に銀行経営に規律を与え、過度なリスク選別を予防することである」[5]。

　このように、不健全な銀行は、資本主義社会における市場メカニズムによって経営破綻の危機にさらされることになる。これが、「淘汰や選別の圧力」という破壊的な側面である。この場合、市場メカニズムとは、企業間や銀行間の競争というだけではなく、1997年11月の金融危機という信用恐慌をも発生させる諸要因を内包したものである。そして、このような市場メカニズムの破壊的な側面を、銀行経営者が市場からの脅威と感じて、銀行が破綻する前の段階で銀行経営を立て直す努力をするように、市場メカニズムが経営者に規律づけることになる。これが、「過度なリスク選択を抑制する」という安定化の側面である。

　このように、堀内氏は、全く相反する二つの意味で「市場規律」という言葉を使っている[6]。たとえば、次のようにも述べられている。「97年秋以降、人々が目の当たりにすることになったのは、銀行に冷酷なリストラ圧力を加える金融・資本市場の破壊的な力である。政策担当者や一部の経済学者は、市場の破壊的な側面だけを強調して、その抑制の必要を訴えているが、それらは、本稿がこれまで説明してきた政策当局による包括的セーフティ・ネット運営の行き詰まりと、最悪なタイミングでの市場規律づけメカニズムの発現を許した政府の失敗を理解していない議論である。既に説明したように、包括的セーフティ・ネットは市場の規律づけメカニズムを排除する性格を持っていたから、アンシャン・レジームにおいて生じた銀行危機は市場メカニズムの所産でないことは明らかである。むしろ金融・資本市場や金融サービス業における市場競争の規律づけ機能を十分に利用しなかったことが、危機の深刻化につながったのである。銀行の経営実態や不良債権についての曖昧な情報を市場へ流し続けたことも、市場の不安定な反応を惹起する原因になった」[7]。この文章の最後の部分である「金融・資本市場や金融サー

ビス業における市場競争の規律づけ機能」というのが安定化の側面を述べているところである。そして、前段の部分においては、「市場の破壊的な側面」という表現が使われている。

「淘汰や選別の圧力」という破壊的な側面と「過度なリスク選択を抑制する」という安定化の側面は、市場メカニズムの分かちがたく結びついている二つの側面をなしている。理論的な分析においては、この二つの側面を分離することができるし、またそれは必要なことでもある。しかし、現実の世界においては、ある場合においてどちらかの側面だけを都合よく他の側面と切り離して、作用させることはできない。しかし、堀内氏の場合には、金融システムの効率性を論ずる場合には「破壊的」な側面を強調し、信用秩序の維持を論ずる場合には「安定化」の側面を強調している。

「信用秩序の維持」の側面については、後で言及することにして、ここでは、「金融システムの効率性」の面を「効率的な経営」との関係で論ずることにしよう。堀内氏は、市場規律の機能を「効率的な経営」との関係で次のように述べている。「銀行経営者に対して、効率的な経営を求める規律づけが十分に働かない場合には、非競争的な金融業において、まさに非効率的な銀行経営がもたらされるであろう」[8]。このように、経営者に「市場による選別の圧力」という市場規律を与えることが、経営の効率性を追求する規律づけになるし、非効率的な銀行を淘汰することによって、それを温存しないことが銀行経営の効率性の追求になる。そして、このように個々の銀行経営の効率性を追求することが、金融システム全体の効率性にもなる。その意味で、市場規律の破壊的側面は、金融システムの効率性を論ずる場合には、大きな意味を持つことになる。

(2)「市場規律の限界」と金融当局の行政的介入

前述した市場規律や市場メカニズムが、すべてうまく作用すれば、経済活動における資源配分も効率的に行われるし、銀行倒産も防ぐことができる。したがって、銀行倒産を回避するために金融当局の介入の必要性はなくなる。

しかし、堀内氏は、このように市場メカニズムがすべてを解決すると主張

する経済学者はほんの一部にすぎないとして、次のように述べている。「市場メカニズムがあらゆる経済問題を解決できると主張する経済学者はほんの一握りである。多くの経済学者は、金融の分野においてさえ、市場の限界と、政府による『適切な』コントロールの必要性とを説いている。その意味で、ジャーナリズムが取り上げている市場万能主義は藁人形のようなものである」[9]。

このように堀内氏も、市場規律には限界があるということを認めている。そして、「市場規律の限界」に関する通説的理解が紹介されている。まず、「市場規律が円滑に機能するための前提条件は、第一に預金者やその他の投資家たちが個々の銀行の経営状態を的確に判断する能力を備えていることである。しかし現実には、われわれが個々の銀行の経営内容を的確に知ることは容易ではない。さらに、銀行預金者の多くは個々の銀行の健全性を詳しく評価する能力も意欲も持っていないであろう。なぜならば個々の銀行の経営状態を調べることには時間、労力などの費用を要する上に、その費用は預金額が小さいからと言って節約できるものではない」[10]。ここで言及されていることの1つは、個々の銀行の経営内容に関する的確な情報を収集することの難しさである。もう1つは、そうした情報が不完全ながら収集されたとしても、それを合理的に判断する能力の問題である。特に、「規模の経済性」が働くので零細な預金者は一層この点で難しいことになる。

以上のことにより、「多くの預金者が個々の銀行の経営状態を正確に把握できないということは、銀行システム全体のあり方に重大な意味を持っている。ある銀行が経営上の失敗で破綻したことをきっかけに、預金者が銀行全体の健全性に疑問を持つことになれば、堅実な経営をおこなっている銀行の預金者も預金の解約に向かい、その結果、健全な銀行の経営さえも毀損され、経営破綻に追い込まれかねない」[11]と論じられている。つまり、不健全な銀行の破綻が、風説の流布や混乱などによって、健全な銀行の破綻までも引き起こすという「伝染効果」によって、銀行部門全体の取り付け騒ぎが広がり、市場機能全体が混乱する。

以上が、通説の内容であり、それに対して次のように、結論づけられてい

る。「1930年代までにアメリカや日本でしばしば経験された銀行取付けは、……銀行破綻の伝染を防止する上で市場規律は有効に機能しないという考え方を生み出し、この通説に従って、金融当局が金融システム、特に銀行制度に深く介入する今日の規制体系が作り出された」[12]。このように、預金者には、的確な情報の収集と合理的な判断能力がないがゆえに、一部の不健全な銀行の破綻が健全な銀行までをも巻き込んだ銀行部門全体へと波及することになる、つまり、預金者は健全な銀行からも預金を引き上げてしまうという「不合理な」行動を取ることになるという理解である。

こうした通説的理解に対して、堀内氏は、信用恐慌の局面においても、不健全な銀行の破綻が他の銀行の破綻に伝染したとしても、不健全な銀行の破綻が他の不健全な銀行の破綻へと波及しただけであるならば、預金者や投資家は不完全な情報であるとしても、比較的的確な情報に立脚して「合理的に」行動したと考える。

この点では、我々も堀内氏と同様に、預金者や投資家がある程度合理的な行動を取ったと理解する。なぜならば、昭和金融恐慌や1929年のアメリカの大恐慌においても、倒産した銀行は全体からすれば一部にすぎない。実際に、恐慌局面においても、破綻する銀行はすべての銀行数からすればそれほど多くはない。堀内氏は、昭和金融恐慌の1927年において、休業した銀行数は45行であり、普通銀行総数のほぼ3％にすぎないと述べている[13]。また、1929年のアメリカの大恐慌においても、最も多くの銀行が倒産した1930〜33年において、倒産した銀行の割合は44.3％というかなり高い数値を示しているが、アメリカの場合、人口数の少ない小さな町でのきわめて小規模の銀行がかなり多く存在している。そこで、5000人以上の人口の町にある銀行だけに限れば、10.15％という低い数値になる[14]。

とすれば、ある銀行はなぜ倒産し、他の銀行はなぜ倒産しなかったのかということが問題となるのであり、この点はやはり預金者や投資家がある程度、合理的な行動をとったからであると理解したほうが自然であろう。このように、一方で、堀内氏は、預金者や投資家の「合理的な」行動やそれに伴う市場規律の有効性を論じるのであるが、他方で、「市場規律の限界」に伴

う金融当局の介入の必要性を否定するわけではない。では、この「市場規律の限界」は、何に由来するのであろうか。

　さきほど見た通説では、不健全な銀行の破綻が、風説の流布などの混乱した情報によって、健全な銀行の破綻をも巻き込み、市場機能全体が混乱するという預金者の全く「不合理な」行動を想定している。それでも、市場の規律には限界があると考える。それは、「情報の非対称性」に伴う「情報の不完全性」である。というのは、預金者が不健全な銀行の経営内容をもっと早い段階でより正確な情報を的確に収集し、正しい評価を下し、合理的に行動していれば、市場規律は銀行経営者に対してより一層有効に働き、金融システムの安定性が得られることになる。ところが、「情報の不完全性」ゆえに、早い段階での的確な情報が得られないことから、市場規律が十分には働かないために、金融当局の行政的介入を必要とする [15] というのが、堀内氏の考える「市場規律の限界」の内容である。

II　「市場規律」論の検討

(1) 預金保険の存在と金融当局の行政的介入

　前項での「市場規律」論の論理展開においては、預金保険というセーフティネットの存在については無視してきた。だが、実際においては、堀内氏は、『金融システムの未来』の第3章において、預金保険が存在するもとでの市場規律のあり方について論じている。そこでは、預金保険というセーフティネットが存在するために、それまでのように市場規律が有効に作用しないことから、モラルハザードが発生する。そのために不健全な銀行経営も生ずることになる。そして、それを防止するため健全経営規制が必要となる。おおよそこのようなことが論じられているが、しかし、理想的な金融システムとしては、市場規律が有効に機能するためには、預金保険の範囲は狭められるほどよいのである。堀内氏は、「日本の金融システムのあるべき姿」[16] として、「銀行・金融機関への規律づけという観点から、市場メカニズムをできる限り活用するという意味で、セーフティネットの範囲を従来よりも狭

める。つまり、預金のうち銀行破綻から保護される預金の範囲を狭める」[17]と述べている。したがって、理想的な金融システムのあり方として、預金保険の問題を取りはずすことは可能である。そうすれば、前項でみたような「市場規律」論の論理が浮かび上がることになる。したがって、本章では預金保険の問題は、捨象することにする。

(2) 市場規律と内部規律

市場規律には、二つの側面があることを以前において確認した。一つは、市場メカニズムの「選別・淘汰の圧力」という破壊的な側面である。不健全な銀行は、市場メカニズムによって淘汰されるという「市場の脅威」である。そして、もう一つは、「過度なリスク選択を抑制する」という安定化の側面である。

この市場規律が、有効に機能するためには、会社および銀行の内部規律の問題を不可欠の媒介環として考察する必要がある。なぜなら、経営者が市場メカニズムの破壊的側面を「市場の脅威」と感じていち早く察知し、自らの行動・活動を「過度なリスク選択を抑制する」という方向で規律づける経営の内部規律の機構を、独自に考察の対象とする必要がある[18]。なぜならば、会社および銀行は、しっかりとした内部規律がない限り、「市場の脅威」をいち早く察知して、過度なリスク選択を抑制する方向へと規律づけることはできないかもしれないからである。堀内氏においては、この媒介環としての内部規律にまでは言及されていない。そこで、まず最初に、「証券市場の規律」と「預金市場の規律」における破壊的側面、つまり「市場の脅威」について触れて、次にそのケース・スタディーにおける内部規律の問題点を分析することにしたい。

「証券市場の規律」における「市場の脅威」であるが、企業の経営者が、その企業が持っている資産を有効に活用することによって、業績を高めることができなかった結果、株価が下落する。株価が下落することによって、買収する側の企業は買収価格が下がり買収しやすくなる。しかし、もしこの敵対的買収が成功した場合には、被買収企業の経営者は、その地位を追われる

ことになる。これが、経営者にとっての「市場の脅威」ということになる。そこで、経営者は資産価値を有効に活用し、企業の業績を上げることによって株価を引き上げる努力をすることが必要になる。そのことは、同時に主要なステークホルダーとしての株主のためにもなる[19]。

次に、「預金市場の規律」における「市場の脅威」についてであるが、業績が好調で預金者にとって信用がある場合には、銀行から預金が大量に流出することはない。しかし、業績が不振となり、それが証券市場における投資家の知るところとなり、株価が下落し、格付けが下がり、マスコミで取り上げられるようになると、預金者からの信用がなくなり、預金の大量流出が起こることになる。そうすれば、銀行にとって資金繰りが悪化することになる。インターン・バンク市場から短期資金を調達することは可能であるが、それには限界があるとすれば、資金繰り悪化は避けられず、経営破綻することになる。経営者はその責任を問われることになる。これが、銀行の経営者にとっての「市場の脅威」ということになる。ただ、預金流出は、破綻時の急激な取り付けだけとは限らない。それ以前に、破綻の兆候としての預金流出が起こる場合があり、それをいち早く察知することによって、「過度なリスク選択を抑制する」ことができるかどうかが大事である。

さらに次に、1997年11月に経営破綻した拓銀をケース・スタディーとして、内部規律の問題を具体的にみていくことにしよう。金融自由化が本格化した80年代に、銀行間の競争が激しさを増すなかで、最下位であった拓銀は、上位行との格差はさらに広がり、地銀上位行には激しく追い上げられるなかで、焦り始めていた。こうした焦りが、1980年代に拓銀を無理な拡大路線へと駆り立て、80年代半ばに「インキュベーター（新興企業振興）路線」を採用することになった。後から進出した本州では拓銀の入り込む余地は小さく、道内の基幹産業であった農林水産業、鉱業、紙・パルプなどはすでに衰退しており、一方で新しい産業や成長力のある有望な企業は道内では全くといっていいほど芽生えていなかった。こうしたことから、他の都市銀行に比べ大手の有力な取引先が少ないため、危機感を持った拓銀は、どうしても新興ベンチャー企業を自ら育てるしかない。ちょうどバブルの時代であった

ことから、リゾート開発の時期でもあり、観光・建設・不動産といった業種が中心であった。

　こうして、バブルの末期であった1989年4月に、「拡大路線」がすでに限界に近づきつつあったにもかかわらず路線を変更することなく、21世紀に向けた経営ビジョンの策定を始め、1990年9月に「21世紀ビジョン」構想が発表された。この構想において、バブルの崩壊がすでに始まっていたにもかかわらず、不動産開発事業の支援とインキュベーター路線が、経営の重点に置かれた。そして、これらの事業に関しては、営業推進と融資審査を一元的に担う戦略的部門として総合開発部が新設された。新興企業の育成を託された総合開発部では、それを強力に推進するために、融資審査というチェック機能は極めて軽視された。

　拓銀では、こうしたバブル期の無謀な拡大路線を採用する経営者の暴走に対して、なぜ内部規律が有効に機能しなかったのか。この頃の拓銀の経営の中枢の内部規律は、どのようになっていたのか。まず拡大路線を採用したのは、1983年4月に頭取に就任した鈴木茂氏の時代である。そして80年代の半ばには、インキュベーター路線が導入される。このインキュベーター路線の陣頭指揮をとったのが、80年代後半に札幌における業務本部長であった佐藤安彦専務であった。この佐藤氏の後を継いで、1990年10月に21世紀ビジョンを指揮したのが海道弘司常務であった。この頃、鈴木氏は会長に退き、佐藤氏は副頭取であったが、彼らは比較的におとなしい人材の多い拓銀にあって珍しく個性派であり、性格は積極的で、行動的で、ワンマンであった。この3人がバブル期から21世紀ビジョン実施時期における拡大路線の推進者であり、その絆の強固さは行内外でも有名であり、3人の頭文字をとってSSKトリオと呼ばれた。

　海道氏や佐藤氏に反抗すれば、主流にいたはずの幹部でさえも突然、畑違いの閑職に異動させられるという人事が横行した。彼らは、自分たちのグループに擦り寄る者は厚遇し、逆らう者は徹底的に排除した。このような人事権を事実上握ることにより、ワンマン体制を作り上げた結果、彼らの無謀な拡大路線に対する内部規律は有効に機能しなかったのである[20]。以上の

ようなワンマン体制が、過去の成功体験に基づく悪しき経験主義によって、経営環境の変化を無視した経営戦略を採用し続けたことと結びついて経営破綻した金融機関の事例については、1997年11月に破綻した山一証券や1998年10月に破綻した日本長期信用銀行についても言える[21]。

　このような社長や会長が社内人事権を事実上掌握することによって、内部規律を弱体化させてきたことに対する反省として、また内部規律におけるチェック機能を強化する必要性から、社外取締役の役割が大きく取り上げられている。改正商法によって大企業が2003年度から、従来の監査役制度と「委員会等設置会社」（2015年5月1日に実施された改正会社法において、「指名委員会等設置会社」に名称変更された）と呼ばれる米国型企業統治を自由に選べるようになった。この新しい制度を導入した場合には、「執行役」と「3つの委員会」が設置されることになった。この新制度の目的は、一方で、執行役に日常的な業務の決定権を付与することによって迅速な意思決定を可能にし、他方で、取締役会による業務執行を監督させる役割を指名委員会、報酬委員会、監査委員会という各種委員会に委ねることによって、チェック機能を強化することにある。その場合、各種委員会は3名以上の取締役でなおかつその過半数は社外取締役で構成されることが義務付けられており、社外取締役の果たす役割は大きな意味を持っている[22]。

　日本監査協会によると、2005年6月末までに「委員会等設置会社」を導入した企業は108社にすぎない。採用した企業数は、初年度（2003年4月～2004年3月）においては75社であったが、2004年度では22社であり、2005年では11社とあまり増えていないのが実情である[23]。社外取締役を確保することの難しさが、この制度の導入が増えないことの一つの原因となっているように思われる。

　また内部規律のチェック機能を強化するために導入されたこの制度は、次の点で問題があるように思われる。一つは、取締役会が執行役を兼ねることができる点である（ただし、監査委員を兼任することはできないが）。したがって、代表執行役とそれを監督すべき取締役会の会長が同一人物であってもかまわないということになる。これでは、チェック機能としての役割を十分に

は果たせない。もう一つは、社外取締役の性格である。社外取締役といってもその企業やその企業の社長および会長と利害関係のある人物であれば（たとえば、緊密な取引先企業の役員など）、チェック機能としての役割を十分に果たせるとはいえない。そこで、社外取締役といっても、こうした利害関係に拘束されない「独立社外取締役」が大きな意味を持つことになる。

　ただ、こうした不十分性はあるものの、コーポレート・ガバナンスに対して先進的な役割を果たしてきたソニーにおいて、業績不振から会長兼CEO（最高経営責任者）である出井伸之氏ほか現役6人の経営陣が一気に退任し、出井氏の後任にハワード・ストリンガー氏が選ばれた。外国人が社長・会長に選ばれたのはソニーの歴史においてもはじめてのケースである。アメリカでは、1990年代初頭において、GMやIBMなどで業績不振を理由として株主（機関投資家）の利益を意識した社外取締役が経営陣のトップを交代させるという経営刷新に動いたケースが相次いだ[24]。

　アメリカに比べれば10年遅れているとはいえ、このソニーの事例は、日本の企業においても「外部の力」（取締役の半数が社外取締役）が経営刷新を促す時代が到来しつつあることを予感させるものである[25]。このように、日本においても、少しずつではあるが、かつてのように会長や社長が後継者を指名することから発生するワンマン体制を許さない内部規律がその機能を発揮する方向へ向かうであろう。

　最近においては、2015年5月1日に実施された改正会社法において、社外取締役のチェック機能としての役割はますます重要性を増している。また、2015年6月に施行されたコーポレートガバナンス・コードの導入から約1年が経過した2016年5月24日時点において、東証のデータによると、上場企業の社外取締役は延べ約6200人となり、2015年7月から約700人増えている。社内取締役も含めた取締役の数は2万8000人であり、社外取締役は全体の2割を占めるまでになった[26]。

(3)「日本の金融システムのあるべき姿」について

　次に、信用秩序の維持と金融システムとの関連についてであるが、堀内氏

は、前述したように金融当局による行政的介入の必要性を認めている。その際に、金融当局が市場に対して行政介入する仕方について次の二つのことを区別している。一つは、1990年代に日本が直面していた不良債権を処理するための緊急対策である。もう一つは、不良債権処理が解決された後での長期的な視野に立った制度改革である。しかし、不良債権問題を処理するための緊急対策は、長期的な視野に立った制度改革と矛盾する性格を持っていると堀内氏は考えている。

たとえば、その違いが明確に示されているのは、公的資金に対する次の考え方によく現れているとして次のようなことを述べている。緊急対策としては、政府は公的資金を用いて預金保険機構に準備されている銀行破綻処理の財政的基盤を拡充する必要がある。しかし、長期的にみれば、公的資金による銀行の破綻処理に関して最も懸念されるのは、公的な介入が民間銀行の経営者や投資家たちにモラルハザードを引き起こし、逆に不健全な銀行経営を増加させるという問題を孕んでいる。このような公的介入によるモラルハザードを排除するためには、金融システムの構造が一新されて、公的介入は最小限にとどめなければならない。

つまり、金融当局が主導する形で積極的に銀行のリストラを推進し、預金者や投資家の利益を財政資金の投入によって保護するという仕組みや、破綻の危機に直面している銀行に対して公的資金を用いて自己資本強化を支援することは、新しい金融システムの下では考えられないことである。なぜならば、金融システムに対する金融当局のかかわりの深さや、無原則とも言えるセーフティネットの拡張が、日本の不良債権問題を深刻化したと考えられるし、公的資金支援は民間銀行のずさんなリスク管理や無謀なリスク選択の原因になりかねないからである。

このように1990年代において、直面していた不良債権問題を処理するための緊急対策としては、金融当局による市場への積極的な行政介入の必要性を認めているが、長期的な視野に立った制度改革としては、市場メカニズムが主要であり、金融当局はそれを補完する役割に徹することの必要性を説いている。この点は、「日本の金融システムのあるべき姿」として次のように

述べておられるので、少し長くなるが引用しておこう。

「(1) 銀行業やその他の金融業務分野のそれぞれにおいて、有効な競争が展開される条件を作り出すために、業務分野間の相互参入を幅広く認める。また、エンド・ユーザーの利便性向上に結びつくように、新しい金融商品や金融手段の導入を巡る競争を促進する。たとえば、金融機関や金融業者が新しい貯蓄商品や投資商品を導入する場合、金融当局の事前の認可を不必要とする。

(2) 市場の投資家や預金者が、個々の銀行、金融機関の経営内容をより的確に評価できる条件を作り出すために、情報開示のルールを充実すると同時に、銀行、金融機関の会計ルールを合理化する。たとえば、銀行が保有する数多くの資産を、可能な限り時価ベースで評価するルールを導入する。

(3) 金融業、銀行業における行政当局は、原則として、市場メカニズムの機能改善を支援するという役割に徹する。金融当局は、多くの預金者や投資家を代理して銀行、金融機関の経営内容、とりわけその健全性を監視し情報を収集し、それを市場へ伝達すると同時に、銀行、金融機関が破綻した場合に、預金者や投資家の利益を代理して破綻処理にあたる。そのためには、金融当局の検査・調査を拡充する必要がある。

(4) 一方、銀行、金融機関への規律づけという観点から、市場メカニズムをできる限り活用するという意味で、セーフティ・ネットの範囲を従来よりも狭める。つまり、預金のうち銀行破綻から保護される預金の範囲を狭める。

(5) セーフティ・ネットの運営については、個々の銀行、金融機関の経営を恒常的に監視する機構と密接に連携して、『先送り政策』による費用の増大を防ぐ。このために金融当局は、銀行、金融機関の客観的な経営指標を基礎として業務の改善や停止を命令するルールを構築する」[27]。

第1項では、これまでの競争制限的規制を撤廃して、競争を促進し、非効率的な経営を行っている金融機関を淘汰し、金融システムの効率性を追求することの必要性を述べている。第2項では、市場メカニズムを有効に機能させるために、市場メカニズムの主体である投資家や預金者が、個々の銀行、金融機関の経営内容をより的確に評価できる条件として、情報開示のルール

の充実と新しい会計ルール作成の必要性を説いている。第3項では、競争を促進することによって、市場メカニズムが有効に働く新しい金融システムを構築すべきである。その新しい金融システムにおいては、基本はあくまでも市場メカニズムや市場規律であって、金融当局はそれを補完する役割に徹することの必要性を述べている。第4項では、市場のメカニズムが有効に働くように、セーフティネットの範囲を従来よりも狭めることの必要性を強調している。そして最後に、第5項では、そのセーフティネットの運営の仕方について規定している。以上を要約して一言で言えば、日本の金融システムのあるべき姿としては、金融機関間の競争を促進し、市場規律や市場メカニズムが有効に機能するための条件を整備し、金融当局はあくまでも補完的な役割に徹すべきであるというものである。

　これは、信用秩序の維持という観点からすれば、市場規律や市場メカニズムが有効に機能することができれば、それですべてがうまくいくというのが、基本的な考え方である。しかし、堀内氏は市場万能主義ではないので、金融当局の行政介入の必要性も他面では認めている。その介入の根拠が、「情報の非対称性」に伴う「情報の不完全性」であった。前述したように、「情報の不完全性」ゆえに、早い段階での的確な情報が得られないことから、市場規律が十分に働かないために、金融当局の行政的介入が必要であるということであった。

　しかし、1990年代の日本における銀行の経営破綻の実態を見てみると、「情報の不完全性」だけで預金者が「合理的な行動」を取れなかったかというとそうともいえない（もちろん、情報が完全であれば、預金者はもっと早い段階で的確で「合理的な行動」を取ることが可能であったであろうが）。ただ、「情報の不完全性」やディスクロージャーの不備があったとしても、預金者は新聞記事、雑誌、テレビ、ラジオをも含むマスコミの評価、格付け、株価の動向等によって不十分ながらも「合理的な行動」を示しており、不健全な銀行から預金を流出させることによって、資金繰りの悪化から銀行が破綻している事例は、1990年代において数多く見られたことである。それゆえ、「情報の不完全性」だけが、金融当局の行政的介入の根拠ではないと我々は考え

る。これは、1997年11月の金融危機がなぜ発生したかということの評価にかかわる問題である。しかし、堀内氏においては、信用秩序の維持という観点においては、「過度なリスク選択を抑制する」という市場規律や市場メカニズムの安定化の側面だけが強調されている。だが、現実の世界においては、破壊的な側面での市場メカニズムが同時に作用しているのであり、それに伴う金融危機の発生こそが行政的介入の一つの根拠となっているのである。

おわりに

　以上のように、堀内氏においては、市場万能主義ではないとはいえ、「日本の金融システムのあるべき姿」として、市場規律や市場メカニズムに寄せる期待が非常に大きいということが分かる。これは、市場規律の安定化の側面に対する期待である。あるべき日本の金融システムにおいて一番大切なのは、金融システムの効率性ということもあるが、やはり「過度なリスク選択を抑制する」という安定化の側面だけが強調されることになる。前述したように、堀内氏の場合には、金融システムの効率性を論ずる場合には、市場規律の「破壊的な」側面を強調し、信用秩序の維持を論ずる場合には、「安定化」の側面を強調している。しかし、現実の世界においては、どちらかの側面だけをその時々において都合よく他の側面から切り離して作用させることはできない。

　したがって、あるべき日本の金融システムを考える場合においても、市場規律や市場メカニズムに対して「安定化」の側面だけを期待することはできない。現実においては、その「破壊的な」側面が同時に作用しているのである。そのことが、1990年代後半の日本において数多く発生した銀行の経営破綻となって現れたのであり、1997年11月の金融危機もこうした結果生じたものである。今後も90年代後半のような状況が再現しないとは限らない。金融当局の行政的介入の根拠は、「情報の不完全性」だけではなく、市場規律や市場メカニズムの破壊的な側面がもたらす金融危機の発生という問題を見ておく必要がある。

1) 堀内昭義『金融システムの未来』（岩波書店、1998 年）、43 ～ 44 ページ（以下、『金融システムの未来』と略記する）。
2) 『金融システムの未来』44 ページ。
3) 『金融システムの未来』15 ページ。
4) 『金融システムの未来』44 ページ。
5) 堀内昭義『日本経済と金融危機』（岩波書店、1999 年）、111 ページ（以下、『日本経済と金融危機』と略記する）。
6) 佐藤隆文氏は、次の文章で、市場規律をこの二つの側面の両方の意味で使用していると思われる。「競争促進的枠組みへの転換は、上述の種々の環境変化の中で金融システムの機能向上のために不可避な流れであるが、これを信用秩序政策の視点から捉え直すと、以下のような二面性を持つ。すなわち、それは一方でリスク管理能力の欠如した金融機関や財務内容の悪化した金融機関を市場から排除する方向に働き、結果として破綻の発生を増やす傾向を持つが、他方で市場メカニズムが各金融機関に経営健全化の努力を強力に促すことを通じて、全体としての金融システムの安定化に資する効果をも有している」（『信用秩序政策の再編』日本図書センター、2003 年、64 ページ）。
7) 『日本経済と金融危機』120 ～ 121 ページ。
8) 『金融システムの未来』128 ページ。
9) 『日本経済と金融危機』4 ～ 5 ページ。
10) 『金融システムの未来』4 ～ 5 ページ。
11) 『金融システムの未来』46 ページ。
12) 『金融システムの未来』46 ページ。
13) 『金融システムの未来』50 ページ。
14) この数値は、吉富勝『アメリカの大恐慌』（日本評論社、1965 年）の 302 ページの表 139 と 304 ～ 305 ページの表 140 に依拠している。この二つの表には完全な連続性があるとはいえないが、同じ資料に基づいているので、さきほどの数値は近似値を示していると思われる。
15) 小林真之氏は、その著書『金融システムと信用恐慌』（日本経済評論社、2000 年）のなかで、「『情報の非対称性』理論が市場規律重視型の論者に公的介入を是認させる理論的根拠となっている」（220 ページ）と述べ、その文献として藪下史郎『金融システムと情報の理論』（東京大学出版会、1995 年）を挙げている。また、藪下氏が、非対称情報の経済学をやさしく解説した文献として、『非対称性情報の経済学─スティグリッツと新しい経済学─』（光文社、2002 年）がある。
16) 『金融システムの未来』166 ページ。
17) 『金融システムの未来』167 ページ。
18) 佐藤隆文氏は、『信用秩序政策の再編』（日本図書センター、2003 年）において、「第一に銀行自身による自己規律、第二に株主・債権者・預金者等による銀行の選別ないし銀行経営へのチェックを通じた市場規律、第三に当局による規制・監督・検

査である」（28 ページ）という三層構造の規律づけメカニズムを指摘している。そして、市場規律と当局による規律づけという「外部規律メカニズム」に対して、第一の銀行自身による「自己規律」について次のように述べている。「第一の銀行自身の自己規律が働くためには、不良債権の発生に関しその原因が過大なリスク・テイクであった場合には、その責任の所在が明確にされるような内部管理システムが存在し、かつそれが各経営者に意識されている必要がある」（同、28 ページ）。このように、佐藤氏は外部規律だけではなく内部規律の必要性を指摘している。

19) ただ、この経営手法が、短期的視野の経営を招いたり、株価市場主義を引き起こすことになると問題である。この点については、たとえばアラン・ケネディ『株主資本主義の誤算』（ダイヤモンド社、2002 年）などを参照されたい。

20) 以上について詳しくは、第 7 章を参照されたい。

21) 山一証券については第 8 章を、長銀については第 9 章を参照されたい。

22) 以上の委員会等設置会社については、平山康介『こんなに変わる！平成 14 年商法大改正』（弘文堂、2002 年）を参照した。

23) 『日本経済新聞』2005 年 8 月 16 日付。

24) この点の事例については、大橋敬三『社外取締役』（中央公論新社、2000 年）を参照されたい。

25) 以上のソニーの事例については、『日本経済新聞』2005 年 4 月 8 日付を参照した。

26) 『日本経済新聞』2016 年 5 月 25 日付。

27) 『金融システムの未来』166 〜 167 ページ。

第3章

「預金者による市場の規律」について

はじめに

　銀行に固有のガバナンスと関連するステークホルダーには、金融庁、日銀、預金保険機構といった金融機関の監督官庁としての「金融当局」と、預金取扱金融機関である銀行に固有の債権者である「預金者」の二つがある。
　本章では、銀行に固有のステークホルダーとしての預金者が、銀行の経営者に対して、いかなる意味において、銀行のガバナンスとしての役割を果たしているのかを考察する。
　我々は、第1章で、1990年代後半からようやく、銀行それ自身がコーポレート・ガバナンスの議論の対象になってきた諸契機を考察した。そこで、一つの契機として、次のように述べた。「金融規制が行われていた時代には、そもそも金融機関・銀行のコーポレート・ガバナンスそのものが問題とされなかった。その点で、1996年秋の金融ビッグバン以降、本格的にこの問題が論じられる現実的基盤が生じてきたと言える」。
　日本では、戦後一貫して、金融業界に対しては保護行政が展開されてきた。その最たるものは、最も経営基盤の弱い銀行が生き延びていける水準に、金融行政を合わせる護送船団行政であった。この金融行政は同時に、銀行を倒産させないことが目的の一つとなっていた。こうした金融行政が非常に長く続いてきたために、預金者の間に「銀行不倒神話」が形成されることになった。こうした時代においては、預金者は銀行の健全性について無関心でありえた。
　しかし、金融自由化が進展し、90年代に入ってバブルが崩壊したことに

よって、銀行破綻が続出し、ようやく日本においても預金者が銀行の健全性に対して無関心でいられなくなってきた。こうした状況が生ずるなかで、90年代の半ば以降になって、日本においても、「預金者による市場の規律」が議論される現実的基盤が生じてきたと言える。

しかしながら、以上の理由から、この預金者による市場の規律については、日本ではまだ本格的には研究されているとは言えない。また、日本での議論[1]はアメリカでの研究を基礎にしているので、本章では、アメリカの研究を紹介することにしたい。その際に、「預金者による市場の規律」の有効性を認める見解と、その有効性を否定する見解の双方を紹介し、それぞれの見解を批判的に検討することにしたい。

I 「預金者による市場の規律」の有効性を認める見解

(1) 有効性を認める見解の紹介

まず最初に、アメリカにおける「預金者による市場の規律」をめぐる議論のなかで、その有効性を認める見解[2]を紹介し、次にその批判的検討を行うことにしたい。この有効性を認める見解を三つの部分に分けて、紹介することにしよう。

紹介すべき第一の内容は、規律づけを行う預金者の側の問題についてである。その内容は概略次のようである。預金者たちがリスクにさらされている預金を有していないならば、彼らは彼らの銀行をモニターするインセンティブをほとんど持っていないといえる。しかし、リスクにさらされている非付保預金（預金保険による被保険額を超える預金）を有している預金者たちは、銀行の過度のリスク経営をコントロールすることによって、彼らの預金を保護するインセンティブを持っている。この要素以外に、預金者による市場の規律が有効に作用するために必要なものは、完全で正確な情報である。正確な情報へのアクセスができるからこそ、預金者たちは彼らの銀行の健全性をモニターし、銀行経営者への規律づけを行う能力を有することになる[3]。

ここでは、次のようなことが指摘されている。第一は、預金者（特に、非

付保預金者）は自らが預金している銀行をモニターするインセンティブを持っていること、第二に、そうしたインセンティブを有しているかどうかに関する付保預金と非付保預金との区別、第三に、預金者による銀行の健全性に関する完全で正確な情報へのアクセスが可能であること、つまりディスクロージャーが十分に充実していること、第四に、預金者がその情報を十分に分析・判断する能力を有し、銀行経営者へ規律づけを行う能力を有していることである。これらの点に関する検討は、最後に行うことにして、次の内容に進むことにする。

　紹介すべき第二の内容は、預金者による銀行経営者への規律づけの具体的なメカニズムについてである。完全なディスクロージャーによって、預金者の規律づけはさまざまなレベルで作用することが可能であったから、その規律づけは、銀行の取り付けという突然で破壊的な形態を必ずしも取る必要はない。より早い段階で、預金者たちは彼らがよりリスクの多い銀行に預けている預金に対して、より高い率のリターン（預金金利）を要求するかもしれない。しかし、より高い預金金利は、株主にとってのより低い利率のリターンを意味するので、株主は銀行の過度のリスク経営を抑制するように銀行経営者に圧力をかけるインセンティブを有している[4]。

　ここでは、預金者による銀行経営者への規律づけの具体的な波及過程に株主の介在が重要な要素となっているが、アメリカでの議論を紹介している落合氏は、株主を介在させないでよりシンプルに次のように述べている。「預金者は、健全性に問題のある銀行に預金する場合、健全性に問題のない銀行に預金する場合に比べてリスクがあるから、それに見合うより高い利息を要求するであろう、そうすると健全性に問題のある銀行の経営者は、高い利息というコスト増の事態を避けるために、健全性を回復するような経営に努めることになる」[5][6]。

　ここでも、第一の内容の紹介のところで指摘しているように、預金者による市場の規律が有効に作用するためには、銀行の健全性に関する完全な情報のディスクロージャーの充実とそれへの預金者のアクセスが可能なこと、預金者に個々の銀行の経営情報に対する分析・判断能力が備わっていること、

などが前提されている。この点についても、最後に考察することにしよう。
　紹介すべき第三の内容は、銀行取り付けの他の銀行への伝染効果についてである。一般大衆は、銀行が供給する情報の正確さに信頼を寄せ、うわさに敏感になることはなくなるだろう。預金者たちは、ある不健全な銀行についての悪いニュースが、他の関連のない銀行または銀行システム全般における問題を示していると想定することはないであろう。健全な銀行と不健全な銀行との間の区別をより一層進んですることは、全般的な銀行パニックの起こりうる可能性をかなり少なくするであろう。その結果として、市場は突然で大量の預金の引き出しという銀行取り付け以外の手段によって規律を与えることによって、銀行経営者は経営改善に取り組む時間的余裕を有することになるであろう[7]。
　堀内氏は、通説となっている銀行破綻の伝染効果を批判するなかで、ほぼ同じ内容のことを次のように述べている。「伝染効果は、ある銀行が破綻したとき、あるいは破綻に瀕したときに、まったくその銀行と関係も類似性もない銀行の預金者や債権者が、預金その他の債権の回収を急ぎ、それらの銀行の経営に打撃を与えることである。破綻銀行と非常に類似した経営内容にある（その意味で経営の健全性が疑わしいと客観的に判断される）銀行に対して取り付けが起こるのは、むしろ預金者や投資家が比較的的確な情報に立脚して合理的に行動している証拠だと考えられる。したがって厳密に言えば、特定の銀行の破綻をきっかけに多数の銀行に預金取り付けが生じたとしても、それだけでは伝染効果の実在を示すことにはならない」（下線は引用者による）[8]。
　両者とも、通説としての銀行破綻の伝染効果を批判するにあたって、預金者は、完全に正確な銀行情報に基づいて、的確な分析能力を持って「合理的な」投資判断を行うというように、預金者による市場の規律の有効性を前提としている。

(2) 有効性を認める見解の検討
　最初に、預金者による市場の規律の有効性を認める見解を紹介したので、次にその検討を行うことにしたい。

まず第一は、付保預金者と非付保預金者という区別についてである。預金者による市場の規律の有効性を認めるためには、まず預金者が自分たちの預金の安全性が確保されているかどうかということについて関心をもっていなければならない。そうでなければ、預金者は銀行をモニターするインセンティブがないことになり、預金者による市場の規律は作用しないことになる。だが、すべての預金者がそのインセンティブを持っているわけではない。例えば、日本では預金保険機構が経営破綻した銀行に代わって、現在ペイオフという方法によって1000万円まではその元本と利息分を保証している。これが、付保預金者である。しかし、1000万円以上については保証されていない。これが、非付保預金者である。

　とすると、1000万円以下の小口の預金者は、預金している銀行がたとえ破綻しても預金は保護されているので、銀行の経営をモニターしようとするインセンティブは働かないことになる。それに対して、1000万円以上の大口の預金者は1000万円以上の預金については保護されていないので、経営者がリスクの高い経営行動をとらないように銀行の経営者を監視するインセンティブを有していると言える。それゆえ、こうした預金者こそが、預金市場における市場の規律の主体ということになる。

　このように預金が保護されている預金者とそうでない預金者とに明確に区別され、後者のみが市場の規律の主体としてみなされている。だが、この区別をこのように単純明快にすることが可能かどうかについては議論の余地があるところなので、後に検討することにしたい。しかし、ここでは、非付保預金者は銀行経営を監視するインセンティブを有しており、その意味においては、預金者による市場の規律は有効に機能していると理解したうえで、次の検討に進むことにしたい。

　第二は、預金者による市場の規律の有効性を認める見解の前提条件として、預金市場は「完全な市場」であるという認識があると思われる。だが、果たしてそういえるだろうか、ということである。その点を考察するうえで、①まず最初に問題にすべきは、「完全で正確な情報」つまり、完全なディスクロージャー制度を前提しうるかということである。有効性を認める

見解の最初の紹介のところで、「預金者による市場の規律が有効に作用するために必要なものは、完全で正確な情報である」という文章があった。しかし、市場メカニズムの効率を高めるために、ディスクロージャーの充実が叫ばれながらも、不十分さを克服することはできない。その意味で、預金者にとっては、銀行経営に関する完全に正確な情報の公開とアクセスは不可能に近いというのが現実ではないだろうか[9]。

②次に、預金者の情報に関しての分析能力や投資判断の能力の問題である。個人預金者の多くは、情報を的確に分析するだけの知識を有していないであろうし、大口の預金者においてもそのすべてがいつも的確な分析を行い、合理的な投資判断を行うかどうかは疑問である。個人投資家に対する機関投資家が、プロの投資家としていつも的確な情報の分析と投資判断をしていないのと同じである。もし、そうなら機関投資家はすべて同様に利益を得ているはずである。ところが実際には、ごく一部の機関投資家のみが高い利益を上げ、他の多くの投資家は損失をしているというのが現実である。そして、多くの投資家の損失が一部の機関投資家の高い利益の源泉となっている[10]。同じことが大口預金者にもあてはまるであろう。彼らの情報分析能力・投資判断能力にも限界がある。完全ということはない。大口預金者といえども、いつも的確で「合理的な行動」をしているとは限らないのである。

このように、「預金者による市場の規律」の有効性を認める見解は、前提条件として上で見たような理想的で「完全な預金市場」[11]を想定していると思われるが、現実にはそのような預金市場は存在しない[12]と考えた方がよいのではないだろうか。いつも現実にあるのは、「不完全な預金市場」であり、「預金者による市場の規律」の有効性を一定程度認めるとしても、いつも完全に作用しているとは言えないというのが我々の見解である。

ところが、他方で、「預金者による市場の規律」の有効性を全く否定する見解も存在する。それでは、この見解は正しいと言えるのであろうか。次に、この点を考察することにしよう。

II 「預金者による市場の規律」の有効性を否定する見解

(1) 有効性を否定する見解の紹介

　有効性を否定する見解は、「預金者による市場の規律」が有効に作用するためには、証券市場には存在するが、預金市場には欠落している次の三つの前提条件が現実に存在しなければならないと主張する。しかし、預金市場においてはそのいずれも充足されていないので、その有効性は肯定できないと結論づける[13]。

　そこでまず、この三つの前提条件の内容を紹介することにしよう[14]。まず第一の前提条件の内容は、投資を選択する際に、リスクを最も重要な選択基準と考える投資家グループが存在しなければならないというものである。ところが、銀行の預金者の大部分は、証券市場における投資家とは全く異なっており、彼らは銀行を選ぶ場合に、リスク以外の他の要素に関心を持っているために、第一の前提条件は充足されないことになる。

　市場の規律が有効に作用するためには、投資を決定する際にリスクとリターンを最も重要な要素として考慮する真の投資家の存在が必要不可欠である。しかし、預金者にとっては、銀行オフィスの所在の便利さ、銀行窓口の行員との人間関係、取引銀行を変えるために必要な高いコストのような要素が、リスク以上に重要なものである。

　このようにリスクを重視しない預金者は、預金保険の存在によって保護されている小口の洗練されていない預金者には限定されない。大口の非付保預金者もリスク以外の他の要素によって銀行を選択している。したがって、預金保険によって保護されていない預金者だからといって、市場の規律が期待できるとは限らない。

　しかし、リスクを投資の最も重要な要素と考える投資家のような預金者も少数であるが存在する。これらの預金者は三つのグループに分かれる。一つは、大口の譲渡性定期預金（CD）の購入者である。このグループの大部分は、ミューチュアル・ファンドや年金基金であるが、いくらかの個人投資家

や法人投資家も含まれる。他の二つは、インターバンク市場に参加している他の預金取扱金融機関とユーロダラー市場での預金者である。これらの預金者グループは、市場規律の主体になりそうではあるが、預金市場全体から見れば少数にすぎず、結局のところ第一の前提条件は充足されない。

　第二の前提条件の内容は、投資家は彼らが投資の決定に適切だと考える情報へのアクセスを有していなければならないということである。というのは、市場の規律を有効に作用させることのできる預金者がたとえ存在しているとしても、それだけでは市場の規律を作用させるには十分ではないからである。市場の規律が有効に作用するためには、預金者はリスクに関する的確な決定をするために、銀行についての適切な情報へのアクセスを有していることもまた必要である。

　そして、ディスクロージャーが、銀行の財務リスクに関する的確な判断を預金者がするために必要な情報を提供する。しかし、預金者にとってそのような情報は、ただ次の点においてのみ不完全である。というのは、ディスクロージャーは、営業を続けている銀行への投資に関する財務リスクを査定する際には有益であるが、倒産した銀行への投資に関するリスクを評価する際に有益ではなくなるからである。

　銀行が倒産してしまえば、預金者の運命は、その銀行を清算してしまうか、連邦政府の財務的な援助で救済するかの決定権を有している銀行規制当局の判断に完全に左右されることになる。その判断によって、銀行の預金者は、預金のすべてかその一部を失うか、それとも完全な保護が保証されるかが決まってしまう。

　ところが、銀行の財務状況に関するディスクロージャーは、これら二つの可能性のどちらが起こるかという点に関して、預金者にとっては有益とはいえない。なぜなら、倒産銀行が清算されるか、救済されるかということは、結局のところ銀行規制当局の裁量にかかっているからである。したがって、預金者は、その点に関する情報のアクセスを有しておらず、この点で第二の前提条件も満たされていないことになる。

　第三の前提条件の内容は、市場の規律は、銀行の経営者や預金者が強く感

じるほど十分に威力を発揮するものでなければならないが、銀行経営者がその市場からの反応があまりにも突然で強烈すぎて、経営を立て直す時間的余裕もないようでは困るということである。では、なぜ、理論的にも実際にも、預金市場における市場の規律はうまく作用しないのであろうか。問題は、規律を及ぼす預金者の誤った行動ではなく、預金者の規律が取る形態にある。

　市場の規律一般は、すべての銀行が彼らの過度のリスク経営を抑制する積極的なインセンティブを創り出す。しかしながら、預金市場においては、いつも突然でドラスティックな銀行預金の流出、すなわち銀行取り付けという形態を取る。したがって、当該銀行の経営者は、その過度のリスク経営を抑制することによって、市場の否定的な評価に対応して経営を立て直す時間的余裕を与えられない。それゆえ、第三の前提条件についても満たされていないことになる。

(2) 有効性を否定する見解の検討

　以上において、「預金者による市場の規律」の有効性を否定する見解の内容を紹介してきたが、次に上述した三つの前提条件について、順次検討を行うことにしよう。

1. 第一の前提条件に関する内容の検討

　まず第一の前提条件の内容に関する問題は、簡単にいえば、預金者による市場の規律が有効に作用するためには、銀行を選択するにあたってリスクが最も重要な選択肢と考える投資家グループが存在しなければならないにもかかわらず、預金がリスクにさらされている大口の預金者も含めて、銀行オフィスの所在の便利さなどリスクとは関係のない要素をむしろ決定的要素として銀行を選択している[15]ということであった。

　これは、結局、「預金者による市場の規律」の有効性を認める見解の紹介における第一の部分での預金者のインセンティブに相当する問題である。なぜなら、預金者は自らの銀行預金がリスクにさらされているからこそ、その

図表3-1　銀行持株会社格下げによる各種負債の変化率

負債の種類	平均変化率（%）	正値の比率（%）	サンプル数
総資産	-1.62*** (-2.71)	34.5[b]	109
総負債	-1.59** (-2.57)	37.1[b]	109
付保預金	1.42* (1.93)	61.2[b]	109
付保外預金	-6.56*** (4.95)	25.8[c]	109
CP	-27.94*** (-6.16)	14.7[c]	78

(注) 1) *、**、***はそれぞれ10%、5%、1%水準で有意。
　　 2) b、cそれぞれ5%、1%水準で50%から有意に異なる。
(原資料) Billett, Gartinkel & O'Neal (1998), "The cost of Market Versus Regulation Discipline in Banking", *Journal of Financial Economics*, 48, p.350.
(出所) 柏木敏「ペイオフ解禁と預金者規律」『証券レビュー』第42巻第10号（2002年）、54ページ。

銀行の経営を監視しようとするインセンティブが働くからである。つまり、預金者がリスクを重視して銀行を選択しているかどうかが、預金者による市場の規律の有効性の第一の前提条件となるのである。その有効性を否定する見解は、銀行選択の際の預金者のリスク性重視を否定するが、非付保預金者においてもそうなのであろうか。アメリカと日本での実態と照らし合わせることによって確かめることにしよう。

まずアメリカでの実態を見ることにしよう。1990年から1995年において銀行持株会社に関して、ムーディーズによる格付けの引き下げが109件あった。図表3-1の平均変化率は、格下げのアナウンスメントがあった四半期の期首から期末までの、銀行持株会社における総負債およびそれを構成する各種負債の平均変化率を示している[16]。それによると、平均総負債額は、1.59％の減少を示していた。非付保預金とコマーシャル・ペーパー（CP）は、リスクにさらされているので、それぞれ6.56％、27.94％減少している。特に、コマーシャル・ペーパーの減少幅は大きい。それに比べると、リスクにさらされていない付保預金はむしろ1.42％増加している。

図表 3-2　ペイオフ延期後のスケジュール

	2002年3月末まで	2002年4月～2005年3月	2005年4月～
別段預金			
当座預金	全額保護		
普通預金			金利ゼロ 一部保護
定期預金等		一部保護	（元本1000万円とその利息まで）

（出所）深尾光洋・日本経済研究センター編『検証・銀行危機』（日本経済新聞社、2003年）、4ページ。

　このことは、何を意味しているのであろうか。経営が悪化し、格付けの引き下げのアナウンスメントがあった銀行においては、その預金がリスクにさらされている非付保預金者は、預金を引き出しており、逆にリスクにさらされていない付保預金者はむしろ預金を少しではあるが増やしているということは、銀行選択にあたって預金者はリスクを重視しているということである。このことは、「預金者による市場の規律」の有効性を示している。

　次に、日本の預金市場の実態を、ペイオフ一部解禁直前の預金の動向によって見ることにしよう。ペイオフ解禁については、図表3-2のように2002年4月から定期性預金についてのみ解禁され、決済性預金（当座預金、普通預金、別段預金）に関しては、これまでどおりの普通預金については2005年4月からの解禁となり、金利のつかない「決済用預金」は恒久的に全額保護を続けることになった[17]。

　そこで、2002年4月からペイオフ解禁になった定期性預金の動向を見ることにしよう。というのは、元本1000万円とその利息までしか、預金保険によって保証されなくなったので、定期性預金と決済性預金の動向の違い、1000万円以下の小口の定期性預金と1000万円以上の大口の定期性預金の動向の違いについて考察する必要がある。

　まず図表3-3によって、銀行の業態別預金の動きを見ることにしよう。一つは、すべての業態で、定期性預金が減少し、決済性預金が増えており、

図表 3 - 3　業態別預金の動き

(単位:兆円、%)

		2001年3月末	構成比	2001年12月末	構成比	2002年3月末	構成比	2002年7月末	構成比
国内銀行	預金合計	482	100.0	490	100.0	507	100.0	503	100.0
	決済性預金	158	32.8	175	35.7	225	44.4	227	45.2
	定期性預金	304	63.0	296	60.4	264	52.1	259	51.4
都市銀行	預金合計	210	100.0	216	100.0	231	100.0	232	100.0
	決済性預金	81	38.7	92	42.6	121	52.2	124	53.4
	定期性預金	116	55.0	111	51.5	98	42.4	95	40.8
地方銀行	預金合計	179	100.0	180	100.0	181	100.0	179	100.0
	決済性預金	58	32.4	62	34.6	76	41.7	76	42.6
	定期性預金	117	65.6	115	64.1	103	56.9	101	56.3
第二地銀	預金合計	57	100.0	57	100.0	56	100.0	55	100.0
	決済性預金	14	24.5	15	26.7	19	34.5	19	34.8
	定期性預金	42	74.5	42	72.6	36	64.8	36	64.6
信用金庫	預金合計	104	100.0	106	100.0	103	100.0	103	100.0
	決済性預金	21	20.3	23	21.9	28	27.1	29	28.0
	定期性預金	82	79.1	82	77.6	74	72.3	74	71.6

(注1) 国内銀行は都市銀行、地方銀行、第二地方銀行、信託銀行、長期信用銀行の合計。
(注2) 預金合計は決済性預金、定期性預金、非居住者円預金、外貨預金の合計。
(注3) 決済性預金は当座預金、普通預金、別段預金の合計。定期性預金は定期預金、定期積金、貯蓄預金、通知預金、納税準備預金の合計。
(原資料) 日本銀行『金融経済統計月報 (国内銀行の資産・負債等)』
(出所) 深尾光洋・日本経済研究センター編 (2003)、31ページ。

前者から後者への預金のシフトが起こっている。二つには、都銀以外のすべての業態で、預金合計が減少している点を見れば、定期性預金から決済性預金へのシフトといっても、主要には都銀の決済性預金へと預金が集中していることが分かる。これはペイオフ一部解禁を目前にして、健全性の低い銀行から健全性の高い銀行へと、つまりリスクの高い銀行からリスクの低い銀行へと、預金を移し替えていることになる。このように、預金のシフトは、定期性預金から決済性預金への動きだけではなく、銀行の業態間においても起きていることになる。

図表 3-4 預金者別にみた預金額の推移

(単位：億円、％)

	総預金	一般法人		
			要求払預金	定期性預金
00.3	4,700,140 (1.6)	1,424,554 (△0.9)	716,844 (11.4)	667,013 (△11.4)
6	4,898,831 (2.2)	1,473,425 (△0.4)	703,709 (9.6)	728,527 (△9.2)
9	4,737,789 (△0.3)	1,502,829 (△0.7)	743,001 (7.6)	724,124 (△8.1)
12	4,758,422 (△0.9)	1,448,767 (△5.6)	685,950 (△5.1)	728,266 (△5.7)
01.3	4,729,736 (0.6)	1,434,075 (0.7)	765,581 (6.8)	634,489 (△4.9)
9	4,778,505 (0.9)	1,444,043 (△3.9)	792,266 (6.6)	612,461 (△15.4)
02.3	5,000,723 (5.7)	1,519,237 (5.9)	1,010,310 (32.0)	467,785 (△26.3)

	個人			公金等
		要求払預金	定期性預金	
00.3	2,862,360 (3.0)	844,194 (9.9)	1,996,128 (△0.1)	246,019 (3.3)
6	2,919,288 (2.9)	897,108 (8.2)	1,996,649 (△0.0)	280,312 (△0.8)
9	2,897,246 (3.0)	868,837 (9.6)	2,000,747 (△0.1)	236,978 (△0.7)
12	2,984,306 (3.6)	934,726 (10.2)	2,021,500 (0.5)	226,867 (4.5)
01.3	2,971,186 (3.8)	928,287 (10.0)	2,016,071 (1.0)	212,606 (△13.6)
9	3,033,882 (4.7)	991,890 (14.2)	2,012,545 (0.6)	198,752 (△16.1)
02.3	3,126,294 (5.2)	1,221,054 (31.5)	1,875,518 (△7.0)	239,725 (12.8)

(注) 1. 国内銀行ベース。都銀、地銀、第二地銀、信託、長信銀、ネット専業銀行等を含む。2. 2001年3月末から、公表頻度を四半期から半期に変更。3. 総預金には金融機関預金を含む。4. 公金等には政府関係預り金を含む。5. カッコ内は前年同月比の増減率を示す。
(原資料) 日本銀行『金融経済統計月報（預金者別預金）』
(出所)『金融財政事情』2002年6月3日号、17ページ。

次に図表3-4によって、預金者別に見た預金額の推移を見ることにしよう。一般法人においても、個人においても、定期性預金は減少し、要求払預金が増加していることが分かる。特に、一般法人の方が個人に比べて定期性預金の減少が、時期的にも早くから生じており、その減少幅も大きいことが分かる。それだけ一般法人の方が大口預金としてリスクに対して敏感に対応しているといえよう。

さらに図表3-5によって、全国銀行の定期預金の動向を金額階層別に見ることにしよう。2001年5月から2002年4月までの1年間で総預金額は増大しているが、預金保険によってリスクがカバーされていない譲渡性定期預

図表 3-5　全国銀行の定期預金（金額階層別）の推移

(単位：億円)

	総預金額	定期預金	1000万円未満定期	1000万円以上定期	CD
2001.5	4,828,318	2,761,974	1,419,894	1,342,080	433,838
6	4,782,606	2,769,202	1,430,338	1,338,864	470,111
7	4,744,049	2,763,443	1,439,637	1,323,806	466,256
8	4,738,944	2,749,472	1,443,419	1,306,053	499,112
9	4,778,505	2,731,326	1,444,255	1,287,071	505,075
10	4,723,678	2,721,266	1,446,611	1,274,655	467,426
11	4,796,496	2,698,794	1,447,388	1,251,406	477,947
12	4,827,878	2,699,889	1,456,638	1,243,251	441,158
2002.1	4,810,387	2,675,619	1,457,012	1,218,607	377,028
2	4,865,002	2,622,629	1,452,743	1,169,886	352,887
3	5,000,724	2,399,524	1,431,203	968,321	332,181
4	5,153,374	2,361,014	1,428,574	932,440	309,761

(原資料) 日本銀行「金融経済統計月報（預金者別預金）」
(出所) 柏木　敏 (2002)、59ページ。

金（CD）と 1000 万円以上の大口の定期預金については大幅に減少している。だが、預金保険によってリスクをカバーされている 1000 万円未満の小口の定期預金は、2002 年 1 月までは増加しており、1000 万円以上の定期預金とは異なる動きを示している。しかし、それ以降は減少に転じている。この点では、日本の預金者がアメリカの預金者とは異なり、投資家として成熟していない側面を持っている。しかし、以上のように、日本においても概ね、預金者はリスクを重視して銀行を選択し、預金をシフトさせていることが分かる。

2. 第二の前提条件に関する内容の検討

　第二の前提条件の内容に関する問題は、簡単に言えば、預金者が投資判断をするに当たっての適切な情報へのアクセスを有しているかという点に関して、預金者の投資におけるリスク評価において極めて重要な情報は、破綻銀行が清算されるか、救済されるかということであるが、それは結局のところ金融規制当局の裁量にかかっており、預金者はその情報に対するアクセスを

持っていない、ということであった。だから、「預金者による市場の規律」の有効性に関する第二の前提条件も預金者は満たしていない、という結論になる。

　だが、果たしてこの考え方は、正しいのであろうか。確かに、破綻銀行の預金者が「最終的に」、損失を被るか否かは、破綻銀行が清算されるか、それとも政府の財政的援助等を受けて救済されるか、ということによって決まるであろう。しかし、預金者が投資判断をするに当たって必要としている情報は、そこに至るまでの段階における個々の銀行の健全性に関する情報でもある。というのは、「最終的に」、清算されるか、救済されるかという以前の段階においても、預金者はその銀行に預けてある預金がリスクにさらされているかどうかに関心を持っているからである。現に、預金者は、破綻前の段階においても、その銀行の経営悪化の情報を何らかの形で聞きつけ、リスクの点で問題があると思えば、預金の払い戻しを行い、他の健全な銀行へ預金をシフトさせている。

　こうした情報については、日本においても不十分ながら公表されている。不良債権に関するディスクロージャーも徐々に充実してきており、また財務情報についても有価証券報告書やそれを基礎にした情報雑誌の記事によって、ある程度知ることができる。したがって、投資判断をするに当たっての適切な情報へのアクセスを預金者が全く持っていないというのは、極端な考え方に基づいていると思われる。

3. 第三の前提条件に関する内容の検討

　第三の前提条件の内容に関する問題は、簡単に言えば、市場の規律は、銀行の経営者による過度のリスク経営を抑制する役割を果たす必要があるが、その市場の反応は、銀行取り付けという突然でドラスティックな形態を取るため、経営者に銀行経営を立て直す時間的余裕を与えないという問題がある、ということであった。

　しかし、実際には、銀行取り付けは、「静かな取り付け」と「突然で激烈な取り付け」の二つの形態に別れているのである。「静かな取り付け」と

は、銀行が経営破綻する以前の段階において、預金者がその銀行の経営が悪化している情報を、株価の下落傾向や格付け機関による格下げの公表、情報雑誌の記事などによって収拾し、リスクが高いと判断すれば、預金の払い戻しを行うことによって生ずる。

しかし、このことが、すぐに本格的な「取り付け騒ぎ」に発展するわけではない。だが、この状況を放置しておけば、銀行から大量に預金が流出することになり、最終的には銀行の資金繰りの悪化を引き起こし、破綻へと導くことになる。そうなる前に、経営者は、銀行経営の立て直しを行う必要がある。このように、「静かな取り付け」は、本格的な「取り付け騒ぎ」が近い将来に訪れることを知らせる意味を持つし、経営立て直しへの市場からの十分な圧力を経営者に加えることになる。第2部の事例研究からも分かるように、木津信組や拓銀においては、かなり早くから預金の流出が生じていた。だから、市場の反応が、突然に「取り付け騒ぎ」として発生し、即経営破綻となるので、経営者に経営立て直しの時間的余裕を一切与えないというのは認識として誤っている。

「突然で激烈な取り付け」は、銀行の経営破綻の直前に、大量の預金者が突然銀行に詰めかけ、長い行列をつくるという「取り付け騒ぎ」という形態を取る。これは、経営破綻後もすぐには収まらない、このことによって、大量の預金が、極めて短期間に一気に流出することになり、銀行経営に致命的な打撃を与えることになる。1990年代において、木津信組でこうした事態が発生した。しかし、このことと、さきほどの「静かな取り付け」とは明確に区別する必要があると考える。以上のことを見ても、預金者による市場の規律が、全く意味を持たないとは言えないことが分かるであろう。

おわりに

以上において、「預金者による市場の規律」の有効性を認める見解と有効性を否定する見解の内容を紹介し、それらを検討してきた。

有効性を否定する見解は、第一に、預金者は銀行オフィスの所在の便利さ

などリスクとは関係のない要素を銀行選択の決定的要素としていること、第二に、預金者は投資判断するに当たっての適切な情報へのアクセスを有していないこと、第三に、市場の反応は、銀行取り付けという突然でドラスティックな形態を取るために、経営者は過度なリスクを抑制し、銀行経営を立て直す時間的余裕を与えられていない、ということから、その有効性を否定している。本章においては、そのいずれも当たらないことを分析してきた。

　他方において、その有効性を肯定する見解に対しては、その市場が有効に作用する前提条件として、理想的で「完全な預金市場」を想定しているが、現実にはそのような預金市場は存在しない、ということで批判的に検討している。つまり、「預金者による市場の規律」の有効性を一定程度認めるが、いつも完全に作用しているとは言えないのである。

　このように「預金者による市場の規律」の有効性を否定している見解も有効性を肯定する見解も、極端な内容となっており、その双方のいずれに対しても、批判的な検討を試みた。

1)　「預金者による市場の規律」についての日本での研究は、筆者の管見するところ次のようなものがある。落合誠一「銀行のディスクロージャー規制のあり方」落合誠一・江頭憲治郎・山下友信編『現代企業立法の軌跡と展望』（商事法務研究会、1995年）、柏木敏「銀行リスクと預金者の市場規律」『証券経済研究』第2号（1996年）、同「ペイオフ解禁と預金者規律」『証券レビュー』第42巻第10号（2002年）、川口恭弘「市場規律と預金保険―金融機関のコーポレート・ガバナンスに関する一考察」『金融法務事情』No.1517（1998年）、堀内昭義『金融システムの未来―不良債権問題とビッグバン』（岩波新書、1998年）。

2)　「預金者による市場の規律」の有効性を認める見解には、次のような文献がある。Jonathan R.Macey and Geoffrey P.Miller (1998) "Bank Failures, Risk Monitoring and The Market for Bank Control", *Colmbia Law Review*, 88 (6), Alfred Dennis Mathewson (1986) "From Confidential Supervision to Market Discipline : The Role of Disclosure in The Regulation of Commercial Banks", *The Journal of Corporation Law*, 11 (2), James R.Doty, David C.Mahaffey and Miriam J.Doldstein (1991) "Full Disclosure, Market Discipline and Risk Taking : Rethinking Confidentiality in Bank Regulation", *Washington University Law Quarterly*, 69, Krishna G Mantripragada (1992) "Depositor as a Source of Market Discipline", *The Yale Journal on Regulation*, 9, Jonathan R.Macey and Elizabeth H.Garrett (1988) "Market Discipline by Depositors : A Summary of The

Theoretical and Empirical Arguments", *The Yale Journal on Regulation*, 5.
3) Doty, Mahaffey and Goldstein (1991), pp.1131-1132.
4) Ibid., p.1133.
5) 落合誠一「銀行のディスクロージャー規制のあり方」、511 ページ。
6) このようなメカニズムの内容とその意味について、堀内氏は次のように述べている。

「預金者や投資家たちが銀行の経営状態を絶えず監視し、業績の劣悪な銀行に対して圧力を加えることは、銀行経営者の注意深い判断や経営戦略を引き出すはずである。健全な経営の実現に失敗すれば市場から厳しい圧力が加えられるという条件は、銀行経営者や株主……に対して規律を与える重要な条件のひとつである。このような市場のメカニズムを『市場規律』と呼ぶことができよう。

ここまでの説明から明らかなように、市場規律の意味は、健全経営に失敗した銀行は非常に厳しい条件に陥り、破綻してしまう可能性が高いという状況を作り出すことである。こうした市場からの脅威があるために、経営者は経営の失敗を回避するような慎重な経営に専心する誘因が与えられる。ここで注意すべきは、われわれが市場規律に期待するのは、経営破綻への道にできる限り近寄らないように銀行を牽制することだという点である。市場規律は、銀行を経営破綻に追い込むことができるから重要なのではない」(堀内昭義『金融システムの未来―不良債権問題とビッグバン―』岩波新書、1998 年、43～44 ページ)。
7) Doty, Mahaffey and Goldstein (1991), p.1134.
8) 堀内昭義、前掲書、48～49 ページ。
9) 市場の規律の有効性を認めている堀内氏においてさえ、次のように述べられている。「預金者や投資家が個々の銀行の経営状態を正確に知ることができないという情報の不完全性が市場規律の機能不全を引き起こすのだとすれば、情報の不完全性を取り除くルールを整備すれば、それ以上の公的な介入は不必要だという議論が当然予想される。確かに情報の不完全性を取り除くためのルール、すなわち経営情報の開示ルールや、その基盤となる会計原則の整備は非常に重要である。また、そのようなルールを補完するために金融当局が銀行検査を通じて集めた情報を市場に速やかに伝達することも有効であろう。しかし不完全情報をどの程度改善できるかは不確かであるし、そのための社会的費用も無視できない。現実的には、金融当局の役割の範囲はもう少し幅広くとるべきであろう」(堀内昭義、前掲書、52 ページ)。
10) この点については、相田洋・宮本祥子『NHK スペシャル・マネー革命』(日本放送出版協会、1999 年) 第 1 巻、249 ページを参照されたい。
11) 「完全な市場」を想定することが正しいとすれば、経済運営は政府の介入を一切必要としないことになる。経済運営は、規制緩和・金融自由化を積極的に推進し、市場のメカニズムに任せておけばよいことになる。金融機関・銀行のコーポレート・ガバナンスにおいても、「市場の規律」で十分であり、金融当局の金融行政による規律づけ・監督・監視はほとんど意味がないということになる。だが、果たしてそう

第 3 章　「預金者による市場の規律」について　　75

　　言えるであろうか。
　　　この点との関係で、堀内氏は、金融当局の介入の正当化の根拠を、この「市場の規律の限界」に求める見解を批判的に紹介している（堀内昭義、前掲書、44～46ページ）。その他の金融当局の介入の根拠を示している見解として、Mathias Dewatripont and Jean Tirole（1994）*The Prudential Regulation of Banks*, The MIT Press（北村行伸・渡辺努訳『銀行規制の新潮流』東洋経済新報社、1996年）やポール・シェアード『メインバンク資本主義の危機』（東洋経済新報社、1997年）がある。
12)　「預金市場」ではなく「証券市場」において、効率的市場仮説は、同じように「完全競争市場」を想定し、そのための前提条件をいくつか挙げているが、それが現実的でないという批判的見解がある（安達智彦『よくわかる金融先物取引入門』日本実業出版社、1997年、279～288ページ）。
　　　預金市場が、完全な市場ではないという他の条件として、大口預金者にはあまり取引コストがかからないが、小口預金者には大きな取引コストがかかるという問題（堀内昭義、前掲書、45ページ）や預金保険の存在があると思われる。
　　　また、同じ市場といっても、「預金市場」と「証券市場」における共通性と区別についての分析は、今後の課題としたい。
13)　この見解には次のようなものがある。Helen A.Garten（1986）"Banking on The Market : Relying on Depositors to Control Bank Risks", *The Yale Journal on Regulation*, 4. Helen A.Garten（1998）"Still Banking on The Market : A Comment on The Failure of Market Discipline", *The Yale Journal on Regulation*, 5.
14)　Garten（1986), pp.131-172.
15)　「預金者による市場の規律」の有効性を認める見解は、この点を批判して、銀行オフィスの所在の便利さや従業員の親切さのような多くのリスク以外の他の要素と同様に、銀行のリスクについても預金者の投資の決定を特徴づけると主張している（Macey and Garrett（1988), p.224）。
16)　Matthew T.Billett, Jon A.Garfinkel and Edward S. O'Neal（1998）"The cost of Market Versus Regulation Discipline in Banking", *Journal of Financial Economics*, 48, pp.349-351.
17)　深尾光洋・日本経済研究センター編『検証・銀行危機』（日本経済新聞社、2003年）3～4ページ、および『日本経済新聞』2002年10月8日付参照。

第4章

銀行の経営破綻と預金流出
――預金者による市場の規律――

はじめに

　銀行の過度なリスクテイクを抑制する規律づけとしては、市場規律と金融当局による金融規制や監視の二つがある。後者の特徴が、銀行の活動に対して直接的に影響を及ぼすことができるし、政府による強制力を持っているのに対して、前者の特徴は、市場を介して間接的に行われるという違いがある。この後者の市場規律には、さまざまな種類の市場におけるステークホルダーが行う規律づけがあるが、そのうちの一つが銀行に対する「預金者による市場の規律」である。

　そして、この「預金者による市場の規律」には不健全な銀行から預金を引き出すという方法によって、またより高い預金金利を要求するという方法によって、銀行経営者に「市場の脅威」を与えるという二つのメカニズムが存在する[1]。

　本章では、こうしたさまざまな規律付けのなかでも、預金を引き出すことによって、預金者が銀行の経営者に市場メカニズムを通して規律づけを与えることに焦点を当てることにする。そして、日本において1990年代の半ばに、それまでの「銀行不倒神話」が崩壊し、1990年代の半ばから2002年にかけて、預金の全額保護という特例措置が採られた期間においても、預金の大量流出によって多くの銀行が経営破綻した。ここでは、その際に預金者による市場規律が、いかなる役割を果たしたかを考察することにしたい。

I 戦後日本の「銀行不倒神話」とその崩壊過程

　1990年代に入りバブル経済が崩壊したにもかかわらず、1991年7月に経営破綻した東邦相互銀行の段階ではまだ預金流出は発生していなかった。預金者はこの段階では自分たちの預金は政府によって保護されているという認識を持っていた証である。銀行は絶対に倒産しないし、預金は保護されるという神話は、まだこの時点では崩壊していなかったのである。では、いかなる経過で、「銀行不倒神話」は崩壊し、預金者は市場規律の主体としての役割を果たすようになったのかを見ていくことにしよう。

(1) 戦後日本の「銀行不倒神話」を支えた要因

　戦後日本の金融制度において、「銀行不倒神話」と呼ばれる金融体制が形成されてきた[2]。このような金融体制において、日本の預金者は、長らく銀行はつぶれないもの、銀行預金は安全なものという絶対的な信頼を置き、その意味においては、市場規律の役割を果たす主体としての認識を欠いていたと思われる。そこで、まず最初に、このような「銀行不倒神話」が戦後どのような要因で生まれ、いかなる過程で崩壊していったのかを検討してみることにしよう。

　戦後日本の「銀行不倒神話」を支えた要因としては、各種の金融規制、護送船団行政と呼ばれる日本の金融行政、旧大蔵省主導の救済合併がある。

　戦後の日本においては、さまざまな金融規制の体制が整備されている。それを整理すると、業務分野規制、金利規制、内外金融市場分断規制に分けられる。

　業務分野規制は、長短金融の分離、銀行と証券の分離、銀行業務と信託業務の分離が法的に整備され、中小企業への資金供給を担う専門の金融機関として相互銀行、信用金庫、信用組合が位置づけられるというように、それぞれの金融機関を専門機能別に分類する分業体制が、戦後復興期の経済成長の必要性から制度化されることになった。

金利規制としては、戦後急速に先進国にキャッチアップし、日本企業の国際競争力を強化するために金融の果たす役割として、低コストの資金を大量に大企業に供給する必要上、人為的低金利政策が採用されることになった。大企業に低金利の資金を供給するために、貸出金利を低くする必要があるが、そのために銀行の預金金利はさらに低く設定された。1947年に臨時金利調整法が制定され、銀行の預金金利の上限が規制されることになった。このように銀行の預金金利を低位に固定化することは、一つには日本の産業や企業の国際競争力を強化するという意味ももちろんあったが、もう一つには銀行間の金利引き下げ競争を規制するという意味も持つことになった。
　内外金融市場の分断規制は、外国の金融機関から日本の金融市場や金融機関を保護する意味もあったが、以上に述べた日本国内の金融規制を長期間にわたって維持するという意味も持っていたと思われる。
　このようなさまざまな金融規制は、戦後日本の復興期の経済成長やその後の高度成長を達成するために必要であったが、金融分野で見れば、銀行や金融機関の間での競争を厳しく規制し、その結果「銀行不倒神話」を形成する上で大きな役割を果たすことになった。
　戦後日本の「銀行不倒神話」を支えた第二の要因としての護送船団行政について、次に触れることにしたい。上で見てきた金融規制、特に銀行規制を正当化する根拠として、「信用秩序の維持と預金者保護」が問題となってきた。銀行は、預金を集めて企業に資金を供給するという役割を果たしていると同時に、要求払い預金を企業や個人といった顧客に提供することによって、一国の決済システムをも担っている。こうした銀行が倒産すれば、信用秩序は維持できず、企業への資金の提供や決済システムの機能不全を招くことになるため、銀行倒産を回避することが至上命題とされた。
　このような銀行倒産を回避しようとすれば、預金者保護が必要となる。なぜならば、景気の拡大局面において、資本の還流が順調に進んでいる状況においては、預金者が銀行に預けた資金を、例えばその銀行が企業に貸し付けた場合、その資金は順調に銀行に還流するため、預金者の銀行に対する信用は揺らぎないものである。ところが、恐慌局面に直面し、資本の還流が滞る

状態に陥れば、預金者の銀行に対する信用は崩壊し、多くの預金者が一斉に銀行に対して預金の取り付けに殺到することになり、銀行は倒産することになる。このような預金者の取り付けを回避するために、預金者が不利益を被らないように保護することが必要である。その究極の預金者保護のあり方は、銀行を一行たりとも倒産させないことである。

そのために、銀行業界全体の船足を、最も船足が遅く、経営効率が悪い銀行に合わせ、一行たりとも倒産させないような金融行政を、戦後展開してきた。このような金融行政のあり方は、「護送船団行政」と呼ばれている[3]。

以上のような各種金融規制や護送船団行政にもかかわらず、時として銀行や金融機関が経営破綻する事態を完全に防止することはできなかった。そこで、「銀行不倒神話」を支える第三の要因として登場するのが、旧大蔵省によって主導された大手銀行による中小銀行の救済合併という破綻処理方式である。相対的に大手で比較的に経営内容が健全な銀行が、相対的に小さくて経営が行き詰まっている銀行を救済合併するということは、大手の銀行にとっては、負担を背負うことになる側面もあるが、支店の拡大の機会を得ることになり、有利な形での金融再編成を意味する側面を持つ。

旧大蔵省のような金融当局からすれば、経営の行き詰まった銀行を倒産する以前の段階で、比較的経営内容が健全な銀行によって救済合併してもらえれば、信用秩序維持の観点から申し分のない措置といえる。そこで、旧大蔵省は、絶えずアンテナを張り、どこの銀行をどこの銀行に救済合併してもらうかを構想していた。その意味において「金融当局主導による」救済合併であった[4]。

その典型例は、1986年10月に行われた住友銀行による平和相互銀行の救済合併である。関西を地盤とする住友銀行にとって、金利自由化が進展しリテール戦略を強化するうえにおいて、首都圏に103もの店舗を持つ平和相互銀行は魅力的であった。こうした住友銀行の利害と、経営が悪化した中小銀行の倒産を回避したい旧大蔵省の利害が一致したことにより、この救済合併は実現したのである。

(2)「銀行不倒神話」の崩壊過程

　戦後日本の「銀行不倒神話」を支えてきた第一の要因である金融規制については、1980年代以降の金融自由化によって規制緩和が進められていった。金利自由化に限って見てゆけば、まず1979年5月に譲渡性定期預金（CD）が導入されたことによって、金融自由化は始まった。市場の金利に合わせて金利が決められるMMC（市場金利連動型預金）が85年4月にスタートし、同年10月には銀行の預金者が話し合いで金利を決める大口定期預金（当初は10億円以上）が、導入されることによって本格的に金利自由化が進められていった。それ以降、MMC、大口定期預金とも最低預入金額が次々と引き下げられ、期間も短縮されていった。90年代に入ると、普通預金金利の自由化が進展し、94年春には普通預金を含めたすべての預貯金の金利が自由化されることになった。

　この金融自由化の進展のなかで、銀行間の競争は激化していった。資金の調達面を見ると、預金金利の上限規制が緩和されていくにしたがって、銀行は預金獲得競争を展開し、そのために自由金利調達比率は急速に高まることになった。図表4－1で、自由金利調達比率の推移を見ると、特に85年10月の大口定期預金が導入された頃から、都市銀行、地方銀行とも急速に上昇していることが分かる。この自由金利調達比率の上昇は、市場金利が規制預金金利を上回る限り、銀行にとって平均資金調達コストは高騰することになる。

　しかし、銀行間競争が激化している状況のなかで、そのコストを貸出金利に転嫁することはできない。純粋に理論的に考えた場合、銀行間競争が進展すれば、銀行は一方で、できるだけ多くの預金を獲得するために、預金金利を引き上げ、他方で、貸出しをできるだけ増やすために、貸出し金利は引き下げざるを得ない。そこで、収益性は低下し、経営は急速に悪化していくことになり、倒産せざるを得ない銀行が出てくることになる。極端に単純化すれば、1990年代における多くの銀行の銀行経営破綻とそれによる金融危機は、こうして起こったことになる。

　ところが、現実はもう少し複雑な経過を辿ることになった。実際には、80

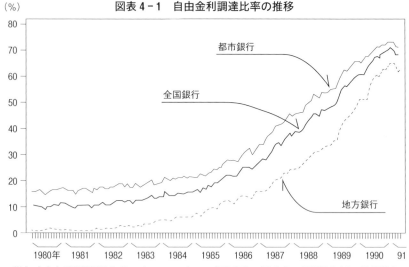

図表 4 − 1 　自由金利調達比率の推移

(注)　自由金利利潤調達比率＝（コールマネー＋売渡手形＋〈借入金−日銀借入金〉＋外貨預金＋非居住者円預金＋ MMC ＋小口 MMC ＋大口定期預金＋ CD）／調達勘定
(原資料)　日本銀行『経済統計月報』
(出所)『日本銀行月報』1991 年 9 月号、4 ページ。

年代後半における銀行の収益性は低下することはなかった。というのは、銀行は金融自由化による資金調達コストの上昇を、より高い収益分野への融資を拡大することによって吸収していったからである。銀行による最初の高収益分野への進出は、中小企業向け貸出と個人向け貸出が急速に増大したことである。図表4−2で、中小企業・個人向け貸出残高の構成比を見ると、特に都市銀行において急速にその比率が高まっていることが分かる。

都市銀行は、大企業向け貸出が中心であったが、金融自由化が進展するなかで、より貸出金利が高いこうした分野への融資を急速に拡大していったのである。中小企業向け貸出や個人向け貸出は、本来中小金融機関が専門としていた分野であったので、こうした都銀による新たな進出に直面して、中小金融機関はバブル経済のなかで、よりリスクの高い分野へと押しやられ、バブル経済が破綻するなかで一挙に不良債権を抱え込むことになった。

もう一つの高収益分野は、80年代後半における地価上昇のなかで生じた不動産融資の拡大である。図表4−3で、総貸出に占める不動産・ノンバン

図表4－2　中小企業・個人向け貸出残高の構成比

(単位：％)

		1975年度末	80年度末	85年度末	87年度末	88年度末	89年度末	90年末
都市銀行	中小企業向け	26.3	35.2	42.6	48.5	50.5	52.3	51.2
	個人向け	7.9	11.2	10.3	14.1	16.4	18.6	20.1
地方銀行	中小企業向け	48.5	52.9	57.4	60.1	61.2	62.4	62.7
	個人向け	10.8	14.9	12.5	13.6	14.6	14.7	15.5

(注)　中小企業とは、資本金1億円以下または常用従業員300人以下（卸売業は資本金30百万円以下または常用従業員100人以下、小売業、飲食店およびサービス業は資本金10百万円以下または常用従業員50人以下）の企業。
(原資料)　日本銀行『経済統計月報』
(出所)　『日本銀行月報』1991年6月号、39ページ。

図表4－3　総貸出に占める不動産、ノンバンク向け貸出シェア

(単位：％)

	80年度末	85年度末	86年度末	87年度末	88年度末	89年度末	90年末
不動産（A）	5.7	8.3	10.3	10.4	10.9	11.4	11.1
ノンバンク（リース・その他金融業）（B）	4.2	11.1	12.9	14.5	14.9	15.4	14.6
（A）＋（B）	9.9	19.4	23.2	24.8	25.8	26.8	25.7

(注)　1.　全国銀行（第二地銀協加盟行を除く）ベース。「その他金融業」は、金融・保険のうち、証券・保険を除く金融業で、ノンバンクのウエイトが大きい。
　　　2.　日本銀行の業種別貸出統計中、リース向けと「その他金融業」に分類される貸出を、一応ノンバンク向け貸出として扱っている。
(原資料)　日本銀行「経済統計月報」
(出所)　『日本銀行月報』1991年6月号、41ページ。

ク向け貸出シェアを見ると、この点でも銀行はその割合を急速に高めている。ノンバンクは、銀行の不動産融資拡大のなかで、迂回融資ルートとして大きな役割を果たしたことからすれば、ノンバンク向け貸出も不動産関連融資の有力分野であった[5]。

　このように金融自由化のなかで、銀行間競争が激化し、上昇する資金調達コストを吸収するために、金利も高いがリスクも大きい分野への融資を拡大

していったことは、バブル経済をより拡大する方向に作用し、その崩壊のなかで銀行の不良債権を一層増大させることになった[6]。その意味では、金融自由化は、銀行間競争の激化と銀行における過度のリスクテイク行動を通して、バブル経済とその崩壊の規模を増幅させ、銀行が抱える不良債権問題をより深刻なものにし、90年代における銀行破綻と金融危機を引き起こすうえで大きな役割を果たしたと言える[7]。

「銀行不倒神話」を支えた第二の要因である護送船団行政については、以上の金融自由化の進展のなかで、護送船団行政は非効率的な金融機関、特に非効率的な中小金融機関の温存を許すことによって、金融システムそれ自体の非効率性をも温存してきたという金融自由化論からの批判が強まり、その歴史的役割を終えることになった。

第三の要因である旧大蔵省主導の救済合併による破綻処理の方式については、東京協和信用組合と安全信用組合といった東京二信組の破綻で完全に行き詰まってしまった[8]。この経過について、次に述べてゆくことにする。バブル経済が崩壊することによって、それまで乱脈融資を行ってきた銀行は、大量の不良債権を抱えることになった。この大量の不良債権を償却するために、銀行は巨額の利益を吐き出す必要があるため、急激に体力を奪われることになった。それゆえに、それまでは救済合併するだけの余裕があった、相対的に大手で比較的に経営内容が健全な銀行も、その体力を奪われることになり、この方式は通用しなくなっていった。

1986年10月の住友銀行による平和相互銀行の救済合併についてはすでに述べたが、その後、88年4月の大正相互銀行による大阪北信用組合の救済合併、89年10月の埼玉銀行による埼玉中央信用組合の救済合併、91年10月の東海銀行による三和信用金庫の救済合併、同じく91年10月にスルガ銀行による熱海信用組合の救済合併、近畿銀行による大阪復興信用組合の救済合併と続いた。

そして、1992年4月には、伊予銀行による東邦相互銀行の救済合併、同年10月には、東洋信用金庫の解体・合併へとさらに続くことになったが、この頃になると、従来の救済合併に変化が現れることになった。最後まで普

通銀行へ転換できなかった東邦相互銀行は、1991年7月に経営破綻することになり、1992年4月に地方銀行の中位行である伊予銀行が救済合併することになったが、この救済合併のなかで預金保険機構の発動が初めて適用されることになった。つまり、これはこれまでの単純な救済合併では、銀行の経営破綻を処理しきれなくなった初めてのケースなのである。

伊予銀行による同じ地元の東邦相互銀行の救済合併というシナリオは、旧大蔵省、日銀の描いたものである。伊予銀行は、旧大蔵省・日銀が主導したこの救済シナリオに、最終的に押し切られたとみることもできる。しかし、伊予銀行も、東邦相互銀行をそれまでのような単純な形で救済合併する体力がなかったので条件をつけた。それが預金保険機構の発動であった。92年4月の合併期日から5年間、80億円を低利融資するというのが、その内容である。

次に、東洋信用金庫の解体・合併であるが、巨額の架空預金証書を発行し、経営危機に陥っていた東洋信用金庫は、1992年4月に10月1日をもって店舗などを22の信用金庫に売却したうえで、三和銀行と合併することになった。今回の救済のケースでは、預金量3000億円の東洋信用金庫に発生した2520億円の債務を、金融不安を引き起こさないでいかに処理するかが大きな問題であった。住友銀行による平和相互銀行の救済合併の場合には、平和相互銀行で生じた不正融資額は総額で100億円余りであった。また、先ほどの東邦相互銀行が抱えていた不良債権が300億円であったのをみても、このケースでの金額は巨額であり、単に預金保険機構を発動したとしても、三和銀行が単独で救済合併することは不可能であった。

このケースにおいても、旧大蔵省は当初、三和銀行一行での救済合併という従来方式のシナリオを描いていたが、三和銀行の強い抵抗に直面して、最終的にこの問題に係わった金融機関による「全員参加」型で、広く薄く損失を負担し合うことになった。この出来事は、バブル経済における乱脈融資によって銀行が抱えることになった不良債権の額はそれまでの規模をはるかに超えるものであり、都市銀行でさえも相当体力を失っているという事情により、今までの単なる救済合併方式の限界を示していると言える[9]。

その後発生した特徴的な破綻処理は、前述した1994年12月における東京二信組の経営破綻であった。この場合には、東京二信組の経営内容があまりに悪いため救済合併させる相手先さえ見出せないという事情であった。そこで、旧大蔵省・日銀・東京都は対策を検討したが、結局、東京二信組の受け皿として1995年1月に、東京共同銀行という新銀行を設立することになった。

　この東京共同銀行の設立にあたっては、その資本金400億円のうち半分の200億円を日銀が出資することになった。しかし、バブル時代に乱脈融資を行った結果、経営破綻した信用組合をなぜ日銀が出資してまで救うのかという批判が強まった。しかも、その決定が密室で不透明になされたために、その批判はさらに強いものになった。この批判に対して、東京二信組の救済のためではなく、金融システムの安定、信用秩序維持のためというのがその回答であったが、ここに救済合併方式は完全に破綻し、「銀行不倒神話」も崩壊することになった[10]。

II　「預金の全額保護」以前の段階

　このように1994年12月に東京二信組が経営破綻し、従来の救済合併方式が通用しなくなったことが明白となった[11]。その後95年5月2日に、「能代信金が清算へ……」と一部で報道され、その報道内容をテレビや知り合いからの電話で知った預金者は、正午過ぎには能代信用金庫の本店のロビーを埋め尽くした。能代信用金庫の理事長、大蔵省の東北財務局長、日銀の秋田支店長が相次いで会見し、「清算」という報道は「事実無根」と否定し、午後零時50分には大蔵省、日銀、全国信用金庫連合会の連名で「いたずらに風評に惑わされることのないよう切にお願い申し上げます」という内容のチラシを店内で配布したが、混乱を収拾できず、最後の顧客が取引を終えたのは午後5時30分を回っており、同日中に流出した預金額は約27億円に達した[12]。こうした預金者の行動は、「銀行不倒神話」が崩壊したことの証と言えるであろう。

　以上の経過のなかで、「銀行不倒神話」は崩壊し、1990年代半ばから2002

年にかけて、多くの銀行において預金流出が発生し、経営破綻が多発することになった。図表4-4は、各銀行において経営破綻が発生した時点の前後3カ月間における『日本経済新聞』と『日経金融新聞』の記事で明らかになった限りでの事実を基にして、その間の銀行の経営破綻と預金流出の実態を示したものである。「預金流出の形態」における「破綻後のみ」とは、その銀行の預金流出は破綻以降においてはじめて生じたということであり、「破綻前から」は、その銀行の預金流出は破綻前から生じていたということ

図表4-4 破綻銀行と預金流出

破綻銀行	破綻時期	預金流出の形態
コスモ信用組合	1995年7月	破綻後のみ
兵庫銀行	1995年8月	破綻前から
木津信用組合	1995年8月	破綻前から
太平洋銀行	1996年3月	破綻前から
阪和銀行	1996年11月	破綻後のみ
京都共栄銀行	1997年10月	破綻後のみ
北海道拓殖銀行	1997年11月	破綻前から
徳陽シティ銀行	1997年11月	破綻前から
みどり銀行	1998年5月	破綻前から
国民銀行	1999年4月	破綻前から
幸福銀行	1999年5月	破綻前から
東京相和銀行	1999年6月	破綻前から
なみはや銀行	1999年8月	破綻前から
新潟中央銀行	1999年10月	破綻前から
石川銀行	2001年12月	破綻前から
中部銀行	2002年3月	破綻前から

(出所)『日本経済新聞』、『日経金融新聞』より作成。ただし、兵庫銀行については、日本経済新聞社編『誰が銀行をつぶしたか』(日本経済新聞社、1996年)第3章、新潟中央銀行については、中村一夫『銀行はこうしてつぶされた』(ぱる出版、2001年)、石川銀行については、読売新聞金沢支局・石川銀行問題取材班著『石川銀行破綻の航跡』(能登印刷出版部、2003年)を参照した。

である。以下、ⅡからⅤにおいて、事態の進展における特徴的な各段階に分けながら、預金流出の実態を明らかにしていきたい。

まずこの節では、1996年6月に預金の全額保護が政府によって保証される以前の段階での各銀行の経営破綻に伴う預金流出の実態を解明することにしよう。この時期に、経営破綻した銀行および金融機関としては、コスモ信用組合、兵庫銀行、木津信用組合、太平洋銀行があるが、ここでは最初の三つを取り上げることにしたい。

(1) コスモ信用組合

コスモ信用組合は、1995年7月31日に、東京都が一部業務停止命令を発令したことによって、経営破綻することになった。「金融当局が自主再建は困難と判断した」との一部報道があったコスモ信組は、31日午前に報道後初めての窓口営業日を迎えた。この報道を受けて、一部の預金者が、午前9時の開店前に訪れたため、同信組は営業開始前から預金引出しに対応した。

7月31日の預金流出額は730億円に達したが、この額は同信組の預金残高の14％にもなる。さらに、7月31日から8月4日の間の預金流出額は約1043億円であった。預金の形態としては、95年3月末時点で大口預金の割合は約70％を占めていたが、これはコスモ信組が預金集めのために平均よりも高い金利を設定していたことから、大口預金者が群がったためである。また、日銀特融の発動は、1965年の山一証券倒産時点以来30年ぶりのことであった[13]。

(2) 兵庫銀行

1995年8月30日の夕方に、金融当局から第二地方銀行である兵庫銀行に関する破綻処理の発表が行われた。預金流出の一つのきっかけとなったのは、1995年4月7日に、『日本経済新聞』の朝刊一面で、「兵庫銀行、経常赤字に」の見出しが躍ったことによるが、これにより4月末の預金残高は前月比で1994億円も減少することになった。

その後も兵庫銀行の経営内容はよくならず、株価も低下し、それにした

がって信用も下がり、4月から7月の3カ月間の預金残高の減少は2378億円にも上った。経営破綻後の8月31日と9月1日の2日間で、預金残高は約1500億円減少し、9月末までの1カ月間の預金流出額は1568億円にも達した。

名古屋支店では、8月31日の午前9時開始直後から定期預金の解約手続きが始まった。窓口の行員は「預金についてはこれまで通り保証されます」と説明するが、解約を思いとどまる者はいなかった。ある主婦は「おろした金は郵便局に入れる」と話していたそうであるが、兵庫銀行においては、次に述べる木津信用組合のような激しい取り付けがあったわけではない[14]。

(3) 木津信用組合

1995年8月30日の夕方、つまり兵庫銀行の破綻処理の発表と同時に、木津信用組合に一部業務停止命令が出された。

木津信組でも、コスモ信組と同様に、預金を多く集めるために預金金利を高く設定していた。1000万円以上の大口定期預金でみると、木津信組と全国銀行平均の金利の格差は、92年度には最大となり、その格差は2.57％にもなった。木津信組は中小金融機関であるから、小口預金者が多く、預金残高のなかで小口預金が大きな割合を占めているのではないかと思われがちであるが、実際には異なっていた。1995年7月末時点での定期預金における金額別の預金構成は、1000万円未満が22.9％、1000万円以上が77.1％、そのうちの24.1％が1億円以上であった。

次に、木津信組が、経営破綻以前において、どのように預金流出が起こったのかを見ることにしよう。それは、三つの段階を通じて発生した。一つは、東京二信組問題の余波を受けてである。東京二信組には、1000万円以上の大口預金が90％程度あり、野党による大口預金者リスト公表の要求が強まった。その公表が引き金となって、大口預金の解約が相次ぎ、95年2月には225億円、3月には614億円もの預金が流出した。

二つ目は、コスモ信組の経営破綻である。コスモ信組に業務停止命令が出された直後の8月初めには、連日20億円から30億円の流出があった。とい

うのは、このことをきっかけに、「次の破綻は大阪の大手信用組合」という表現で木津信組の経営破綻を記事にし始めたからである。

第三には、コスモ信組の破綻処理の発表の時点においてである。コスモ信組の定期預金金利は他の金融機関のそれに比べて1.5～2.0％ほど高かった。東京都は、コスモ信組の破綻処理にあたって、都議会の理解を得るために、財政支出を削る必要から預金者に対して金利一部カットを検討していた。この「大口預金者への金利一部カット要請」に対して、大量の預金流出が生じた。大口預金を中心に、28日には45億円、29日には479億円の流出があった。29日の大口定期預金の解約で目立ったのは、末野興産グループの二つの企業であり、29日の流出額の8割近くをこの2社で占めている。この預金流出が、同信組の資金繰り悪化を一気に加速させ、翌日の業務停止命令へとつながった。

最後に、「取り付け騒ぎ」について触れておきたい。大阪府は30日午前11時に、一部業務停止命令を午後6時に発令することを最終的に決断し、それが先行報道されることを避けるつもりであった。ところが、新聞各紙は一斉に夕刊の一面トップ記事で、今日の夕方にも業務停止命令が出ると報じた。午後3時過ぎには、テレビ、ラジオなども相次いでニュース速報を流した。こうして、「取り付け騒ぎ」が始まった。

店内に殺到した預金者に対して、木津信組の職員は、「預金元本は全額保証される」ことを懸命に説明したにもかかわらず、また6時には、大阪府知事と大蔵大臣が記者会見で、預金の全額保護（預金金利分も含め）を強調したにもかかわらず、翌日の31日になっても、取り付け騒ぎは収まらなかった。8月30日から9月1日までの3日間の預金流出額は、2500億円にも達した。9月2日になって預金者たちはようやく冷静さを取り戻した。

30日に業務停止命令が発動されることを、新聞（夕刊）、テレビ、ラジオなどの報道で初めて知って、預金の取り付けにやって来た客の多くは、おそらく1000万円以下の小口預金者であろう。金額ベースでは、1000万円以下の小口預金者の割合は23％であるにもかかわらず、口座ベースでは89.5％と圧倒的に多い。こうした人たちが押し寄せたと思われる[15]。

III 「預金の全額保護」と 1997 年 11 月の金融危機

　1996 年 6 月に預金保険法が改正されたことにより、2001 年 3 月までの時限的措置（その後 2002 年 3 月まで 1 年間延長される）として、預金の全額保護が制度化されることになった。より詳しく述べると、この預金保険法の改正により、資金援助方式についてペイオフ・コストを超える援助を可能とする「特別資金援助」が付加され、そのための追加的な財源として「特別保険料」（0.036％）の徴収が導入された。そして、制度的にこの措置と整合性を保つために、「保険金支払い方式」についても、預金全額保護のため「預金等債権の特別買取り」が規定されることになった。

　また、1997 年 11 月に金融危機が発生したことにより、98 年初めに預金保険法が改正された。この改正で、預金の全額保護を前提とした破綻処理の財源として、17 兆円の公的資金が用意されることになった。さらに、この改正で、先ほどのペイオフ・コストを超える「特別資金援助」には、特別保険料に加えて公的資金も投入されることになった[16]。

　この預金の全額保護が保証された 96 年 6 月から 97 年 11 月の金融危機の時点までに、阪和銀行、京都共栄銀行、北海道拓殖銀行、徳陽シティ銀行が経営破綻した。このいずれの銀行においても、預金の流出が発生したが、ここでは四つの銀行を代表して、拓銀における預金流出について詳しく述べることにしたい。さらに、97 年 11 月の金融危機における拓銀破綻後の実態についても説明したい。

　預金の全額保護が保証されているにもかかわらず、なぜこの時期に預金者は預金の引出しに走ったのかは、「預金者による市場の規律」との関連で興味深いことであるが、この点の理論的な問題については、VIで詳しく論じることにしたい。

(1) 拓銀の経営破綻と預金流出

　拓銀は、1997 年 11 月 17 日、自主再建を断念し、第二地方銀行の北洋銀

行への営業譲渡を発表した。ここに都市銀行の一角を占めていた拓銀までもが経営破綻することになった。そこで次に、経営の悪化から預金流出に至る経過についてみていくことにしよう。

　94年1月になると、マスコミは拓銀を明確に名指しで「危ない銀行」として取り上げ始めた。さらに、95年8月には、ムーディーズが公表した拓銀の格付けは最低のEランクになった。97年1月になると、銀行株は軒並み安値を更新したが、そのなかでも拓銀の株は外資系証券会社から大量のカラ売りを浴びせられ、一気に200円を割り込む事態となった。株価の下落で、信用力の低下が白日のもとに晒されると、今度は預金の流出が始まった。最初は、機関投資家などの大口預金者の解約として始まったが、3月になるとマスコミの標的となったことから、預金の流出は、個人の定期預金の解約へと広がった。

　この時期には、すでに述べた通り預金の全額保護が保証されていたにもかかわらず、プロであるはずの機関投資家までもが定期預金の解約に走っているのは意外である。さらに、個人の定期預金の解約のなかには、1000万円以下の小口預金者の流出も当然含まれていたであろうと思われる。この点についての理論的問題の検討は、Ⅵに委ねることにしよう。

　預金の流出と資金繰りの悪化との関連について次に見てみよう。97年初めからの株価の下落に伴う信用力が低下し、急速な預金の流出が発生したことにより、資金繰りの綱渡りが続くことになる。こうした事態に対応するために、短期金融市場から連日、コール市場で2000～3000億円程度の資金を調達することによってようやく帳尻を合わせていた。預金残高は市場で経営不安説が流れた92年2月以降、前年同月比10％前後で減少を続けた。道内では微減であったが、本州支店では同20％以上の大幅な流出が続いた。

　このように大幅な預金の流出を、コール市場での資金調達で補っていた状況のなかで、11月3日に準大手証券である三洋証券の経営破綻が起こった。その結果、翌日にはコール市場でデフォルトが発生することになり、コール市場での資金調達が決定的に困難となり、この資金繰りの悪化が拓銀を窮地に追い込むことになった。

破綻後も預金の流出は収まらず、引き出された個人定期預金は、17日だけでも過去最高の3倍近い約600億円、19日までの3日間に流出した預金は、個人、法人合わせて約4900億円に達した[17]。

(2) 97年11月の金融危機における拓銀破綻後の実態

11月17日に拓銀が経営破綻した後、24日には四大証券の一角を占めていた山一証券までが、旧大蔵省に自主廃業に向けた営業休止を申請し、経営破綻した。そして、26日には第二地方銀行である徳陽シティ銀行が、11月に入ってから連日のように続いた預金流出と三洋証券破綻に伴うコール市場での資金調達困難による資金繰りの悪化で破綻した。

同じ時期に、紀陽銀行や足利銀行においても、経営破綻はしなかったが、預金の流出が起こった。紀陽銀行では、山一証券破綻後最初の営業日である25日に、店頭に預金者が列を作るなどの混乱を引き起こすほどの預金流出が発生した。ただ、翌日の26日には、預金の引出しは大幅に減り、落ち着きを取り戻すことになった[18]。

足利銀行では、11月19日に頭取が記者会見で経営不安説を否定したにもかかわらず、株価はストップ安になるほど下落した。21日には店舗の統廃合や本体人員の10％削減といったリストラ策を発表したが、26日には株価は急落し、約5兆円の預金残高の1％未満ではあったが、預金流出が発生した。27日には、旧大蔵省の関東財務局長と日銀の営業局長は、記者会見で預金者への冷静な対応を呼びかけ、28日には日銀前橋支店長が、記者会見で再度、預金者への冷静な対応を求めている。さらに、27日に東京三菱銀行が、資金繰り悪化を回避するため、資金支援などの形で足利銀行を支援していく姿勢を明らかにしている[19]。

さらに、大手銀行のなかでも体力の低下が著しく、経営危機の噂が広がっていた安田信託銀行へ預金者が殺到した。11月26日には、株価が急落し49円という額面割れまで起こす状況であった。その結果、本店だけではなく、全国の支店で解約を求める預金者による行列ができるほどであった[20]。

また、この11月後半の時期に、日銀券の発行が増加し、その増加額は約

5兆円と前年の2倍近くに跳ね上がり、金融危機が全国に波及するなかで、安全志向を強めた個人が「タンス預金」を増やしていると言われている[21]。これは、金融危機という信用崩壊のなかで、預金という信用の形態よりもより安全な現金を求めるという預金者の不安心理が増したことの現れと言える。そこまでいかなくても、経営内容が悪化している銀行からより安全な銀行や郵便局に預金を預け替えることが頻繁に行われた結果として、この間の銀行破綻が大量に発生したのである。

Ⅳ　早期是正措置と金融再生法

　早期是正措置は、金融当局が一定の自己資本比率の基準を下回った銀行に対して、業務の改善を図るために発動されるものであり、1998年4月に制度として導入された。銀行は、融資先企業の資金返済能力を判断し、債権を正常先・要注意先・要管理先・破綻懸念先などの区分に分類するために自己査定を行う。その自己査定が正確に行われているかどうかを確かめる必要から、金融当局は自己査定をチェックするために、検査を実施する。ところが、早期是正措置の導入により、銀行は自己資本比率を高めるために、総資産（融資）を減らすのが一番手っ取り早い方法なので、「貸し渋り」を行うことになった。政府はこうした「貸し渋り」対策として、早期是正措置の発動を1年間猶予することになった。

　また、金融再生法は、1998年10月に成立・施行された法律である。この法律により、銀行は経営破綻もしくは破綻寸前になった際に、預金者保護だけではなく、健全な借り手への融資を継続し、金融システム不安の発生を未然に防ぐために、破綻処理が整備された。破綻処理の方法は、①金融整理管財人による管理（清算）、②破綻した銀行の業務の継承（ブリッジバンクによる）、③銀行の特別公的管理（一時的国有化）である。

　長銀（1998年10月）や日債銀（1998年12月）といった大手銀行については、特別公的管理が適用され、一時国有化されることになった。ところが、地方銀行など中小金融機関については、金融整理管財人を派遣して処理する

という方法をとる。管財人は、原則1年以内に、業務を続けながら営業譲渡する民間銀行を探す。長引く場合は、預金保険機構の全額出資でブリッジバンクを設立して営業を継続し、引き続き営業譲渡先を探す。ブリッジバンクの存続期間は管財人を派遣してから最長3年であり、それまでの間に譲渡先が見つからなければ清算するということになる。また、同じ1998年10月に、一定の条件を満たすことを前提に、銀行に公的資金を注入する目的で、早期健全化法が成立・施行された。これらは、2001年3月末までの時限的措置として実施された。つまり、2001年3月末という点では、当初の預金全額保護の時限的措置と期間が一致する。

　ということは、この時期の金融行政は、預金の全額保護によって、預金の払い戻しを保証する代わりに、内容の悪い銀行は早めに整理して金融不安を早期に終わらせることを目的に実施されたと言える[22]。金融監督庁は、1998年10月から第二地方銀行への立ち入り検査を始めた。早期是正措置という制度を基礎に、第二地方銀行に対して厳しい検査が行われ、他方で破綻処理方式が整備され、次々と破綻処理が行われたのが、1999年である。

　1999年4月の国民銀行、同年5月の幸福銀行、同年6月の東京相和銀行、同年8月のなみはや銀行、同年10月の新潟中央銀行はすべて、第二地方銀行であり、同じような経過の中で破綻に至っている。このなかで、この節では、なみはや銀行と新潟中央銀行を取り上げることにする。したがって、この時期では、1998年5月に破綻したみどり銀行は例外となる。

(1) なみはや銀行の経営破綻と預金流出

　なみはや銀行は、1999年8月7日に、金融再生委員会から破綻認定を受け、金融再生法に基づき金融整理管財人が派遣され、処理の発表をすることによって破綻に至ることになった。

　金融監督庁は、この日になみはや銀行の検査結果を発表しているが、99年3月期で有価証券などの含み損を合わせて1611億円もの大幅な債務超過に陥っていたことが分かった。

　預金流出については、5月末からの1カ月間で1000億円程度が流出して

いる。また、7月末時点で小口定期預金は5月末比で540億円減少し、全体で1600億円減少した。それ以降も、破綻までにさらに預金流出が続いているが、ここで注目すべきことは、1000万円未満の小口の定期預金が、解約されていることが、はっきり示されていることである[23]。

(2) 新潟中央銀行の経営破綻と預金流出

　新潟中央銀行も、1999年10月2日に、なみはや銀行と同様に金融再生委員会から破綻認定を受けることによって経営破綻した。

　新潟中央銀行は、1999年3月に金融監督庁から立ち入り検査を受け、業績の大幅な下方修正を受け、4月30日に発表された。ところが、同行は6月11日に99年3月期決算に関するさらなる大幅な下方修正を、金融監督庁から迫られることになった。これによって、不良債権の処理は、316億円から617億円に増加することになり、5.23％あった自己資本比率は、健全行かどうかのボーダーラインである4％を大幅に下回る2.01％にまで低下することになった。その結果、同日の6月11日に早期是正措置が発動されることになった。こうした厳しい検査のあり方は、経営内容の悪い銀行を早期に整理しようという、この時期の金融当局の意図を明確に示していると言える。

　この早期是正措置の発動により、じりじりと預金は流出し、1日だけで53億円もの個人預金が減少した。6月30日までの20日間に360億円の預金が減少したが、そのうち個人預金の減少額は208億円であった。早期是正措置の発動により、増資を含む経営改善計画を提出したが、この増資計画の先送りが決定された9月20日以降、預金流出は加速することになった。6月からの流出額は、預金総額の13％にあたる1400億円にも達した。

　こうして10月2日に、同行は破綻することになった。破綻後ただちに30人規模の金融整理管財人が派遣され、破綻してから1年7カ月後に大光銀行（本店、新潟県長岡市）をはじめとした6つの銀行に営業譲渡され、60年におよぶ歴史に終わりを告げることになった[24]。

第4章　銀行の経営破綻と預金流出　　97

V　ペイオフ凍結解除目前の検査強化

　金融庁は、2001年10月に、地方銀行の関東銀行、第二地方銀行の福島銀行、つくば銀行、石川銀行、中部銀行の5行に対して立ち入り検査を実施すると通知した。この5行は、今年に入ってすでに二度目の検査である。金融庁は、2002年4月の一部ペイオフ凍結解除（2002年4月から要求払い預金を除き、定期性預金などに関してペイオフ凍結を解除することになった。したがって、全面的な預金の全額保護はこの時期までとなる）をにらんで、検査を一層強化することになった。信用金庫や信用組合も含めて、経営が悪化した地域金融機関を一掃するという方針である。ペイオフ凍結解除後に、銀行が経営破綻することになれば、預金者は損失を被ることになり、そうなれば金融行政の責任を問われることになるため、このように監視を強化したのである[25]。この時期における銀行の破綻は、石川銀行と中部銀行であるが、ここでは石川銀行を取り上げることにする。

　金融庁は、2001年12月28日に石川銀行の破綻を認定し、金融整理管財人を派遣した。第二地方銀行の破綻は、1999年10月の新潟中央銀行以来、2年2カ月ぶりである。2001年の1～3月の段階で1回目の検査が行われたが、10月下旬から（10月24日～12月14日）2回目の検査を受けることになった。その結果、半年間に不良債権処理は大幅に増えることになった。検査のやり方が恣意的ではないかとも思われる。この検査結果を受けて、12月27日に破綻処理を申請し、28日に預金保険法に基づく破綻手続きに入った。

　石川銀行の株は、2001年春頃から紙くず同然という風評が広がり始め、2001年9月の段階で約5311億円あった預金量は、破綻後に1972億円にまで激減していた[26]。

VI　預金者による市場の規律

　以上、ⅡからⅤまで1990年代の日本における銀行の経営破綻と預金流出

の実態について詳細に見てきたが、そこにおいて「預金者による市場の規律」が有効に作用したかどうかを考える場合、預金者の行動が「合理的」であったかどうかが大きな問題となる。

この預金者の行動が合理的かどうかを考察するためには、次の二つの側面から見ていく必要がある。一つは、預金者は健全な銀行からも預金の引出しをするかどうかという点であり、もう一つは、預金保険と「預金者による市場の規律」との関係の問題である。

(1) 預金者の合理的な行動 (1) ――銀行経営の健全性との関係

まず第一に、預金者の行動は合理的かどうかということを判断するために、預金者は不健全な銀行から預金を引き出すだけではなく、健全な銀行からも預金を大量に引き出すかどうかという問題を検討する必要がある。

システミック・リスクを説明する場合には、不健全な銀行の破綻が、風説の流布や混乱などによって、健全な銀行の破綻までも引き起こすという「伝染効果」によって、銀行部門全体に取付け騒ぎが広がり、市場機能全体が混乱するという説明がなされる。この考え方は、預金者は不健全な銀行から預金を引き出すだけではなく、健全な銀行からも預金を引き出してしまうという「不合理な」行動を取るという理解を前提にしている。

これに対して信用恐慌の局面においても、不健全な銀行の破綻が他の銀行の破綻に伝染したとしても、不健全な銀行の破綻が他の不健全な銀行へと波及しただけであるならば、預金者は不健全な銀行から預金を引き出しただけであるから、比較的的確な情報に立脚して「合理的に」行動したと考える理解がある[27]。

この側面では、我々もこの考え方と同様に、預金者は「合理的な」行動をとったと理解する。なぜならば、ⅡからⅤまでの1990年代の半ばから2002年までに経営破綻した銀行の事例を見るかぎり、大量の預金流出が発生したのは、業務がかなり悪化し、信用が大幅に低下した銀行ばかりである。したがって、1997年秋の金融危機においてさえも、預金者は、風説の流布や混乱によって健全な銀行から大量に預金を引き出すという「不合理な」行動を

取ったとは考えられないからである[28]。

(2) 預金者の合理的な行動 (2) ——預金保険との関係

以上のように、預金者が健全な銀行からではなく、不健全な銀行からしか大量の預金を引き出さないという点では、預金者は合理的に行動し、その結果「預金者による市場の規律」は有効に作用したと言える。しかし、預金保険が存在する場合はどうであろうか。ましてや、日本の場合、1996 年 6 月から 2002 年 3 月まで、政府によって預金が全額保護されるという特殊な情況に置かれていたのである。

一般に預金保険というセーフティネットが存在する場合、「預金者による市場の規律」は有効に作用しないことになる[29]。なぜなら、預金保険の存在によって、預金者は銀行が破綻しても、損失を被らないことになる。預金保険という制度が、倒産した銀行に代わって預金者に預金の払い戻しをしてくれるからである。したがって、預金者は、預金保険の存在のために、市場規律を有効に機能させることができず、銀行の経営者が過度なリスクテイクを選択することを抑制できないという意味で、モラルハザードを引き起こすことになる。このような預金者による市場規律の有効性の低下が、銀行経営者のモラルハザードを引き起こし、このモラルハザードによって「不健全な銀行経営を誘発し、銀行部門を脆弱にする」[30] という理論が展開されることになる[31]。

しかし、このような論理展開では、日本における 1996 年 6 月から 2002 年 3 月までの預金が全額保護されている状況において、なぜ大量の銀行が経営破綻したのか、しかもその経営破綻が大量の預金流出を伴う資金繰りの悪化によって生じたケースが多かったという事実を説明できないことになる。この側面では、預金者は「不合理な」行動を取ったことになる。なぜなら、預金保存が存在するかぎり、ましてや預金の全額保護が保証されている状況下においては、預金者は大量の預金を一度に引き出す必要はないからである。

預金者のこうした一見「不合理」とも思える行動を理解するために、次のような説明がなされる。まず第一に、預金保険制度によって、完全にその預

金が保護されている1000万円未満の小口預金者は実際にどのように行動したであろうかという問題である。Ⅱで見たように、1996年6月の預金の全額保護が開始される以前の木津信用組合の経営破綻において、1995年8月30日の業務停止命令が発令されることを新聞の夕刊やテレビ、ラジオなどの報道で初めて知り、預金の取り付けにやってきた客の多くは、おそらく1000万円以下の小口預金者であったと思われる。また、同じ木津信用組合で、8月30日の夕方、大阪府知事や大蔵省大臣が完全な預金者保護を記者会見で確約したにもかかわらず、預金流出は収まらなかった。

　さらにⅣで見たように、預金の全額保護が開始されて以降の1999年8月7日に経営破綻したなみはや銀行において、1999年7月末時点で小口定期預金は5月末と比べて540億円減少している。このことは、たとえ預金者が預金の全額保護については知らなかったとしても、1000万円までは保護されていることは知っていたであろう。それにもかかわらず、小口預金者は大量に預金を引き出していたことになる。

　以上の事実との関連で、次のような研究がなされている。それは、都市銀行や地方銀行といった大きな銀行ではなく、信用金庫や信用組合といった中小金融機関の預金者の行動に関する研究である。中小金融機関の預金者は個人か中小企業の場合がほとんどである。このような預金者においては、まず第一の特徴として、全くといっていいほど金融に関する専門的知識を持っていないということである。第二の特徴は、彼らは一般的に1000万円以下の小口預金者であることが多く、預金保険制度によってその預金が完全に保護されている比率が都市銀行や地方銀行に比べて多いということである。そのような小口預金者が銀行の倒産リスクに反応して、預金を引き出しているのである。なぜ、小口預金者がこのような行動を取るかという点では、預金保険制度を通じた預金の払い戻しにはそれなりのコストがかかるために、金融機関を選別しているという考え方が示されている[32]。

　第二は、1996年6月から2002年3月の預金の全額保護が保証されていた期間についてはどのような説明がなされているかという問題である。次のような説明はその一つである。「預金保険制度のもとでも、銀行が破綻すれば

預金者も多少のコストを被ることがある。保護に上限がある場合はもちろんのこと、全額保護の場合でも、預金の引き出しに必要な手続きが煩雑であったり、引き出しが出来るまでに時間がかかるかもしれない。また、財源上の問題から、本当に保護されるのかどうか不確実な場合もある」[33]ということである。

　第三は、これらのことは特殊日本的な現象かという問題である。つまり、日本の預金者は預金保険制度に対する知識が十分ではなく、銀行リスクに対する反応が鈍いかもしれないからである。しかし、アメリカの倒産した貯蓄金融機関（thrift）の付保預金者の行動に関する次のような研究がある。それによれば、付保預金者でさえも、預金取扱金融機関の倒産を回避する傾向があると言われている。なぜならば、そうした傾向は預金者が保護されていても、預金保険制度それ自体の支払い能力に対する不安や預金の引き出しに時間がかかるといった間接的なコストと大いに関連しているからということである。もちろん、銀行リスクに対する付保預金者の反応は、非付保預金者（例えば、日本では1000万円以上の大口預金者のように預金の全額が保険のカバーの範囲を超えている預金者という意味で）の反応よりも小さいという面も見ておく必要があるという留保条件がつけられている[34]。このように、付保預金者は非付保預金者に比べて、銀行リスクに対する反応は確かに小さいけれども、それなりに市場規律としての役割を果たしていると言える。

　この点は、日本においても、小口預金者は大口預金者ほどではないけれども、市場規律としての役割を果たしていると言えるであろう。さらに、預金の全額保護の下においても、市場規律はかなりの程度有効に作用したことになる。なぜならば、1996年6月から2002年3月までの間に、多くの銀行が預金の引き出しに伴う資金繰りの悪化で経営破綻したからである。このように考えると、預金保険制度との関連で、最初は一見すると「不合理に」見えた預金者の行動も、一定の「合理性」を持っていたことになる。

(3) 信用の崩壊と預金者の不安心理

　ただ、以上で述べられている非金銭的なコストや間接的なコストだけで、

付保預金者や預金の全額保護の下における預金者が、そのような行動を取るのかについては検討してみる必要がある。

　一見「不合理」とも思えるこうした預金者の行動は、信用恐慌や金融危機局面における信用の崩壊に伴う預金者の不安心理と大いに関係があると我々は考える。資本主義経済の発展は景気の拡大とともに、「貨幣の支払約束」という網の目のように張りめぐらされた信用の拡大とそれに伴う債権債務関係の無限の連鎖によってより一層急速に増大していくものであるが、景気循環の制約から解放されるわけではない。消費制限という限界のなかでの無政府的な生産の拡大という需給関係の不一致に伴い、資本の順調な還流がいったん滞ることによって発生する信用恐慌や金融危機という景気循環の局面において、債権債務関係の連鎖は途切れ、信用は崩壊することになる。預金もまた、預金者と銀行との間に築かれた信用の一形態である以上、信用の崩壊に伴う預金者の不安心理は極度に高まることになる。

　いったん不安心理に取り付かれた預金者は、預金保険制度や政府による預金の全額保護という保証を与えられていたとしても、預金という不確かな信用の形態ではなく、現金という確かな形態で価値を保有しておきたいという強い衝動に駆られることになる。事実、Ⅲで見たように、1997年11月下旬の時点で一部においてそのような状況が発生することになった。つまり、それは、11月の下旬において、日銀券の発行が増加し、安全志向を強めた預金者が、健全な銀行への預金ではなく、「タンス預金」を増やしたことに現れている。ここに、信用の崩壊に伴う預金者の不安心理による混乱が見られたと言える。ただ、それはごく一部であって、より広く見られた現象は、不健全な銀行から預金を大量に引き出し、より健全な銀行へ移し替えようとする行動であった。なぜならば、信用の崩壊という現象は、不健全な銀行の預金という信用の形態で発生したものであって、より健全な銀行の預金という信用の形態で起こっていたわけではないからである。そのような預金者の行動が、信用恐慌、金融危機の局面において、不健全な銀行の経営破綻を大量に引き起こしたと言えるであろう。

おわりに

　本章を締めくくるにあたって、これまで考察してきたことをいくつかまとめておくことにしよう。

　第一は、預金の流出は、不健全な銀行において生じたことから、預金者が「合理的に」行動してきたと言えるが、不十分な面があったということである。というのは、図表4-4でも明らかなように、いくつかの銀行においては、破綻後においてのみ預金が流出している。また、破綻前に預金が流出している場合にも、いくつかの銀行においては、破綻の直前になって預金の流出が生じている。前述したように、市場規律が有効に機能し、預金者が「合理的に」行動するためには、預金者は的確な情報を収集し、合理的な判断能力を有していることが前提となる。この点では、「情報の不完全性」ゆえに、預金者が早い段階で的確な情報を得られないことから、市場規律が十分に機能しないことが問題となる。したがって、金融当局が、「銀行、金融機関の経営内容、とりわけその健全性を監視し情報を収集し、それを市場に伝達する」ことが一層必要である。

　第二は、木津信組や拓銀のように、破綻のかなり前から預金が流出し、預金者は「合理的に」行動したが、最終的に破綻してしまったという点では、市場規律が有効に機能したとは言えないということである。この点は、「預金者による市場の規律」を論ずる場合に、破綻した銀行の「内部規律」の問題を、論理展開の不可欠の媒介項として考察することが必要であるということになる。

　第三は、1996年6月から2002年3月までの「預金の全額保護」という政府保証があった期間においても、経営が悪化した銀行から預金が流出したという問題である。これは、一見すれば、預金者が「合理的に」は行動しなかったということになる。しかし、預金の全額保護が保証されていた期間においても、預金の引き出しに必要な手続きが煩雑であったり、引き出しが出来るまでに時間がかかる、また財源上の問題から、本当に預金が保護される

かどうか不確実な場合があるということから、預金者が預金を引き出すというのは、「合理的な」行動であったということである。ただし、付保預金者は非付保預金者に比べれば銀行のリスクに対する反応は不十分であるという側面も見ておく必要がある。

第四は、1997年11月下旬の局面において、日銀券の発行が増加し、安全志向を強めた預金者が、健全な銀行への預金ではなく、「タンス預金」を増やしたという現実である。この点は、金融危機という信用の崩壊の局面において、預金者の不安心理に伴う混乱が起こったことを意味している。この点では、預金者は「合理的に」行動したとは言えないが、ただ、それはごく一部で生じたものであり、より広く見れば、預金者は、不健全な銀行から預金を引き出し、より健全な銀行に預金を移し替えたと言えるのである。

1) 以上については、Asli Demirguc-Kunt, Harry Huizinga（2004）"Market discipline and deposit insurance," *Journal of Monetary Economics*, 51（2）を参照した。
2) 後藤新一氏は、次のように言われている。「銀行界という船団は船足のもっとも遅い船に合わせて航行、経営効率の劣る銀行も温存され、『銀行は一行たりともつぶさない、つぶれない』との『銀行不倒神話』が生まれた。つぶれなかったのは銀行で、前述のとおり信金信組はつぶれた。このような規制と競争制限、過保護行政と護送船団方式の下、銀行の創意工夫はそがれ『横並び意識』が当たり前となり、私企業の大前提である自己責任原則が希薄化した」（『銀行崩壊』東洋経済新報社、1995年、181ページ）。
3) 護送船団行政という場合に、経営効率の悪い銀行を中小金融機関に限定して、経営効率の良い大手銀行と経営効率の悪い中小銀行の間での関係として捉える見解と、このような業態間の銀行に限定することなく、例えば大手銀行の間でも起こりうる経営効率の良い銀行と悪い銀行との関係として捉える見解に分かれている。前者の見解として、例えば斉藤正『戦後日本の中小企業金融』（ミネルヴァ書房、2003年）、後者の見解として、例えば池尾和人『開発主義の暴走と保身―金融システムと平成経済―』（NTT出版、2006年）がある。
4) 堀内氏は、このような救済合併を、「包括的なセーフティ・ネット」として位置づけている。堀内氏は、預金保険制度に規定されたペイオフの範囲内での預金者保護という意味で、「限定されたセーフティ・ネット」と規定し、それを超える破綻処理のメカニズムを「包括的なセーフティ・ネット」としているが、そのなかでも「大蔵省主導で運営されてきた伝統的なセーフティ・ネット」をその代表的なものとして位置づけている。以上については、『金融システムの未来』（岩波書店、1998年）と

『日本経済と金融危機』（岩波書店、1999 年）を参照されたい。
5) 以上の点については、「近年における貸出金利の変動について」『日本銀行月報』1991 年 9 月号、「金融機関の貸出に係わる信用リスク管理について」『日本銀行月報』1991 年 6 月号、笛田郁子「金融自由化、資産バブルと銀行行動」深尾光洋・日本経済研究センター編『金融不況の実証分析』（日本経済新聞社、2000 年）第 1 章、を参照した。
6) この点は、長銀のケースをみるとよく分かる。詳しくは、第 9 章を参照されたい。
7) 金融自由化が、90 年代における不良債権問題や銀行破綻の原因ではないという見解もある。堀内氏は、『金融システムの未来』（岩波書店、1998 年）の第 4 章「不良債権はなぜ発生したのか」で、次のように述べている。「本書では、これまでに説明した通説とはかなり異なるストーリーで日本の不良債権問題の発生と、その深刻化の過程を叙述しようと思う。このストーリーでは、金融自由化の進展ではなく、その遅延と『堅固に護られた』経営と称される経営構造上の特性との組み合わせが、不完全な市場規律を一層弱体化させ、日本に深刻な不良債権問題を生み出したことになる。さらに弱体化した市場規律に代わって機能すべきであった金融当局が、そのような期待にそった役割を担うことができなかったことを論じる」（120 ページ）。

ここで、堀内氏は、不良債権問題の原因は、「金融自由化ではなく、その遅延」であると述べている。その理由は、次の通りである。「金融自由化は確かに日本においても進められたが、そのテンポは非常に緩やかであり、既存の銀行、金融機関のコンセンサスの下で、かれらの権益を可能な限り擁護しようとする『漸進主義』が採用され続けた」（120 ページ）。「既得権益を擁護する漸進主義は、金融業、銀行業における有効競争を制約し、非効率的な銀行・金融機関を温存させることにもなった。銀行・金融機関の中に永らく存続することになった非効率性が、1980 年代後半のいわゆる『バブル期』とその後の不良債権問題の展開において露呈することになった」（126 ページ）。

つまり、金融自由化によって、それまでの強固な金融規制を撤廃し、市場メカニズムが強烈に働くようになれば、市場規律が有効に作用し、それに任せておけば非効率的な銀行や金融機関は淘汰され、金融システム自体が効率化し、「預金者、投資家、資金調達者など金融サービスのエンド・ユーザーにとって利便性を高める効果を発揮」（114 ページ）するということである。

しかし、ここで疑問に感じることは、急激な金融自由化が、市場メカニズムを通して、非効率的な銀行や金融機関を淘汰することによって、金融危機を発生させることを果たして防止することができるのであろうかということである。市場規律には、「安定化」の側面だけではなく、「破壊的な」側面もあることを理解しておく必要がある。
8) 後藤新一氏は、「平成 6 年 12 月東京協和・安全二信組が破綻すると、『銀行不倒神話』は崩れ、どこの金融機関も危うくなりうるという『不信神話』が高まった」（『銀行崩壊』東洋経済新報社、1995 年、222 ページ）と述べている。

9) 以上のより詳しい経過については、拙著『現代の金融資本と株式市場』(法律文化社、1993年) 第9章を参照されたい。
10) 東京二信組については、後藤新一『銀行崩壊』(東洋経済新報社、1995年)、日本経済新聞社編『銀行淘汰』(日本経済新聞社、1995年) を参照した。
11) 佐藤氏は、『信用秩序政策の再編』(日本図書センター、2003年) のなかで、東京二信組の処理は、「既存の民間金融機関の中からは救済金融機関を見出せない、したがってその存在を前提としない破綻処理が行われた初めてのケースとなった」(126ページ) と述べている。
12) 能代信用金庫については、後藤新一『銀行崩壊』(東洋経済新報社、1995年)、222ページおよび『日本経済新聞』1995年5月3日付および9日付を参照した。
13) コスモ信組については、『日本経済新聞』1995年7月31日(夕)付、8月1日付、2日付、5日付、8日付を参照した。
14) 兵庫銀行については、日本経済新聞社編『誰が銀行をつぶしたか』(日本経済新聞、1996年) 第3章、『日本経済新聞』1995年8月31日付 (名古屋、夕刊) を参照した。
15) 木津信組についてより詳しくは、第6章を参照されたい。
16) この点については、佐藤隆文『信用秩序政策の再編』(日本図書センター、2003年)、129～130ページを参照した。
17) 拓銀についてより詳しくは、第7章を参照されたい。
18) 紀陽銀行については、『日本経済新聞』1997年11月27日付 (地方経済面・近畿) を参照した。
19) 足利銀行については、『日本経済新聞』1997年11月27日付 (地方経済面・栃木)、28日付、29日付 (地方経済面・群馬) を参照した。
20) 以上については、溝上幸伸『富士銀行危機の真相』(あっぷる出版社、1998年)、14～15ページ、日本経済新聞社編『金融迷走の10年』(日本経済新聞社、2000年)、187～190ページを参照した。
21) この点については、『日本経済新聞』1997年11月29日付、『日経金融新聞』1997年12月4日付を参照した。
22) この視点については、中村一夫『銀行はこうしてつぶされた』(ぱる出版、2001年)、18ページを参照されたい。
23) なみはや銀行については、『日本経済新聞』1999年8月8日付、『日経金融新聞』1999年8月9日付、11日付を参照した。
24) 新潟中央銀行については、中村一夫『銀行はこうしてつぶされた』(ぱる出版、2001年) 第1章および『日本経済新聞』1999年10月2日付、3日付、『日経金融新聞』1999年10月4日付を参照した。
25) この点については、『日本経済新聞』2001年11月10日付を参照した。
26) 石川銀行については、読売新聞金沢支局・石川銀行問題取材班『石川銀行破綻の航跡』(能登印刷出版部、2003年)、および『日本経済新聞』2001年12月28日付、

29 日付（地方経済面・北陸）を参照した。
27) この点については、堀内昭義『金融システムの未来』（岩波書店、1998 年）第 2 章第 2 節を参照されたい。
28) 後藤新一氏は、『銀行崩壊』（東洋経済新報社、1995 年）のなかで、1973 年 12 月に豊川信金においてデマが原因での取付けがあったことを指摘されているが、それはむしろ例外的なものであろう（222 ページ）。
29) この点については、例えば堀内昭義『金融システムの未来』（岩波書店、1998 年）第 3 章および細野薫「いかに銀行を規律付けるか」『日経研月報』（2004 年 3 月）を参照されたい。
30) 堀内昭義『金融システムの未来』（岩波書店、1998 年）、89 ページ。
31) このモラル・ハザードが、不健全な銀行経営を誘発し、そうした銀行が債務超過に陥ることまでは説明できるかもしれないが、預金流出に伴う資金繰りの悪化によって銀行が破綻することまでは説明できないように思われる。なぜならば、預金者はモラル・ハザードによって、市場規律を十分に作用させることはできないのであるから、不健全な銀行から預金を引き出すという「市場の脅威」を銀行経営者に示すことができないからである。

しかし、すでに見たように、木津信組も拓銀も、預金流出に伴う資金繰りの悪化によって経営破綻しているのである。

また、小林真之氏は、『金融システムと信用恐慌』（日本経済新聞社、2000 年）のなかで、「不良債権の比率の高い銀行が、債務超過状態になれば、銀行への信用が低下し、預金流出→支払準備の減少→外部負債（コール・マネー）取入れの困難化により、最終的には預金の支払停止→銀行破綻におちいることになる」（64 ページ）と述べているように、債務超過状態ではなく、預金流出に伴う資金繰りの悪化によって銀行破綻に至る経過を説明している。
32) 以上については、Keiko Murata and Masahiro Hori (2006) "Do Small Depositors Exit from Bad Banks?," *The Japanese Economic Review*, 57 (2)、Keiko Murata and Masahiro Hori (2004) "End of The Convoy System and Surge of Market Discipline "ESRI Discussion Paper Series No.105, Masahiro Hori, Yasuaki Ito, and Keiko Murata (2005) "Do Depositors Respond to Bank Risks as Expected?," ESRI Discussion Paper Series No.151 を参照した。
33) 細野薫「いかに銀行を規律付けるか」『日経研月報』（2004 年 3 月）、28 ページ。
34) この点については、Sangkyun Park and Stavros Peristiani (1998) "Market Discipline by Thrift Depositors," *Journal of Money, Credit and Banking* "30 (3)、および Kaoru Hosono (2004) "Depositor Discipline during The Banking Crisis in Japan," 学習院大学経済経営研究所 Discussion Paper Series No.04-1 を参照されたい。もちろん、Asli Demirguc-Kunt, Harry Huizinga (2004) "Market discipline and deposit insurance," *Journal of Monetary Economics*, 51 (2) の論文のように、それに反対の見解もある。

第5章

日本の金融システム・金融行政と
コーポレート・ガバナンス

はじめに

　1996年11月、第2次橋本内閣において、金融ビッグバン構想が提起された。その目的の一つは、新しい金融システム・金融行政へ転換することであった。従来の大蔵省主導型の不透明な「密室行政」・「事前予防的行政」から明確なルールに基づき、市場メカニズムを生かした「事後的行政」への転換が課題になっていた。しかも、その転換には期限が設定されていた。2001年度までは預金の全額保護をするが、それ以降はペイオフを解禁するというのがその内容であった。その後ペイオフ解禁は1年延期された（全面解禁は2005年4月）が、いずれにせよ、それまでに不良債権問題を処理し、預金者に自己責任を問いうる環境を整備するということになった。

　ペイオフ解禁問題は、預金保険機構の発動方式として、ペイオフを実施するということよりも、それまでの預金の全額保護をやめるということに力点が置かれている。ペイオフが実施されると、上限1千万円までしか保護されず、倒産した銀行に預けていた1千万円を超える預金は返ってこないことになる。とすると、不良債権問題を処理していないリスクの大きい銀行からリスクの小さい銀行へと預金は移し替えられ、再度銀行破綻が多発し、金融システム不安が一気に吹き出す可能性が高くなる。それを回避するためには、2002年3月までに不良債権問題の処理を完遂しておかなければならない。金融ビッグバン構想は、そのような期限を設定し、それまでに新しい金融システム・金融行政への転換を完了することを目指して進められた。

2000年夏に発生した「そごう問題」は、こうした金融ビッグバンの課題に対して、何を提起したのであろうか。結局は、これまでどおり、不良債権問題を先送りするという最悪の事態になっていなかったであろうか。新しい金融システム・金融行政への転換は、ペイオフ解禁まで残すところあと1年という押し迫った段階において、着実に進展していたと言えるのであろうか。これらのことを考察することが、本章の主要な目的であるが、「そごう問題」を検討する上で、1998年10月に法案化された「金融再生法」の本質を分析しておくことが不可欠である。

　また、新しい金融システム・金融行政への転換は、金融当局の金融機関に対する監督・監視のあり方に関わる問題であるがゆえに、コーポレート・ガバナンスと大いに関係があり、こうした観点からもこの問題を考察する必要がある。そして最後に、コーポレート・ガバナンスとの関連で、市場メカニズムを基礎とした新しい金融システム・金融行政にとって不可欠である経営者への「（証券）市場の規律」が、有効に働く現状にあるかどうかという観点から、金融ビッグバン構想は何を提起したかを考察する。

I　金融ビッグバン構想と新しい金融システム・金融行政への転換

　金融ビッグバン構想は、金融システム全般に及ぶものであるが[1]、ここでは、金融システムの安定化・金融行政のあり方を中心に分析する。まず最初に、金融ビッグバン構想がなぜこの時期に必要とされたのかということから考察を始めよう。

(1) 金融ビッグバンによる金融システム改革の必要性

　まず第一に、21世紀に向けて我が国の経済構造を変革する必要があったが、そのためにも経済の動脈ともいうべき金融システムについても、21世紀の経済を支えるものに変革することが不可欠であった。具体的には、1200兆円（当時）にも上る個人金融資産を有効に活用し、次世代を担う成長産業への資金供給が円滑に行われることが大事である。その手段として、大胆な規

制の緩和・撤廃により、市場メカニズムを最大限に活用し、資源の最適配分を実現しうる新しい金融システムを構築することが焦眉の課題となっていた。

　第二に、グローバリゼーション、情報・通信の技術革新の進展、欧米諸国における金融規制緩和の進展に伴う新しい金融商品の開発により、特に90年代に入って我が国金融市場の空洞化が進み、ニューヨーク、ロンドンと並ぶ世界三大市場の一角を占めていた東京市場の地位低下が顕著になってきた。こうした東京市場の空洞化[2]を防ぐためにも、規制を緩和・撤廃し[3]、市場メカニズムを活性化させることが急務であった。

　第三に、グローバリゼーションとともに、金融の国際化・一体化が進み、海外との間での資金の流出入が活発になるにつれ、グローバル・スタンダードが問題にされることが多くなってきた。今後、海外との間での資金フローを一層活発化させるためにも、金融行政を市場原理を軸とした透明なものに転換していくことが必要であった[4]。

　第四に、不良債権問題を早急に解決することにより、日本の金融機関の国際競争力を強化することである。他の先進諸国では、いち早く金融市場での規制緩和を終了させた。そうした諸国の金融機関は、互いの激しい競争のなかで、新しい金融システムへの転換を行い、伝統的な金融業務からの脱却をはかり、新しい金融技術・金融商品の開発による新たな収益源の確保を模索し、国際競争力を強化してきた。にもかかわらず、日本では、90年代において後ろ向きの不良債権問題の処理に追われ、国際競争力の低下を余儀なくされていた。そうしたなかで、日本の金融機関の国際競争力をいかに強化するか[5][6]が大きな課題となっていた[7]。

　第五に、以上の金融システム改革の実施にあたっては、金融システムの安定・健全性の確保が前提であるが、そのためには不良債権をできる限り速やかに処理しなければならない。その処埋にあたっては、従来の大蔵省主導の「事前予防的行政」に頼るのではなく、銀行等の経営の健全性を確保していくための、市場規律に立脚した透明性の高い新しい金融行政への転換（たとえば、そうした監督手法である早期是正措置を導入、1998年4月より実施）と金融機関の自己責任原則に基づく経営改善が必要である。

さらに、新しい金融システムへ転換するためには、預金の全額保護（1996年6月の金融三法により成立）による金融システムの安定化策から、2000年度末までに（その後1年延期され、全面解禁は2005年4月）預金者に自己責任を問いうるための環境整備を完了する必要があった[8]。そして、このように金融機関の経営者と預金者に対する自己責任原則を確立するためには、十分な情報提供とルールの明確化もまた必要であった。

(2) 金融システム改革の三原則

以上の金融システム改革の目標を達成するために、金融ビッグバン構想は、図表5-1に示された三つの原則を提起した。

第一は、銀行・証券・保険などの業際規制の緩和による参入促進、商品規制の緩和、為替規制の緩和、各種手数料の自由化といった「フリー（市場原理が働く自由な市場に）」な市場の実現である。

第二に、自己責任原則の確立のために十分な情報提供とルールの明確化（ディスクロージャーの充実・徹底）やルール違反への処分の積極的発動といっ

図表5-1　金融システム改革の三原則

① Free（市場原理が働く自由な市場に） ● 新しい活力の導入（銀行・証券・保険分野への参入促進） ● 幅広いニーズに応える商品・サービス（長短分離などに基づく商品規制の撤廃、証券・銀行の取扱業務の拡大） ● 多様なサービスと多様な対価（各種手数料の自由化） ● 自由な内外取引（為銀主義の撤廃） ● 1200兆円の個人蓄積の効率的運用（資産運用業務規制の見直しとディスクロージャーの充実・徹底） ② Fair（透明で信頼できる市場に） ● 自己責任原則の確立のために十分な情報提供とルールの明確化（ディスクロージャーの充実・徹底） ● ルール違反への処分の積極的発動 ③ Grobal（国際的で時代を先取りする市場に） ● デリバティブなどの展開に対応した法制度の整備・会計制度の国際標準化 ● グローバルな監督協力体制の確立（G7サミット・蔵相会議等で確認）

（出所）金融システム研究会編著『日本版ビッグバンの報告書の読み方』（大成出版社、1997年）、10～11ページ。

た「フェアー（透明で信頼できる市場に）」な市場の実現である。

そして第三に、デリバティブなどの展開に対応した法制度の整備、会計制度の国際標準化やグローバルな監督協力体制の確立といった「グローバル（国際的で時代を先取りした市場に）」な市場の実現である[9]。

(3) 金融ビッグバン構想と新しい金融システム・金融行政への転換

政府および金融当局は、金融ビッグバン構想のなかで、なぜ従来の大蔵省主導の「密室行政」・「事前予防的な金融行政」から市場規律に立脚した「事後的で透明性の高い新しい金融行政」への転換を意図せざるをえなかったのであろうか。

これまでは、金融当局である大蔵省主導の下で、銀行間の競争を規制することによって、銀行倒産を回避してきたが、1980年代半ば以降進めてきた金融自由化により競争を促進し、市場メカニズムを通して非効率的な銀行を淘汰する一方で、金融システムをいかに安定化させるかが課題であった。したがって、市場原理主義を基礎とした金融ビッグバン構想からしても、政府および金融当局の介入をできる限り排除し、金融当局による「事前予防的な金融行政」から市場メカニズムを基礎とした「事後的な金融行政」へと転換する必要があった。そのためには、それまでの金融当局と銀行間での「密室行政」ではなく、明確なルールを決め、早期に銀行経営の是正を誘導し、ルールに違反すれば事後的に厳しい罰則を適用するという「事後的で透明性の高い金融行政」へと転換しなければならなかった。

こうした透明性の高い金融行政を実現する際に、金融機関の経営者や預金者に対して自己責任原則を確立する必要がある。そのためには十分な情報提供とルールの明確化が課題となるが、その一つとしてディスクロージャーの充実と徹底が不可欠となる。

実際にも、バブルの崩壊が進み、不良債権の処理の負担が増すにつれ、経営の健全性が比較的高い大手銀行が、経営が悪化した銀行を吸収合併することによって倒産を大蔵省主導の下に事前に回避するという従来の方法を採用しえなくなった。そして、金融の自由化とグローバル化のなかで、金融当局

がこれまでのように市場メカニズムを完全に吸収することも不可能になってきていた。

また、住専を処理するにあたって公的資金を導入すべきか否かをめぐる議論のなかで、大蔵省を中心とした一部大手銀行による従来の「密室行政」に対する批判が強まり、「明確なルールに基づく透明な金融行政」への転換を目指さざるを得なくなっていた。

以上のように、金融ビッグバン構想は、金融市場全般における規制緩和・撤廃を徹底的にしかも明確な期限を区切って断行しようとする金融システムの大改革であるが、基本的な考え方は、市場メカニズムを活用し、それに任せておけばうまくいくという市場原理主義に基づいている。しかし、実際その後、市場原理主義に基づいて金融ビッグバン構想は実現されてきたのであろうか。この点については、後述することにしたい。

(4) 金融ビッグバン構想と不良債権問題の処理
1. 不良債権問題発生の原因

不良債権問題発生の主要な原因としては、金融自由化、バブル経済とその崩壊、預金全額保護によるモラルハザード、金融行政のあり方の四つが考えられる[10]。そこで、それぞれについて簡単に述べることにしよう。

まず第一は、金融自由化である。日本で金融自由化が本格化したのは、1984年の「日米円・ドル委員会」以降である。日本国内においても金融自由化を促進する要因は存在したが、それを本格化させたのはアメリカからの強い要求という外圧であった。それまでは、金融規制によって銀行間の競争は制限されていたが、金融自由化によってその制限は緩和され、銀行間の競争が激化し、銀行の収益性は悪化していった。

特に、金融規制のなかでも、預金金利の上限規制の緩和・撤廃は、当然より多くの預金獲得のために自由金利資金の調達比率を急速に上昇させた。市場金利が規制預金金利を上回る限り、預金金利自由化の進展とともに自由金利資金の調達の増大は、平均調達コストを高めることになった。しかし、銀行間競争の観点からすれば、それに合わせて貸出金利を引き上げることはで

きないので、銀行としては一定の収益性を維持しようとすれば、コストの削減と収益性の高い分野への融資を拡大させる以外にない。

　高収益分野への融資の拡大の点に限って述べれば、第一の分野は、中小企業向け貸出と個人向け貸出が増えたことである。中小企業向けの貸出は、これまで中小金融機関が専門としていた分野である。ところが、都市銀行がこの分野への進出を本格化させていった。こうした都銀による参入から生ずる激しい攻勢とバブル経済のなかで、中小金融機関は、よりリスクの高い分野へと押しやられ、バブル経済の破綻のなかで一挙に不良債権が吹き出すことになった。

　第二の分野は、80年代後半における地価上昇のもとで生じた不動産融資の拡大である。地価が右肩上がりで上昇しつづけるという経済状況のなかで、金融自由化に伴う激しい銀行間競争は、都銀をはじめとしたあらゆる種類の銀行に、極端な場合には十分な担保も確保しないまま融資の拡大に走ることを強制し、融資審査はだんだん甘くなっていった。それで経営が成り立ちえたのは、地価が上昇し続けている間だけであり、バブルの崩壊とともに、「優良債権」は手のひらを返すように不良債権へと転換し、バブルの崩壊が進むとともにその額は巨大なものになっていった[11]。

　第二は、バブル経済とその崩壊である。バブル経済が、銀行経営者の意識を狂わせてしまった。本来ならば、金融自由化とともに、金利収入は激減することになるから、アメリカの銀行のように、預金・貸出といった伝統的な金融業務から脱却して、新しい収益源を求め非金利収入の拡大を目指すべきであった。ところが、日本では、金融自由化とバブル経済の発生が時期的に同時に進行したことから、融資審査が甘くなり、収益性の低い企業の投資プロジェクトやリスクの高い不動産融資へと暴走した。また、こうした経営者の暴走をチェックする機構も有効に機能しなかった。この点は、コーポレート・ガバナンスのところで触れることにする。こうして伝統的な金融業務を革新することなく、乱脈融資を拡大させていったことが、バブルの崩壊とともに不良債権を巨額化した。バブル経済とその崩壊がなければ、不良債権はこれほどまでには巨額化せず、またその処理に長期間悩まされることはな

かったであろう。

　第三は、預金の全額保護によるモラルハザード（経営倫理の喪失）である。預金の全額保護が保証される以前から、大蔵省の方針は、銀行は倒産させないことであったし、事実、戦後銀行倒産はなかったので、預金者は安心して銀行に預金ができた。このように預金は事実上全額保護されているに等しい状況であったから、預金者による市場の規律は有効に働くはずがなかった。また、預金者に自己責任原則の意識も存在しなかった。これは、裏を返せば銀行の経営者に、預金が逃げ出す心配がないというモラルハザードを引き起こす結果となった。

　バブルが崩壊した後においても、こうしたモラルハザードは存在しつづけた。例えば、東京のリゾート開発会社イ・アイ・イ・インターナショナルのオーナーで、東京協和信用組合の理事長であった高橋治則氏は、東京協和だけではなく安全信用組合も含めて、高橋氏が経営していた企業への融資を急増させた。その結果、この二つの信用組合の経営は急激に悪化し、大量の不良債権を発生させることになった[12]。これは、事実上、預金は全額保護されるであろうという安心感から生じたものであるが、2002年3月までペイオフを実施しないということは、大口預金も含めて預金が全額保護されるということであるから、その後もモラルハザードは存在しつづけたことになる。

　第四は、金融行政のあり方である。戦後、日本の政府・官僚機構は欧米先進諸国に対する「キャッチアップ」政策を優先させてきた。金融当局である大蔵省においても同様である。したがって、大蔵省は、明確なルールを設定し、それに違反すれば厳しく罰するという「透明で事後的な金融行政」ではなく、国際競争力を強化するために、銀行の経営にさまざまな問題があっても曖昧に処理し、銀行の倒産を事前に回避しながら規模の拡大に邁進してきた。こうした「密室行政・事前行政」は、金融当局の銀行に対する甘い監督・監視体制を長期間に渡って築く結果となり、それは銀行と金融当局との癒着関係へと発展していった。バブルの崩壊が進行する過程のなかで、その癒着関係が暴かれることになった。大蔵省と日銀の検査官は、銀行の大蔵省担当者（MOF担）の接待汚職を受けていたことが明るみに出た[13]。こうし

た癒着関係に彩られた金融行政のなかで、銀行は「乱脈融資」を続けることができたのであり、それは巨額の不良債権を発生させる原因ともなった。

2. 金融ビッグバン構想と不良債権問題の処理

　以上のような原因から、不良債権問題が発生し、90年代の日本の銀行に多大な悪影響を及ぼしてきた。しかし、政府・金融当局は、「金融システムの安定化」の名のもとに、不良債権額を正確に公表せず、抜本的な措置を取ることもなく、不良債権問題の処理を一貫して「先送り」してきた。そのことが、結局は不良債権額の拡大を招き、その処理をより困難なものにしてきた。

　金融制度調査会の答申（「我が国金融システムの改革について―活力ある国民経済への貢献―」）は、「その基本的考え方を示した総論部分」において「本改革の実施にあたっては、金融システムが安定化していることが前提。そのため、不良債権をできる限り速やかに処理しつつ、改革を遂行していくことが必要」[14]と述べている。このように、金融ビッグバン構想は、基本的な考え方として不良債権問題を「できる限り速やかに処理」することを強調している。

　だが、果してその後の政府・金融当局は、そのような措置を断固として遂行してきたのであろうか。2000年の夏に発生した「そごう問題」は、この点に関していかなる意味を持っていたのであろうか。それを解明するために、まず「そごう問題」について見ていくことにしよう。

II　そごう問題の経過

　そごうが債権放棄を取引銀行に要請し、政府自民党の決定によりいったん債権放棄の合意が成立したあと、消費者によるそごう批判が高まり、結局は東京地裁に民事再生法適用を申請するに至ったそごう問題の経過を、図表5-2を参照しながらまとめることにしたい。

図表 5 - 2　そごう問題の経過

4月6日	2000年2月期にグループで5800億円の債務超過に陥ったと発表。同時に、5月末までに6390億円の債権放棄を取引行に要請。水島会長がグループの全役職を辞任。
5月26日	債権放棄の合意取り付けが6月以降にずれ込むと発表
6月7日	再建計画見直し。メーンの日本興行銀行向け債権放棄額を92億円増額
27日	準メーンの新生銀行（旧日本長期信用銀行）が預金保険機構に対して債権買い戻しを請求
30日	預金保険機構（預保）が新生銀から2000億円の債権買い取り、そのうち預保が970億円の債権放棄に応諾
7月初旬	国による債権放棄が自民党内に批判広がる。
10日	そごうと預保が旧経営陣の責任追及のために第三者機関設置
7月12日	東京地裁に民事再生法適用申請

（出所）『日本経済新聞』2000年7月13日付。

(1) そごう、債権放棄要請を発表（2000年4月6日）

　そごうは、一貫した拡張経営を続けてきた結果、バブルの崩壊のなかで、ついに2000年4月6日に取引銀行に対し債権放棄を要請せざるをえなくなった。その内容は、①2000年2月期にグループで5800億円の債務超過に陥ったと発表、②同時に、5月末までに6390億円の債権放棄を取引銀行に要請、③水島会長がグループの全役職を辞任、ということであった[15]。

　しかしその後、取引銀行側がそごうの再建策では収支改善見通しが不透明であるということから、債権放棄の合意取り付けが6月以降にずれ込むことになった。ただ、銀行側は、法的手続きの再建策では債権放棄以上の損失を被る金融機関が多数を占めるとみられることから、受け入れざるをえないとの判断もしていたことは事実である。

　もう一つの問題は、6月5日に「新生銀行」と行名を変えて再スタートする日本長期信用銀行（長銀）の出方がカギを握っているということであった。というのは、長銀がいったん一時国有化された後、米リップルウッド・ホールディングスを中核とする国際投資組合に譲渡された時の譲渡契約に、「取引先企業の再建計画がうまくいかずに債権の価値が2割以上目減りした際には、政府（預金保険機構）に債権の買戻しを請求できる」という瑕疵担

保条項があったからである。そごうの場合には、このケースに当てはまる可能性が大きいが、この段階では、長銀はまだ方針を決めていなかった[16]。

(2) 債権放棄合意成立 (2000年6月30日)

しかし、旧長銀である新生銀行は、6月7日に預金保険機構に対して、先の瑕疵担保条項に基づいてそごうの債権放棄に関して、債権買戻しを要請した。金融再生委員会はその要請を検討した結果、預金保険機構が新生銀行から、そごう向け貸出債権約2000億円を買取り、うち970億円の債権放棄に応じることを6月30日に正式に承認した。この政府の方針決定を受けて、メインバンクの日本興業銀行など72行の取引銀行は、そごうの経営再建の枠組みが整うと判断し、総額約6300億円の債権放棄を軸とする経営支援に応じることで合意した。ここに、いったん債権放棄の合意は成立を見た。

金融再生委員会が、このように公的資金でそごうを支援した背景には次のような理由があった。①債権放棄をした方が、法的整理をした場合よりも債権回収額の増大が見込まれ、国民負担を最小限に抑えられると判断した、②グループ全社員約1万人、取引社数約1万社のそごうを法的に整理した場合、中小企業の連鎖倒産の発生、地域金融機関の負担増加、地域経済への影響を考慮した、ということである。

ただ、この時点においてすでに、次のような支援基準の曖昧さが指摘されていた。金融機関ではなく、企業を公的資金で支援した例として、これまでに水俣病の発生原因企業であるチッソを被害者救済の観点から公的資金で支援した。また、預金保険機構は1999年夏、破綻した北海道拓殖銀行の取引先であった百貨店の丸井今井に対し、整理回収機構を通じて「北海道経済への影響を考えた例外措置」として債権放棄に応じた。しかし、同じ流通企業でそごうの3分の1程度の規模の長崎屋は、銀行が支援を断念した時点で倒産に追い込まれた。そごうはチッソほどの強い社会的要請があるわけではなく、長崎屋と違うのは規模だけである[17]。企業規模が大きければ、公的支援を受けられるということになれば、モラルハザードを引き起こすことになる。その点では明確な支援基準が必要になる[18]。

図表5-3　そごう問題　負担・責任・影響の比較

	そごう再建策	法的整理をした場合
国民負担	・実施時　　970億円放棄 ・今後12年　0～500億円 　（担保保全分は全額回収と想定）	・実施時　　1200～1500億円 　（担保保全分は全額回収と想定） ・今後　　　0円
経営者責任	・水島前会長退任・保有株の無償提供 ・旧経営陣の一部残留 ・経営責任調査委新設	・旧経営陣は全員退任 ・管財人が民事・刑事の責任追及
株主責任	・減資せず ・一部の債務株式化により株数増加 　（株価下落）	・株式は原則全額無価値に
貸し手責任	・興銀　　1893億円放棄 ・その他金融機関3456億円放棄 ・現計画では貸し手の経営者責任は問われず	・興銀　債権放棄とほぼ同額 ・その他　債権放棄より増加する見込み ・貸し手の信用低下も
社会的影響	・債権放棄に応じる預保・金融機関以外は、将来そごうの経営が再び悪化しない限り影響小さい	・商品券（発行額360億円）、友の会積み立て（180億円）のカットの可能性も ・中小企業9000社（そごうの負債額＝1620億円）へ影響 ・1万人のグループ従業員の雇用への影響
再建計画	・スポンサー、新経営陣不在 ・債務圧縮額は小さい	・スポンサー、新経営陣出現可能性高まる ・債務圧縮額は大きい
モラルハザード懸念	・同様の放棄要請続発も	・借り手・貸し手・株主が法的手続きで損失分担

（出所）『日本経済新聞』2000年7月11日付。

　その後、政府・与党内においても債権放棄に対する批判が出てきたことから、森喜朗首相がそごう向け債権放棄計画の再検討を表明した。金融再生委員会と預金保険機構は7月10日、債権放棄自体の見直しには踏み込まないものの、同計画を部分修正する方向で検討に入った。債権放棄に伴う経営のモラルハザードを防ぐため、経営者や株主の責任を厳格化する必要が出てきたからである[19]。国民負担を含め、経営者責任、株主責任、貸手責任など

図表 5-4　そごう処理の負担比較
（担保保全分は全額回収と想定、※は再生委・預保機構の試算）

	これまでの再建計画	会社更生法・破産	民事再生法
国民	・計画実施時に預保機構が970億円放棄 ・計画破たんで追加負担	・更生法1230億円 　―破産1430億円※ ・追加負担の可能性小	・更生法と同程度負担 ・追加負担の可能性小
銀行	・興銀は1893億円放棄 ・他71行が3456億円放棄 ・80行あまりは負担なし	・興銀は更生法1960億円 　―破産2370億円※ ・他は更生法7400億円 　―破産8200億円※	・各行とも更生法負担と同程度
合計	・実施時6300億円放棄 ・計画破たんで追加負担	・更生法1兆590億 　―破産1兆2000億円※	・更生法と同程度

（出所）『日本経済新聞』2000年7月13日付。

の債権放棄と法的整理の場合における比較については図表5-3、国民負担と銀行負担の債権放棄、会社更正法・破産、民事再生法における比較については図表5-4を参照されたい。

　特に、経営者責任の追及については、銀行に比べ甘いという指摘が強かった。そごうは実質的な創業者である水島広雄氏の会長辞任などで経営責任を明確にしたとの立場であるが、銀行のケースと比べ追及が甘かったのである。そごうと同様に公的支援により清算を回避した長銀の処理では、旧経営陣が刑事・民事の両面で責任追及を受け、経営の悪化を招いた元役員22人から6億円の退職金の返還を受けている。それに対し、金融再生法の経営責任追及は銀行経営者だけを対象にしており、公的支援という恩恵を受ける側の企業の経営者は含まれていない[20]。

(3) そごう、民事再生法の適用申請（2000年7月12日）

　そごうは、最終的に12日に一転して東京地裁に民事再生法の適用を申請した。負債総額は1兆8700億円で、ノンバンクを除くと過去最大である。山田社長は13日付で経営責任をとって取締役を降格、社長代行にはメインバンクの興銀出身の坂田専務が就任した。そして民事再生法での債権カット率は、債権放棄の場合の割合より大きくなる。預金保険機構だけでも200億

円以上の追加支出が必要で、国民負担は増大することになった。

　このようにそごうが、債権放棄をあきらめ民事再生法の適用を申請した背景には、何といっても消費者の批判の高まりがある。そごうグループの売上は7月以降全店平均で約15％の前年実績割れを記録した。百貨店は10％売上が落ち込むと経営が成り立たなくなるというのが常識である。資金繰りも急速に悪化し、これ以上売上が落ち込めば、あらゆる再建策が不可能になると判断し、民事再生法の道を選択した[21]。

　国民は消費者として、①大企業だけを税金で救おうとする政府の不公平さ、②水島前会長の経営責任などを追及しない現そごう経営陣の不透明さ、③兆単位の不良債権をその場しのぎで乗り切ろうとする金融機関の不見識さに対して、「買わない」という単純明快な形で「NO」を突きつけた。国民の声は、特に預金保険機構によるそごう債権放棄を決定した政府与党議員に、激しい怒りを持って向けられた。投書の大半は、国民に十分に情報を公開しないで、不透明な形で私的再建に踏み切ろうとしたそごう、政府・金融当局、金融機関に対する怒りと疑問で彩られた。そして、「それらに対する実効性のある抗議は不買である」というネット内世論が形成されていった。その世論の具体的内容は、「中小企業は自力で頑張っているのに、なぜそごうだけは税金で助けるのか」、「たとえ国民の負担が増えても、モラルハザードにつながる債権放棄は絶対に許さないでほしい」というものであった[22]。

　こうして金融不安や取引先の連鎖倒産回避を大義名分とした興銀のシナリオは崩壊した。興銀のシナリオは、そごうの有利子負債1兆7000億円のうち、興銀を含めて計73の金融機関が約6300億円の債権を放棄し、12年間でそごうの経営を軌道に乗せるというものであった。法的整理に踏み切った場合に比べて、債権放棄の方が金融機関の損失負担が小さいうえ、そごうの従業員約1万人の雇用問題や取引先約1万社への影響が小さいことを強調していたが、目先の混乱回避を主眼とした問題先送り路線ともいえる。

　にもかかわらず、興銀が法的整理の回避にこだわったのは、150を超えるそごうの取引金融機関のなかには十分な引当金を計上していない金融機関があり、法的整理に踏み切った場合、メインバンクである興銀への批判が避け

られないと判断した側面がある。さらに、そごうのような大企業の法的整理に踏み切れば、ゼネコン、流通、商社など他の経営不振企業の再建でも、同様の動きが広がる可能性も大きい。その場合、興銀を含む大手銀行の不良債権処理に伴う損失が拡大することを興銀は恐れた[23]。

Ⅲ 金融再生法と瑕疵担保条項

(1) 瑕疵担保条項

　金融再生法は1998年10月23日に施行された。そして同じ日に、長銀は金融再生法の適用を受け、特別公的管理（一時国有化）を申請した。これは偶然ではなく、長銀の一時国有化を想定して金融再生法は策定され、施行と同時に長銀に適用されたのである。そして一時国有化からほぼ1年後の99年9月28日に、金融再生委員会は長銀を米リップルウッド・ホールディングスを中核とする国際投資組合「ニュー・LTCB（日本長期信用銀行の英語の略称）・パートナーズ」（NLP）に譲渡することを決定した。金融再生法が定める、破綻金融機関の特別公的管理とは、破綻した金融機関を、譲渡先が決まるまで国（預金保険機構）が子会社として預かり、管理するというシステムである。そして、2000年2月に、政府とNLPとの間で最終譲渡契約が結ばれ、3月2日に新しい長銀の営業が開始され、6月5日からは、銀行名も「新生銀行」に改められた。

　特別公的管理下に置かれた金融機関を、国がどこかの金融機関に譲渡する際には、債務超過分は公的資金で埋め合わせる。債務超過を抱えたままの金融機関を引き取る金融機関など存在するはずがないからである。長銀の不良債権額は2000年2月の長銀の譲渡契約（株式売買契約）の時点では、3兆121億円とされた。NLPが継承したのは、そのうち金融再生委員会が「適」とした1兆4920億円であった。残る1兆5201億円は整理回収機構（RCC）に回された。つまり、国の債権にされたわけで、整理回収機構がその債権の回収に取りかかるが、回収できなかった分はそのまま、公的資金での国民の負担ということになる。これは「適」と判断されなかった債権であるがゆえ

に、回収はかなりむずかしいことは言うまでもない[24]。

　ともかく、このようにして、NLP に譲渡された際に締結された譲渡契約のなかに、瑕疵担保条項が盛り込まれた。それは、引き継いだ債権が譲渡後3年以内に、2割以上価値が下落した場合、国（預金保険機構）が契約時の価格で買い戻す仕組みである。金融再生法には、二次損失（契約後に発生した損失）に関する規定がない。アメリカでは二次損失が発生した場合には、国と民間金融機関が損失を分担し合う「ロスシェアリング」という方式が存在するが、日本の商法や金融機関の法律にはこの「ロスシェアリング」の概念がなかったため、長銀の譲渡にあたっては、民法の「瑕疵担保責任」という概念が流用された。これでは、二次損失が発生した場合、「ロスシェアリング方式」に比べ国民の負担が増えることになる。

　金融再生法では、銀行破綻が「善良で健全な債務者企業」に悪影響を及ぼさないという規定が基本となっているため、要注意債権などの「灰色債権」が二次損失懸念で譲渡対象から漏れることを防ぐために、瑕疵担保で買い手のリスクを軽減したことになる。ここには、金融再生委員会が長銀の債権のうちどこまでを「適」と判断するかという点について、甘い認定があったことは否定できない。さらに、長銀の譲渡を急ぐあまり、二次損失が発生する可能性が存在したにもかかわらず、金融再生法において二次損失の規定をしないまま、二次損失問題そのものを先送りしてきたことも問題である[25]。このように見てくると、譲渡契約における瑕疵担保条項の問題は、金融再生法そのものに根源があることが分かる。そこで次に、金融再生法について考察することにしよう。

(2) 借り手保護と金融再生法

　金融機関の破綻処理のために、金融機能再生緊急措置法（金融再生法）が1998年10月12日に成立した。「健全で善良な借り手」を保護する枠組みをつくること、これこそが金融再生法の目的であった。政府・自民党内にこうした認識が強まったのは、97年11月の金融危機の際に、北海道拓殖銀行が経営破綻したことがきっかけであった。拓銀の道内の引取先は北洋銀行、本

州分は中央信託銀行が受け皿銀行として決まったものの、両行が引き継いだのは正常債権のみであった。回収に重大な懸念のある第三分類債権、回収不能の第四分類債権は、整理回収銀行が引き取り資金回収に専念するが、回収に注意を要する第二分類債権（灰色債権）に属する企業は宙に浮いた形となった。これまでの破綻処理では受け皿銀行が正常債権しか継承しないため、第二分類債権に属する借り手企業が資金繰りに行き詰まることが多かった。拓銀の経営破綻による借り手企業の倒産により、北海道経済は大きな痛手を被り、借り手保護の問題が表面化した。1998年2月の金融安定化法二法（預金保険法改正案・金融機能安定化緊急措置法案）の成立で17兆円の公的資金枠による預金者保護の仕組みはできたものの、借り手保護は手つかずの状態であった。そこで、金融再生法の成立によって、「健全な借り手を保護しながら金融機関の破綻処理を進める枠組み」が整うことになった[26]。

こうした目的を遂行するために、金融再生法では次のような仕組みが用意された。まず金融機関の破綻処理の手法としては、①金融整理管財人による清算、②国が普通株式を強制取得する特別公的管理、③公的ブリッジバンクへの移行、の三通りが用意された。特別公的管理（一時国有化）とブリッジバンクを活用した場合、受け皿銀行が見つかるまでの間、「健全な借り手」には融資を継続し、連鎖倒産を防ぐのが特徴である。

住宅金融債権管理機構（住管機構）が整理回収銀行を吸収合併する形で整理回収機構（RCC）が新たに創設された。預金保険機構の全額出資による株式会社組織である。第三分類、第四分類の債権を新たに創設された整理回収機構に時価で売却し、同機構が債権回収に専念する。また、不良債権問題を先送りしてきた過去の裁量的な金融行政と決別し、透明なルールに基づく行政を行うための組織として金融再生委員会を設置し、1998年6月に発足した金融監督庁を管理する。金融再生委員会は、金融の安定化と再生を図り、金融機関の破綻処理をペイオフが実施される2001年3月（その後1年延期された）までに集中的に実施し、その時点で廃止され、その権限は同年4月に発足する金融庁に継承される[27]。

こうした目的と仕組みをもった金融再生法が、10月23日に施行され、同

じ日に長銀の国有化が決定された。当初は長銀の一時国有化は、破綻前の銀行として処理する立場（金融再生法37条で処理）であったが、最終的には金融監督庁の検査結果により9月末見込みで3400億円の債務超過状態にあることから、破綻銀行と認定されることになり、金融再生法36条（「財産をもって債務を完済できない場合」）が適用されることになった。特別公的管理では、金融再生委員会が指名し、預金保険機構が選任する新経営陣が融資の継続基準を策定し、融資計画を金融再生委員会が承認するという形をとる[28]。混乱を回避するため、長銀の預金や金融債は全額保護される。また、回収に注意を要する第二分類債権（灰色債権）については、将来性を考慮しながら、融資継続か回収かを決めていくことになる。

ここで問題なのは、金融再生法が、一方で金融機関の破綻処理を進めると同時に、他方で「健全な借り手保護」を最大の目的としていることである。長銀を一時国有化することによって、金融機関の破綻処理を進めていくことを決定したが、長銀が抱える取引先企業を厳しく選別しないかぎり、その後の取引先企業の経営悪化とともに長銀の不良債権は拡大し、結局不良債権問題はまたも先送りされることになる。経営が悪化し、債権放棄要請をせざるを得なくなったそごう、ハザマ、熊谷組がいずれも長銀の主要な取引先企業であったことからみても、その選別が甘く、曖昧な基準で実施されたことを物語っている。したがって、金融再生法が、金融機関の経営責任を厳しく追及し、その破綻処理を進めていくと同時に、他方で「借り手保護」を最大の目的にしていたところに、最初から大きな矛盾を孕んでいたと言える。金融再生法は、金融機関の破綻処理の方法を決定することによって、金融機関の連鎖倒産を防ぐセーフティネットになっただけではなく、借り手企業にとってもセーフティネットの役割を果たし、甘い選別基準により企業のモラルハザードをも招くことになった。「そごう問題」においてその矛盾が吹き出したことになる。その後の民間金融機関への譲渡に際して締結された契約における瑕疵担保条項の問題も、そもそもは金融再生法において、二次損失に関する規定がなかったことが大きな原因となっている。金融再生法の本質からいって、「そごう問題」はまさに起こるべくして起こったものであり、単な

る偶然で発生したものではない。

Ⅳ　金融システム・金融行政とコーポレート・ガバナンス

(1) 金融システム・金融行政のあり方とコーポレート・ガバナンス

　コーポレート・ガバナンスとは、明確な規定はなくさまざまな議論はあるが、本章では「会社の意思決定や会社経営が適切に行われているかどうかをチェックする仕組み」[29] であると規定しておきたい。日本では、コーポレート・ガバナンス論に関する文献が90年代に入ってから多く刊行されるようになった。

　だが、これまでは企業に関するコーポレート・ガバナンスが主要に議論されてきたが、金融機関に限定して「金融機関のコーポレート・ガバナンス」という形で論じられることはあまりなかった。日本の企業の経営をチェックするステークホルダーとしては、これまで主要にはメインバンクや投資家が取り上げられてきたが、金融機関では投資家（証券市場）、預金者（金融市場）、金融当局[30] を取り上げる必要がある。つまり、金融機関の場合にはメインバンクは必要でなくなる代わりに、預金者や金融当局を新たに付け加えることが大事である。

　その点で、金融機関のコーポレート・ガバナンスを論じる場合には、金融当局や金融システム・金融行政のあり方が大きな問題となる[31]。したがって、金融ビッグバン構想が提起した新しい金融システム・金融行政への転換は、金融当局の金融機関に対する監督・監視のあり方に関わる問題であるがゆえに、コーポレート・ガバナンスの観点からもこの問題を考察する必要がある。

　「そごう問題」は、金融ビッグバンの課題に対して何を提起したのか。まず第一に、金融再生法では「健全な借り手保護」を最大の目的としていることから、長銀が一時国有化される際に、長銀が抱える取引先企業を明確な基準に基づいて厳しく選別しなかったがゆえに、その後の取引先企業の経営の悪化とともに長銀の不良債権は拡大し、結局不良債権問題はまたも先送りさ

れることになった。そして、次は長銀を民間金融機関へ譲渡する際にも、金融再生委員会が後に取引銀行に対して債権放棄要請をせざるをえない問題企業（例えば、そごう、ハザマ、熊谷組など）までをも「適」と判断した不透明で甘い認定基準である。ここには、明確な認定基準（「明確なルール」）が存在しなかったということであり、このことが結果的に不良債権問題の先送りにつながった。さらに、金融再生法において、あらかじめ想定し得た二次損失問題の規定が存在しなかったことも、不良債権問題を先送りすることになった。これも、二次損失に関する明確なルールを考慮していなかったことになる。また、そごうの債権放棄要請決定のプロセスにおいて、国民に十分な情報を提供することなく、不透明な形で「合意」形成をしたことは、従来の「密室行政」に対する国民の強い批判となって現れることになった。こうしたことは、金融ビッグバン構想における、旧い金融システム・金融行政から新しいものへの転換が基本的に進展していないことを示している。

(2) 日本の証券市場の現状とコーポレート・ガバナンス

また、金融ビッグバン構想における新しい金融システム・金融行政は、市場メカニズムを基礎としたものであったが、これはコーポレート・ガバナンスとの関連では、日本の証券市場は「(証券) 市場の規律」が有効に働く市場になっているのかという問題である。

日本では、従来から株式持合いを軸とした安定株主の持ち株比率が高く、このことが「市場の規律」がうまく働かない大きな要因とされてきた。そこで、金融ビッグバン構想は、株式持合いについてどのような認識を持っていたのであろうか。証券取引審議会の答申（「証券市場の総合的改革―豊かで多様な21世紀の実現のために―」）では、次のような記述が見られる。「株式持合いについては株主の立場からのチェックが不十分となりがちであり、コーポレート・ガバナンスを弱めているのではないか……など、市場機能のメカニズムの発揮を妨げている面がある、という意見がある。持合いに関する議論で証券市場にとって最も重要な観点は、それが市場原理を通じた資源の最適配分と資本の効率的な利用などを阻害していないかという点である。その観

点からは、持合いによる保有といえども、株主として資本のリターンを常に検討し、経営に対するチェック機能を有効に働かせることが要請される」[32]。

株式持合いが、「市場の規律」を弱めているという認識は持っているが、ではどうすべきかという点については何も提起していない。90年代に入って、さまざまな要因から株式持合いが解消しているが、そうした自然な動きに任せておけばよいということであろうか。だが、株式持合いは、企業・金融機関の間での緊密な取引関係を基礎としており、その緊密な取引関係が解消されない限り、コアの部分は短期的には崩壊しないであろう。したがって、市場のメカニズムを有効に働かせるためには、株式持合いに対して何らかの有効な対策が必要であると考えるが[33]、この点で、金融ビッグバン構想の認識はきわめて不十分なものである。

最後に、金融ビッグバン構想における新しい金融システム・金融行政への転換の考え方は、基本的に市場メカニズムを活用し、それに任せておけばうまくいくという市場原理主義に基づいている。しかし、実際その後、市場原理主義に基づいて金融ビッグバン構想が実現されてきたと言えるであろうか。これまで考察してきたように、市場メカニズムを基礎とした新しい金融システム・金融行政への転換があまり進展していないことだけではなく、金融再生法成立の頃に設定された60兆円の公的資金枠を考えても、むしろ小さな政府どころか大きな政府へ逆戻りしていると言わざるを得ない。

その公的資金枠を具体的にみれば、不良債権の処理に公的資金を注入する金融早期健全化法は、預金保険機構の金融機能早期健全化勘定に政府保証枠25兆円、新設の金融再生勘定に18兆円、預貯金者保護用の特別業務勘定に17兆円、合計60兆円の公的資金枠が設定された。そして、その後10兆円が追加され、2001年の時点では公的資金枠は70兆円とさらに増大している。

おわりに

2000年夏に発生した「そごう問題」が、金融ビッグバン構想において提起された「新しい金融システム・金融行政への転換」にとってどのような意

味を持ったのか、また、金融ビッグバン構想の基本的な考え方として、これまでのように不良債権問題を先送りしないで「できる限り速やかに処理する」方針が示されていたが、この点についてその後どうであったのかを、まず第一に考察してきた。

「そごう問題」は金融再生法の本質から必然的に発生してきたものであり、金融再生法は結果的に不良債権問題を先送りする役割を果たしたにすぎず、明確なルールに基づいた「透明性の高い事後的な金融行政」という新しい金融システム、金融行政への転換を進展させるものでないことが明らかになった。

また、コーポレート・ガバナンスとの関連からみても、1998年4月より早期是正措置は導入されたものの、金融当局が明確なルールに基づいて金融機関を厳しく監督・監視するシステムが十分に構築されたとはいえず、不透明な「密室行政」に対する国民の批判が、「そごう問題」において吹き出したと言える。

1) 金融ビッグバン構想の内容については多岐に渡っており、とりあえず以下のものを参照されたい。金融システム研究会編著『証券・金融・保険関係審議会報告書 日本版ビッグバン報告書の読み方』(大成出版社、1997年、以下『日本版ビッグバン報告書の読み方』と略記する)、日本経済新聞社編『どうなる金融ビッグバン』(日本経済新聞社、1997年)、向寿一『金融ビッグバン』(講談社、1997年)、相沢幸悦『日本の金融ビッグバン』(日本放送出版協会、1997年)。
2) 日本の金融市場の空洞化については、詳しくは恩田饒『金融空洞化の危機迫る』(東洋経済新報社、1995年)を参照されたい。
3) 金融ビッグバンによる規制の緩和・撤廃により、1200兆円(当時)の個人金融資産を取り込もうと外資系金融機関は対日戦略を具体化させ、実際に続々と進出してきた。その代表的な外資系金融機関の対日戦略については、財部敏一『シティバンクとメリルリンチ』(講談社、1999年)、佐賀卓雄『メリルリンチの真実』(日本短波放送、1998年)を参照されたい。
4) 以上については、『日本版ビッグバンの報告書の読み方』の1ページと9ページを参照。
5) 金融制度調査会の答申では、「金融市場としての国際競争力の強化」と経済主体としての「金融機関の国際競争力の強化」を区別している(『日本版ビッグバンの報告書の読み方』、171、173、175ページ参照)。

第5章　日本の金融システム・金融行政とコーポレート・ガバナンス　　131

6)　以上については、同上、171ページ参照。
7)　遅ればせながら、日本においても、国際競争力強化の観点から、1999年以降メガバンク誕生が話題となり、大手銀行は4グループに集約されてきた。以上については、水野隆徳『日本の超メガバンクは成功するか』（東洋経済新報社、1999年）、向寿一『メガバンク誕生』（日本放送出版協会、2000年）、小原由紀子『銀行革命　勝ち残るのは誰か』（講談社、2000年）を参照されたい。
8)　以上については、『日本版ビッグバンの報告書の読み方』、21～22、176～177、211～212ページ参照。
9)　以上については、同上、2ページ、10～11ページ参照。
10)　堀内昭義氏は、不良債権問題の原因として、金融自由化についてもバブル経済とその崩壊についても触れていない。金融自由化を不良債権問題の原因と考えないのは、氏が基本的に市場原理主義の立場に立っているからであろう。この点について、氏は次のように述べている。「経済学者の通説は、1980年代に推進された金融自由化が銀行の経営基盤を揺るがし、不十分な健全経営規制、あるいは銀行行動に対する規制当局の不適切な監視が銀行に過度のリスク選択を許し、結果として大規模な不良債権問題を惹起した。しかし日本については、金融自由化の影響を過大視すべきではないと思われる」（『金融システムの未来』（岩波書店、1998年）、119ページ。

　バブル経済とその崩壊について触れていないのは、理論的に考える場合にそれは軽視しうる問題と理解されているからであろう。しかし、ここまで不良債権問題を日本の銀行にとって抜き差しならぬものにしたのは、何といってもバブル経済とその崩壊であろう。結局、堀内氏が、不良債権問題の原因としているのは次の2点である。「本書は、日本の不良債権問題が、(1)非効率的な銀行、金融機関を温存する金融システムのあり方、そして(2)はセーフティ・ネットと健全経営規制の不適切な組み合わせ、から生み出されたものであると主張してきた」（同上、164ページ）。
11)　以上については、拙著『現代の金融資本と株式市場』（法律文化社、1993年）、248～252ページを参照されたい。
12)　日本経済新聞社編『金融迷走10年』（日本経済新聞社、2000年）、103～107ページ参照。
13)　この点については、同上、108～114、191～192ページ参照。
14)　『日本版ビッグバン報告書の読み方』、21～22ページ。
15)　『日本経済新聞』2000年7月13日付参照。
16)　『日本経済新聞』2000年5月23日付参照。
17)　民間信用調査機関の帝国データバンクは「民事再生法の適用を申請したそごうが連鎖倒産を引き起こす可能性は限定的」であるというレポートをまとめた。ここ数年、倒産した大企業を調べた結果、連鎖倒産は各社とも10件台にとどまっているというのがその根拠である。預金保険機構が債権放棄を一時決断した理由として約1万社に上る取引先への影響を挙げたが、過去の事例からすると、法的整理をしても

取引先の連鎖倒産が多発する可能性は小さいとしている（『日本経済新聞』2000年7月16日付参照）。
18）　以上については、『日本経済新聞』2000年6月29日付、7月1日付参照。
19）　『日本経済新聞』2000年7月11日付参照。
20）　『日本経済新聞』2000年7月7日付参照。
21）　『日本経済新聞』2000年7月13日付参照。
22）　『日本経済新聞』2000年7月16日付参照。
23）　『日本経済新聞』2000年7月13日付参照。
24）　以上については、北村龍行『「借金棒引き」の経済学』（集英社、2000年）、149～152ページを参照した。
25）　以上については、『日本経済新聞』2000年7月19日付、22日付、29日付を参照。
26）　以上については、『日本経済新聞』1998年10月17日付、23日付を参照。
27）　以上については、『日経金融新聞』1998年8月26日付、『日本経済新聞』1998年9月26日付、10月13日付を参照。
28）　『日本経済新聞』1998年10月23日付参照。
29）　拙稿「日本型コーポレート・ガバナンスと株式持合い」（『阪南論集・社会科学編』第34巻第1号、1998年7月）、42ページ。
30）　コーポレート・ガバナンスの問題で、金融当局や金融行政を主要なステークホルダーとして、真正面から取り上げた文献として、ポール・シェアード『メインバンク資本主義の危機』（東京経済新報社、1997年）がある。
31）　金融機関に対する金融行政のあり方の日本的特殊性として、ポール・シェアード氏は、次のように述べている。「日本の金融行政は、他の先進諸国と違う面を持っている。日本の金融行政当局は、どの国も持っている信用保持や金融不安の連鎖防止という金融行政の機能のほかに、もうひとつ、金融機関のコーポレート・ガバナンスまで担ってきた。日本の金融当局は、監督・監視の権限を使って、その金融機関の人事や事業運営など経営そのものに介入してきた」（同、20ページ）。「日本の金融システムの特徴は、……金融行政が信用保持や金融不安の連鎖防止という本来の機能のほかに、金融機関のコーポレート・ガバナンス（企業統治）機能まで担っている点にある。そしていま進められようとしている『東京ビッグバン』が、この当局のコーポレート・ガバナンス機能を『市場に任す』ことを宣言するに等しい」（同、153ページ）ものである。
32）　『日本版ビッグバン報告書の読み方』、53～54ページ。
33）　この点に関しては、拙稿「日本型コーポレート・ガバナンスと株式持合い」を参照されたい。

第2部

実証的考察
―― 事例研究を通して ――

第6章

木津信組の経営破綻と預金流出

はじめに

　木津信組の経営破綻を真正面から取り上げた学術論文は数少ない[1]。しかも、木津信組の経営破綻を「預金流出」の側面に重点を置いて取り上げたものはほとんどない。信用組合も預金を取り扱う以上銀行であり、銀行の経営破綻の主要な要因の一つは間違いなく、預金流出に伴う資金繰りの悪化によるものである。そうした観点から、本章では、木津信組の経営破綻を「預金流出」の側面にかなり限定して取り上げることにしたい。

　もう一つの問題は、コーポレート・ガバナンスとの関係である。信用組合の場合、規模が小さいということもあり、経営の組織体制に関する資料は極めて少ないが、鍵弥前理事長がどうしてワンマン経営の体制を築き、その下でいかに木津信組を私物化していたかについて、少しばかりの考察を行いたい。その下で、内部的には全く、彼の経営の暴走をチェックする機構が存在していなかったことが明らかになるであろう。さらに企業一般には存在しない銀行に固有のステークホルダーの一つは預金者である。その観点からも、預金流出を取り上げる意義があることを付け加えておきたい。

　銀行固有のステークホルダーとしては、金融当局の存在を見逃すことができない。信用組合、信用金庫の場合には、大蔵省だけではなく、各都道府県が大蔵省の機関委任事務としてそれらに対する指導・監督権限を持っている。木津信組の場合には、大阪府が直接的な指導・監督権限を持っていたことになる。

I　鍵弥前理事長のワンマン体制と乱脈融資

　戦後まもない1950年に、大阪市浪速区に大阪木津地方卸売市場（木津市場）が創設された。約600もの商品卸業者が軒を連ねていた。この木津市場を創設した花崎米太郎氏が音頭を取り、そうした卸業者が出資金を出し合って1953年に設立した協同組合の金融機関が、木津信用組合である。花崎家は木津市場と木津信組の「オーナー的存在」であった。

　前理事長であった鍵弥実氏は、父親の縁故で19歳の若さで創業時の1953年に、木津信組に就職する。毎日、毎日、入金や集金で卸業者の店先に出掛け、ただひたすら地域のためにこつこつと地道な努力を続け、やがて業者の人達からも厚い信頼を得るようになる。こうした地道な努力を続けていた木津信組と鍵弥氏にとって、大きな転機となった事件が、1970年に発生する。

　有力な取引先であった砂糖卸売会社が相場で失敗し、倒産する事態が生じた。当時は大阪に36ある信組のなかで、テナント店舗が一つしかない木津信組は預金量で最下位であった。預金量が22億円しかない信組で、貸付金3億円が回収不能となった。そこで力を発揮したのが鍵弥氏であった。

　理事長、専務理事、常務理事以外はすべてヒラの従業員というのが、木津信組の組織構成であった。専務理事と常務理事は問題の発覚とともに経営を投げ出してしまった。理事長も「オーナー的存在」であったため、名誉職的色彩が強く問題解決能力に欠けていた。鍵弥氏は預金大量獲得の号令をかけ、2年足らずで預金を倍増させ、流動性不足を一気に解決してしまった。71年末には、その手腕を買われ、常務理事に昇格し、事実上経営の実権を握った。1974年6月から1984年6月まで、花崎米太郎氏の息子である一郎氏が理事長を務めていたが、実務は完全に鍵弥氏が取り仕切っていた。そして、1984年6月には、名実ともに鍵弥氏は理事長に就任することになった。

　この砂糖卸売会社の倒産事件は、鍵弥氏に、不良債権があっても預金を増やせば乗り切れるという自信を強めさせることになった。この成功体験こそが、彼のその後の経営哲学となっていく。だが、長期にわたるワンマン体制

と、この成功体験に基づく経験主義が、最終的に木津信組の経営破綻を引き起こす究極の原因となった。

しかし、75年に専務理事、84年に理事長へと出世街道を駆け上がると同時に、彼の経営哲学であった拡張路線を推進していった。新しい店舗を次々に開設すると同時に、79年には富国信組、86年には大阪光信組をそれぞれ吸収合併し、91年までに27店舗にのぼる府内信組最大の店舗網を築き上げた。70年に22億円だった木津信組の預金量は、88年3月末には100倍の2200億円に急拡大した[2]。

このように大量の預金を集める一方、貸出に関してもバブル期に不動産融資にのめり込んでいった。金融構造の変化や金融自由化のなかで、都市銀行などの大銀行が「銀行離れ」を強める大企業から中小企業へと融資の重点を移していくなかで、中小金融機関は一層劣悪な貸出先へと融資のすそ野を広げていくしかなかった。その時期に、超金融緩和のなかで80年代後半からのバブル経済が発生した。

木津信組が、不動産融資を本格化させたのはバブルの末期であった。木津信組は、1988年2月には「木津信抵当証券」、そして1989年4月には「実業ファイナンス」といった系列ノンバンクを設立している。これはバブル期に不動産融資の規模を拡大していくなかで、大口融資規制を回避するために、系列ノンバンクを使った迂回融資を実現するために設立されたものである。

木津信組の大口融資先リストを見ると、上位に木津信組の関連会社が多く含まれているが、その関連会社には鍵弥前理事長の個人会社が含まれている。例えば、木津信組、実業ファイナンス、木津信抵当証券の融資額合計が第二位の「実業土地建物」という会社は、その株式の100％を「エム・ケー商事」という木津信組の関連会社が所有しているが、そのエム・ケー商事の株式は、鍵弥氏とその夫人と二人の子供によって90％が握られている。このように、実業土地建物という会社は、一見すると木津信組の関連会社のように見えるが、実際には鍵弥前理事長の個人会社にすぎない[3]。これはまさに、ワンマン体制の下での鍵弥前理事長による木津信組の私物化そのもので

ある。

しかもこれら大口融資先のほとんどは不動産関連会社であるが、その融資基準は極めて甘く、しかもいい加減なものであった。融資の是非を問うために店内に回す稟議書は大口融資でも理事長の押印は必要なく、担保物件についてもあまり調査せずに一日で融資が決定されたことも少なくないと言われている。「即断即決」が同信組の売り物であったというが、こうした甘い融資基準が、バブル崩壊後、大量の不良債権を抱えることになる[4]。

大阪府によると、経営破綻直後における同信組の1995年9月時点での総資産は1兆3131億円であるが、そのうち回収不能資産は9585億円（73.0％）、回収可能な不良資産は2355億円（17.9％）であり、正常資金はわずか1191億円（9.1％）という極めて異常な状態であった[5]。ここまで事態を悪化させた諸要因は、鍵弥前理事長のワンマン体制の下における、一貫した拡大路線、甘い融資基準や私物化による乱脈融資、バブル崩壊後にはペーパー・カンパニーを利用した不良債権の「飛ばし」などによる不良債権処理の先送り[6]といった保身に基づく無責任体制にある。

こうした大量の不良債権の発生とその処理の先送りが、結局は預金者の信用不安を募らせ、預金流出を招き、資金繰りの悪化へと導いていった。

II　紹介預金の整理と大口・高金利預金

木津信組の大量の預金流出は、直接的に信用不安からではなく、まずバブル末期に膨れ上がった紹介預金の整理・解消という形で始まった。そこで、紹介預金の問題から進めたいと思う。

紹介預金は、この当時木津信組だけで行われたわけではないが、木津信組を例に紹介預金の仕組みを示すことにしよう。大手銀行による紹介預金は、主として大手銀行の取引先企業にコマーシャル・ペーパー（CP）を発行させ、それで得た資金を木津信組に紹介するという形で預けさせる。企業にとっては低利で調達した資金を高利の預金で運用することにより、利ざやを手に入れることができる。大手銀行の方は、取引先企業にCPを発行させ、

その引受手数料を得るという利点がある。最後に、木津信組は、こつこつとコストのかかる零細な預金集めをすることなく、大口預金が大量にコストをかけずに転がり込んでくると同時に、その資金を原資に、高い金利収入が見込める不動産関連融資を積極的に行うことができる。

こうした方法で、預金量も87年3月の1703億円から91年3月には8029億円と急激に膨れ上がっている。紹介預金は、木津信組の預金がまず2000億円を超えていなかった87年頃から三和銀行を中心に始まった。紹介する側が金利などの条件も設定して預金を持ち込んでいたのではないかと言われている。木津信組の独断で紹介預金を受けたというよりも、都銀側が信組にとって魅力的な預金額に物をいわせ、木津信組の業務にまで直接介入していたとも考えられる。

さらに、紹介側が貸出先も特定して預金させる導入預金などの違法行為が含まれていた可能性も高い。毎月大量に入ってくる預金に対して、木津信組の職員だけで、それを高利で貸し出す先を次から次へと開拓することは不可能に近い。そこで、貸出先までお膳立てされた導入預金ではないのかという疑いが出てくる。これは、都銀側からみれば、自らはこれ以上貸し出せない不動産関連企業への迂回融資に、木津信組を利用した側面がある[7]。

ところが、91年春には信用組合の経営を不安定にするとの観測から大蔵省の銀行検査で厳重注意を受けた三和銀行などは、紹介預金をあわてて引き揚げ始めた。その後、紹介預金は急速に減少し、92年12月には紹介預金の残高はゼロになった。

木津信組は、紹介預金の急激な減少を穴埋めするために、さらに高利で大口預金を集め続け、その金利を支払うために、バブルは崩壊しているにもかかわらず、不動産関連融資に一層のめり込んでいくという最悪の事態へ突入していった。1000万円以上の大口定期預金金利の木津信組と全国銀行平均の格差は、91年度、92年度にはそれ以前よりも急速に広がり、格差が最大となった92年度では2.57％の金利格差が見られた。こうした結果、95年7月末時点での木津信組の定期預金の大口預金の比率は、1億円以上では24.1％、1000万円以上では77.1％という高い割合を示している[8]。

III　預金流出の実態

　木津信組の預金流出の基礎には、バブル期をバブル崩壊後も続けた不動産関連への乱脈融資から発生した大量の不良債権とそれを根本的に処理せず、問題を先送りしてきたことから生じた財務状況の悪化や粉飾決算といった不明朗な経営実態に基づく信用不安がある。しかし、その預金流出にはいくつかの段階が画されているので、順次考察してゆきたいと思う。

(1) 東京二信組問題の余波

　東京二信組とは、東京協和信用組合と安全信用組合を指している。長銀の経営破綻の最大の原因の一つとなったのが、イ・アイ・イ・インターナショナルへの過剰な融資であったが、そのイ・アイ・イ・グループの社長が、東京協和信用組合の理事長である高橋治則であった。高橋はバブル崩壊後に、長銀が融資を引き揚げた後に、イ・アイ・イ・グループとその関連企業にますます東京協和信用組合と安全信用組合の資金をつぎ込んでいった。そして、その融資拡大のために、定期預金の金利を都市銀行より1％以上高く設定して、大口預金集めに狂奔した。「両信組の大口預金者……は、預金のうち元本1000万円までしか払い戻しされないという『ペイオフ』という制度はあるものの、最終的には当局が両信組を救済し、預金は全額保護されるものと考えたので、『融資は不良化する預金なら確実に返ってくる』として、安心して金利稼ぎに走ったのであった」[9]。

　高橋前理事長の壮大なプランを実現するために、この二信組は食い物にされ、止めどもない不動産関連への乱脈融資のために経営難に陥り、ついに1994年12月9日、大蔵省、日銀、東京都はこの二信組問題を処理するために、日銀と民間金融機関が共同出資して特別銀行を設立することを正式に発表した。これにより両信組の理事長は経営責任を取って辞任し、事実上の経営破綻に至った[10]。

　二信組の破綻処理は、大蔵省の構想に従って行われ、まず正常な債権と事

業を引き継ぐための受け皿として、95年1月13日に「東京共同銀行」が設立され、さらに回収不能な不良債権は「共同債権買取機構」が買い取って処理されることになった。しかし、この処理には透明性が欠けているところがあり、また二信組には1000万円の預金を超える大口預金が全体の90%程度あり、預金者のなかには生命保険会社などの機関投資家も多かったことから、国会審議において、野党側が「なぜ公的資金を使ってまで、大口預金者を救済しなければならないのか」と当局に対して厳しく追及し、大口預金者リストを公表するよう強く迫った[11]。そして、大口預金者リストが公表されたのを引き金に[12]、木津信組では大口預金の解約が相次ぎ、95年2月には225億円、3月には614億円もの預金が流出した[13]。

(2) コスモ信組の経営破綻

コスモ信組においても、東京二信組や木津信組と同じような問題を多く抱えていた。理事長によるワンマン経営、拡大路線、不動産関連への乱脈融資（不動産向け融資は融資全体の6割を占めた）、高金利の大口預金集め（1000万円を超える大口預金の比率が95年3月末時点で約70%）、不良債権のダミー会社への「飛ばし」、経営危機説による預金流出、などである。そして、ついに1995年7月31日の月曜日の夜に、東京都の青島知事は、都内信組最大手のコスモ信組に対して、業務停止命令を発動した。

このコスモ信組に業務停止命令が出された直後の8月初めには、木津信組では連日20億円から30億円の規模で預金が流出した。夕刊紙や週刊誌は匿名ではあるが、たとえば「次の破綻は大阪の大手信用組合」といった表現で木津信組の経営不安を記事にし始めた。しかし、夏休みが集中する旧盆以降は流出ペースが鈍り、コスモ処理策発表前の数日間は1日当たりの預金減少額が5〜6億円程度にまで減り、一時は「一触即発」状態にあった大阪府商工部内の空気も緩みかけていた。

大阪府は信組の経営健全度を預金の支払い準備などに充てる余裕資金で測っていた。年初に約1800億円に達していた木津信組の余裕資金は、2〜3月に続いた東京二信組問題による預金流出などで、8月初めには800億円程

度にまで減っていた。府商工部幹部は「200億円を切れば危険水域に突入」と破綻処理のタイミングを定めていた[14]。

(3) コスモ信組処理策発表

コスモ信組の処理策が、8月28日に発表された。そこでは受け皿銀行を東京共同銀行とし、同信組は事業を東京共同銀行に全部譲渡することになった。その処理スキームは、図表6-1のとおりである。さまざまな経済主体からの資金援助が行われたが、そのなかでも重要な要素は、東京都が200億円の資金援助を行ったことである。

というのは、信用組合の場合、各都道府県が直接的な監督責任を持っているが、東京二信組処理構想の策定においては、大蔵省主導で行われ、東京都

図表6-1 コスモ信用組合処理スキーム

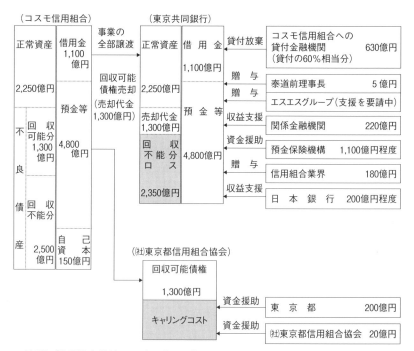

(出所)『金融財政事情』1995年9月4日号、34ページ

はほとんど役割を果たすことができず、大蔵省が陰で動く形での密室行政に対する批判が強かった。そのため、今回は東京都が前面に立つ必要があった。また、東京二信組の処理では、日銀および全国の民間金融機関が東京共同銀行設立にあたっての出資および収益支援を実施した後で、東京都は95年3月に300億円の低利融資という支援を凍結してしまった経緯がある。その関係で、特に民間金融機関には、東京都は東京二信組の乱脈経営を放置した責任が最も重いにもかかわらず、最終的にその処理で支援を凍結してしまったことに対する怒りがその後も残った。コスモ信組の処理においても、もし東京都の資金援助がなされない場合には、民間金融機関の債権放棄および収益支援は白紙になる可能性が高いという危険性をもっている。

また、青島知事は、「乱脈経営で破綻した東京二信組に対して財政支出はしない」との選挙公約を行っていた。都議会からは、この点から東京二信組の場合とコスモ信組の場合とで、乱脈経営で破綻したという点でどこが違うのかという厳しい追及を受けていた。つまり、違いがないのなら、コスモ信組においても財政支援をすべきではないという主張である[15]。

このように、東京都のコスモ信組処理に対する姿勢が注目されていたが、処理スキームと同時に発表された都知事のコメントで、1000万円を超える預金については、預金がコスモ信組から東京共同銀行に移管される時点で、東京共同銀行が提示する都銀並みの金利に切り替えてもらうよう要望された。東京都では、これにより数億円の負担軽減が見込める。コスモ信組の預金金利は目玉の定期預金「マンモス」では平均2.7％で、他の金融機関の定期預金金利に比べて1.5～2.0％ほど高い。高金利のままではコスモ信組処理の財政支出に対する都議会の理解を得られないと判断した。ただし、強く要望するとしているが、法的な強制力はない[16]。

しかし、木津信組の大口預金者は、この「大口預金者への金利一部カット要請」に対して大きな反応を示した。大量の預金流出が生じた。預金者の対象を当初予定の「1億円以上」から発表直前になって「1000万円以上」と大幅に広げたことが一層大口預金者の不安をあおった側面がある[17]。木津信組では、大口預金を中心に28日に45億円、さらに29日には実に479億円

が流出し、同信組の余裕資金は一気に「危険水域」に突入した。

29日の大口定期預金の解約で目立ったのは、バブル期に不動産業でのしあがった、まさに「バブルの落とし子」ともいうべき末野興産グループの二つの企業であり、それぞれ190億900万円と180億3200万円を一気に解約した。29日の1日で流出した479億8500万円のうち、8割近くをこの2社で占めている[18]。この預金流出が、同信組の資金繰り悪化を一気に加速させ、翌日の大阪府からの業務停止命令の発動へとつながった。しかも、同信組の役員が破綻直前に末野興産に、同信組の経営危機を伝えていた[19]。いずれにせよ、こうした事件をきっかけに同信組の経営破綻は予想より早まることになった。

大切なことは、コスモ信組のように、木津信組においても、「経営破綻すると預金金利がカットされる」という大口預金者の動揺が、30日の木津信組破綻に結びついたことは確かであるが、木津信組の経営が全く健全であれば、そうした動揺は起こらなかったはずである。経営破綻直前にまで同信組の経営が完全に行き詰まっており、そのことを大口預金者が認識していたからこそ、同信組は市場メカニズムの圧力に屈したのである。

Ⅳ 取り付け騒ぎ

(1) 大阪府の業務停止命令の決断

29日に大量の預金流出が起こったとはいえ、大口預金者による定期預金の解約という「静かな」預金流出で、店頭での預金取り付け騒ぎが発生したわけではない。この段階で、30日の朝刊に「木津信組に業務停止命令」という記事が出れば、パニックが発生する恐れがあった。そこで、大阪府はどうしても「記事にする」という報道機関の勢いを抑える必要があった。30日の朝、大阪府庁別館5階の商工部金融課付近は、新聞・テレビの記者でごった返していた。すでに報道陣はこの日の夕方には、業務停止命令が出されるとの感触を得て臨戦体制に入っていた。

大阪府は、午前11時、預金の払い戻しを除く一部業務停止命令を午後6

時に発令することを最終的に決断し、大蔵省・日銀など関係各方面に正式に伝えた。大阪府としては、記者会見の前に業務停止命令を先行報道されることだけは何としても避ける必要があった。「預金者が動揺し、大混乱に陥る」ことを避けるためである。大阪府は、木津信組の店舗が閉まった1時間後の午後6時に業務停止命令を発令し、7時からの記者会見で「預金は保護されることを預金者に周知徹底させることで翌日の混乱を回避する」考えでいた[20]。

(2)「取り付け騒ぎ」の始まり

しかし、この大阪府の考え方は覆された。新聞各紙は一斉に夕刊の一面トップ記事で、今日の夕方にも大阪府は木津信組に業務停止命令を出すと報じた。午後3時過ぎにはテレビ、ラジオなども相次いでニュース速報を流した。こうした報道を聞きつけた預金者たちは大挙して、混乱した様子で預金通帳を片手に、最寄りの支店に押し寄せた。「取り付け騒ぎ」の始まりである。

午後4時過ぎ、大阪府浪速区にある木津信組本店1階では、預金者が列をなし始めた。店内に殺到した預金者に対し、木津信組の職員は、「預金元本は全額保証される」ことを懸命に説明した。さらに、午後5時閉店間際に、現金輸送車が数億円もの分厚い札束を店内に運び込んだにもかかわらず、押し寄せる預金者は一向に減る気配がなかった。結局、30日には、1487億7300万円が流出した。解約預金者リストには兵庫県内の公益法人、大阪府の信用組合や農協など個人以外も含まれていた[21]。

(3) 記者会見──預金者保護の確約

午後6時、横山大阪府知事は、商工部長、信用組合管理監らとともに、記者会見の場に現れた。そこで、大阪府知事は、「本日、木津信用組合に対し、預金の支払いに支障が生じる状況となったため、預金の払い戻し業務を除く業務の停止を命じた」と述べた。大事なことは、大阪府は発表の席で「預金額に関係なくすべての元金・提示金利を保証する」（商工部）とはっき

りと表明していることである。報道各社に対しても、再三、この点を強調して説明し、極力預金者の不安心理を鎮めるよう協力を求めた[22]。

また、同じころ、東京・霞が関の大蔵省内では、武村大蔵大臣が、記者会見で、「木津についてもコスモと同じように預金者はきちっと保護していく。業務停止命令をかけてもその点は心配ないことを繰り返し申し上げたい」[23]と述べ、「預金者保護」を明確にしている。また、松下日銀総裁は、日銀特融について「金融システム安定のために資金が不足する場合は、日銀の資金を投入することもやむを得ない」[24]との認識を示した。

(4) 日銀からの現金調達

木津信組の経営破綻への緊急措置として日銀特融を認めた日銀に対して、木津信組からの要求額は膨れ上がった。集計が進むにつれ、31日午前1時半には500億円、午後1時半には1000億円となり、2時半には1500億円、さらに3時半には2000億円となった。日銀の課長もその金額の膨大さに絶句したが、最終的には日銀は現金調達を引き受けた。

日銀はその金額を快諾したものの、その金額があまりにも多すぎるため、木津信組への輸送手段が確保できずに戸惑った。結局、木津信組が、31日に日銀から調達した現金は2190億円に達した[25]。

(5) 「取り付け騒ぎ」収拾つかず

以上のように、大阪府や大蔵大臣・日銀総裁が徹底した「預金者保護」を繰り返し言明したにもかかわらず、記者会見後も、また31日についても「取り付け騒ぎ」は収まらなかった。午後5時の閉店時間後も客は続々とやってきた。夜になっても200人近い預金者が引き揚げようとしない。結局、解約を求める預金者への払戻しは徹夜作業になった。

30日午後の客が木津信組の本店を後にしたのは、31日午前7時頃であった。その時すでに、本店前には預金の引出しを求め開店を待っている客が長い列を作っていた。開店の30分前の午前8時半にはすでに約500人の預金者が本店の建物を取り巻くように集まっていた。大阪府下に26ある木津信

組の支店での、31日早朝からの混乱ぶりは、決して本店に引けを取らなかった。大阪市西成区の玉出支店には800人程度が詰めかけ、行列が支店の外の路地にまで100メートルも延びた。

　預金者たちの怒りは、31日のほうがむしろ激しかった。というのは、業務停止後の営業初日でもあり、この日から満期に達していない定期預金を引き出すことができなくなったからである。「今、途中解約できなくても満期がくれば必ず返済されます」と預金者保護について職員が声をからして叫んでも、パニック状態にあった客には通じなかった。31日正午を過ぎても、店舗の混乱は一向に収拾の目処がつきそうになかった[26]。こうして、結局、8月30日から9月1日までの3日間の預金流出額は、2500億円にも達した。そして、9月2日になって預金者たちもようやく冷静さを取り戻した。

　30日の業務停止命令が発令されることを、新聞（夕刊）、テレビ、ラジオなどの報道で初めて知って、預金の取り付けにやって来た客の多くは、おそらく1000万円以下の小口預金者であろう。金額ベースでは、1000万円以下の小口預金者の割合は23％であるにもかかわらず、口座数ベースでは（合計33万4000）、89.5％（29万9000）と圧倒的に多い[27]。こうした人達が押し寄せたと思われる。

(6) コスモ信組との違い

　コスモ信組でも業務停止命令が発令された翌日には、一部の支店で預金者が夜中まで帰らないといった事態が起きた。それでも行列はできなかった。木津信組とコスモ信組ではどこに違いがあったのであろうか。

　一つは、行政を信用しない大阪人の気質かもしれない。1973年のオイルショックの時のトイレットペーパー買占めも、始まりは大阪であったらしい。二つ目には、大阪府への行政への信頼が揺らいでいた時期に発生したという問題もある。三つ目には、木津信組の場合には、大阪府の財政援助や処理策がはっきりしていなかったという事情がある[28]。

　いずれにせよ、こうしたことから、同じ日に処理された兵庫銀行では大した混乱がなく事態は推移したのに対し、木津信組の場合には、大きな混乱を

引き起こした。

おわりに

　以上において、預金流出が、木津信組の経営破綻の主要な原因の一つであったことを分析してきた。これはコーポレート・ガバナンスの観点からも、銀行に固有のステークホルダーである預金者の果たした役割の大きさを認識することができる。

　すでに考察してきたように、木津信組においては、一つには紹介預金の引き上げを埋める目的で、高利で大口預金を急激に集めたために、預金に占める大口預金の割合が相当大きかった。したがって、業務停止命令が発令される以前の、つまり経営破綻する前の段階において、大口預金者が預金流出において大きな役割を演じた。法人企業や個人の大口預金者の方が、小口預金者よりも当該銀行の経営状態と財務情報に敏感に反応するので、予想よりも早く破綻に至ったという点を考えても、市場メカニズムにおける預金者の圧力としてはより適切であったと思われる。

　このように、コーポレート・ガバナンスの観点からみても、木津信組は、ワンマン経営を基礎とした拡大路線と乱脈融資により経営内容が悪化し、それに伴う信用不安から預金者の選別の圧力を通じて、市場メカニズムの淘汰の波に呑み込まれてしまったと言える。

　また、事態の推移を見ると、東京二信組の経営破綻が出発点にあって、それをきっかけにコスモ信組の預金流出が促進され、コスモ信組の経営破綻が木津信組に波及したという流れになっている。これを見ると、預金者による金融機関の選別の圧力は水面下で急速に進んでいたことが読み取れる[29]。

　1）　管見では、米田貢「木津信用組合の経営破綻とその処理について」『阪南論集　社会科学編』第34巻第1号、櫻田照雄「中小金融機関の経営破綻と監督システム―木津信用組合にみる会計・監査問題―」『経済論叢』第156巻第6号、拙稿「破綻金融機関の処理と大蔵省の責任―木津信組の経営破綻を中心に―」『立命館国際研究』第8巻第4号、のみである。

2) 以上については、日本経済新聞社編『誰が銀行をつぶしたか―ドキュメント関西金融の破綻―』（日本経済新聞社、1996年）、181～184ページ、田村圭司「木津信組―鍵弥実はなぜ破綻したか―」『潮』1995年9月号、須田慎一郎「アンダーグランドマネー銀行」『別冊宝島』249号（1996年2月）を参照した。
3) この点は、須田慎一郎「アンダーグランドマネー銀行」、50～51ページを参照した。
4) この点は、『日本経済新聞』1995年9月1日付を参照した。
5) この点は、「木津信組の損失額が9600億円に」『金融財政事情』1995年12月4日号を参照した。
6) この点については、拙稿、109ページ、須藤慎一郎「アンダーグランドマネー銀行」、50ページを参照されたい。
7) 以上については、田村圭司「木津信組―鍵弥実はなぜ破綻したか―」、「紹介預金に見る"下請け"の構図　中小との二人三脚、徹底究明を」『日経ビジネス』1995年9月11日号を参照した。
8) 以上については、拙稿を参照した。
9) 北澤正敏『概説　現代バブル倒産史―激動の15年のレビュー―』（商事法務研究会、2001年）、109ページ。
10) 長銀とイ・アイ・イ・グループとその社長である高橋治則との関係について、詳しくは日経ビジネス編『真説　バブル』（日経BP社、2000年）を参照されたい。
11) この点については、北澤正敏『概説　現代バブル倒産史―激動の15年のレビュー―』、第6章第2節を参照した。
12) この点は、『日経金融新聞』1996年7月10日付を参照した。
13) この点は、日本経済新聞社編『誰が銀行をつぶしたか』、4ページおよび47ページを参照した。
14) 以上については、『日経金融新聞』1995年9月1日付、および日本経済新聞社編『誰が銀行をつぶしたか』、4ページを参照した。
15) 以上については、「東京都がコスモ信用組合の処理スキームを発表」『金融財政事情』1995年9月4日号、32ページ、および『日本経済新聞』1995年8月24日付を参照した。
16) この点については、「東京都がコスモ信用組合の処理スキームを発表」、33ページ、および『日本経済新聞』1995年8月28日付を参照した。
17) この点については、『日本経済新聞』1995年8月31日付を参照した。
18) この点については、日本経済新聞社編『誰が銀行をつぶしたか』、4ページおよび29ページを参照した。『日本経済新聞』1996年3月14日付では、この8月29日に、末野興産グループは預けていた定期預金54口、合計386億3800万円を一気に下ろしていたと報じている。
19) この点については、『日本経済新聞』1996年3月14日付を参照した。
　また、『日本経済新聞』1996年2月23日付では、木津信組の鍵谷前理事長が、自

らの定期預金 5 億 5600 万円を、95 年 6 月末から何度も出し入れし、経営破綻した前々日の 8 月 28 日までに全額解約していたことを報じている。
20）　以上については、日本経済新聞社編『誰が銀行をつぶしたか』、2 ～ 5 ページおよび 9 ページを参照した。
21）　以上については、日本経済新聞社編『誰が銀行をつぶしたか』、6 ～ 9 ページおよび 30 ページを参照した。
22）　以上については、日本経済新聞社編『誰が銀行をつぶしたか』、9 ～ 10 ページおよび 19 ～ 20 ページを参照した。
23）　『金融財政事情』1995 年 9 月 11 日号、15 ページ。
24）　『日本経済新聞』1995 年 8 月 31 日付。
25）　以上については、日本経済新聞社編『誰が銀行をつぶしたか』、26 ～ 27 ページを参照した。
26）　以上については、日本経済新聞社編『誰が銀行をつぶしたか』、27 ページを参照した。
27）　この点については、『週刊東洋経済』1995 年 9 月 16 日号、77 ページを参照した。
28）　以上については、『日本経済新聞』1995 年 9 月 1 日付および『日経金融新聞』1995 年 12 月 15 日付を参照した。
29）　この点については、日本経済新聞社編『誰が銀行をつぶしたか』、17 ページを参照した。

第7章

拓銀の経営破綻とコーポレート・ガバナンス

はじめに

　大蔵大臣が大手銀行は倒産させないと国際的に公約していたにもかかわらず、都市銀行の一角を占めていた北海道拓殖銀行は、1997年11月17日に経営破綻した。本章では、拓銀が経営破綻した諸要因を分析し、そのことがコーポレート・ガバナンスとどのような関係があるのかを考察することを目的としている。

　拓銀が昭和30年に都市銀行の仲間入りをするまでには、さまざまな経過があり、そのことが拓銀の経営破綻の遠因をなしているので、まず拓銀が明治33年（1900年）に特殊銀行として設立された経過、および戦後には普通銀行である都市銀行として再出発するところから説き起こすことにする。

　拓銀が経営破綻した要因はいくつも考えられる。企業一般と共通する側面をコーポレート・ガバナンスとの関連で考察することはもちろんであるが、企業一般とは異なる銀行固有のコーポレート・ガバナンスとの関連において、その諸要因を分析することも本章の一つの大きな課題としたい。

　ステークホルダーの側面だけを取り出せば、コーポレート・ガバナンスとの関連では、銀行に固有のステークホルダーは預金者と金融当局である。したがって、本章では、金融機関のなかでも特に預金を取り扱っている銀行をケースとして取り上げているので、この問題に重点を置きながら、拓銀の経営破綻の諸要因を分析することにしたい。

I　拓銀の設立と戦後の再出発

(1) 拓銀の設立

　北海道の拓殖政策は、北海道庁の設置された明治19年以降、本格的に展開された。その過程のなかで、北海道の拓殖を進めるにあたって、特殊な金融機関を設立する必要性を説く主張が強くなっていった。というのは、当時、北海道の金融機関が一部地域に片寄っており、しかも貸付対象は水産業や商業が中心であったことから、北海道拓殖すなわち、未開地開墾に必要な長期・低利の資金を供給する金融機関が必要とされていた。

　当時の政府は、殖産興業政策を強力に展開するにあたって、近代的な銀行制度の導入を計画していたが、その一環として長期金融機関は必要不可欠であった。このうち、工業金融機関については後に日本興業銀行が設立されるが、農業金融機関については、日本勧業銀行を中央機関とし、農工銀行を地方機関として各府県に1行を設置するという案が浮上し、日本勧業銀行は明治30年に開業し、各府県の農工銀行も、31〜32年にかけて続々と開業した。

　当初は、北海道にも一、二の農工銀行が設立されるであろうと予想されていたが、北海道における地元の資金力が乏しいことから、農工銀行法第4条にいう地元株主の募集は、極めて難しい状況にあった。こうした北海道の特殊事情から、内務省の北海道局内部に、株主を広く内地に求め、農工銀行法とは別個の法律を制定して北海道に独自の金融機関を設置する法案が起草された。その後の経緯は明らかではないが、31年末から32年初めにかけて内務省、大蔵省の間で、検討され修正が加えられ、北海道拓殖銀行法案が出来上がった。この法案は、2月27日に貴族院で、3月1日には衆議院で可決され、明治32年3月22日に公布されることになった。

　公布後5月20日付で、23名の設立委員が任命され、定款作成と株式募集といった設立に向けての準備が進められ、明治33年（1900年）2月16日に、日本勧業銀行本店を借りて創立総会が開催され、ここに北海道拓殖銀行

が設立されるに至った。頭取には曽根設立委員長が就任し、4月2日から開業されることになった。

　政府の直接引受株は、総株数の3分の1（2万株）でしかも100万円とされた。また、内地株主が大多数を占めたが、これは北海道の拓殖を内地資本の導入によって行うという当初の政府の考えが一応達成されたことになる。

　拓銀が設立された目的は、拓銀法第1条にうたわれているように、「北海道ノ拓殖事業ニ資本ヲ供給スル」ことにあった。ここで言われている拓殖事業とは、農業に限定されたものではなく、商工業その他の事業をさすものであった。その範囲は極めて広く、未開地開墾にとどまることなく、今日の総合開発に近いものであった。加えて、当時の北海道の金融機関の活動が不充分であったことも考慮され、拓銀は農業に対する長期資金の供給を本務としながらも、付随的に短期貸付・預金など、普通銀行業務の取扱いも認められた。

　明治後期の北海道は、内国植民地としての発展が期待されており、拓銀は北海道の拓殖を進める上で中心的な金融機関としての役割が期待され、こうした理由から、政府の保護監督色の強い特殊銀行として設立されたのである。したがって、業務内容においても、日本勧業銀行や農工銀行とは異なり、総合的な金融機関としての幅広い営業活動が認められたのである。

　また拓銀は、低利長期の資金を供給する金融機関であったことから、資金調達の主要な手段として債券の発行が認められた。さらに、特別法をもって設立された以上、拓銀に対する政府の保護、監督権が強かったことは当然である。政府は、設立時の資本金の3分の1に当たる100万円の出資をしただけではなく、この出資金に対しては創立初期から10カ年間配当を免除した。

　こうして拓銀は、北海道の拓殖事業に資金を供給するという特別の使命を帯びながらも、日本勧業銀行や農工銀行とはかなり異なった性格をもつ、つまり普通銀行的特色を加味した独特の性格をもった金融機関として発足したのである[1]。

(2) 戦後の再出発

1948年に、GHQから特殊銀行廃止方針が示されたが、当時のわが国経済は復興途上にあり、設備資金需要が旺盛であったことから、特殊銀行の長期金融機関としての活用が再考されることになった。そこで特殊銀行法については廃止しながらも、これまでの特殊銀行を銀行法に基づく銀行（普通銀行）としたうえで、あらためて銀行に対して長期資金調達のために債券の発行を認め、長期金融機関としての機能を担わせる趣旨から、1950年3月31日に「銀行等の債券発行等に関する法律」および「日本勧業銀行法等を廃止する法律」の二つの法律が公布された。

しかしながら、実際の運営においては、普通銀行すべてに債券発行を平等に認めるのではなく、従来から債券発行業務を行ってきた特殊銀行などに引き続き債券発行を行わせ、長期金融を担わせるのが政府の意図であった。しかし、いずれにせよ、拓銀は、これらの法律の施行により、銀行法に基づく「普通銀行」[2]として、しかも債券の発行が認められた銀行として、創立50周年記念日の1950年4月1日に、再出発することになった。

ところが、その後、政府は長短金融分離を方針として、長期金融を担う専門金融機関を設立するために、1952年に池田勇人蔵相の主導のもとに、長期信用銀行法を制定するに至った。こうした状況のなかで、拓銀は北海道開発の特殊事情から拓銀の長短金融兼営の必要性を答申した。また、道内においても、長期資金を確保するため拓銀の長短金融兼営を要望する動きが活発になったが、政府は当初の長短金融分離の原則を北海道にも貫く方針を変えなかった。

結局、長期信用銀行法の制定とともに、その付則第4項により「銀行等の債券発行等に関する法律」が廃止され、拓銀は債券発行業務を打ち切ることとなった。こうして、1952年11月、第22号北海道拓殖債券の発行を最後に、半世紀にわたる債券発行の歴史に幕を下ろすことになった。

債券発行の打ち切りによって、拓銀は長期資金調達の手段を失ったばかりではなく、すでに発行済みであった46億円にのぼる債券を償還しなければならないことになった。そしてようやく1955年11月に債券の償還をなし終

えることができた。「銀行等の債券発行等に関する法律」の廃止直後の1952年12月に、拓銀は大蔵省直轄銀行に指定され、1955年11月債券償還終了後、従来加盟の全国地方銀行協会を脱退して、「都市銀行」への加入が決まった[3]。

II 高度成長期における拓銀の経営

(1) 北海道経済の特徴と拓銀の経営

　拓銀は、個々の企業のメインバンクとしてだけではなく、戦後ますます北海道経済全体のメインバンクとしての地位を強固なものにしていった。高度成長期以降、都銀として本州における支店を増やし、営業活動を道外・海外へと拡大しながらも、依然として北海道なくして拓銀の経営は成り立ちえないことに変わりなかった。そこで、ここでは、特に高度成長期に限定して、北海道経済の特徴と拓銀の経営について分析したいと思う。

　北海道経済の特徴の一つは、"官依存型経済"[4]であったことである。北海道開発庁が設けられていたことから、社会資本整備の点でも開発プロジェクトの点でも、国に対する依存度は高かった。また、拓銀は戦前からの歴史的経過もあり、北海道金庫事務、国庫事務、北海道内市町村の金庫事務についての多くの取引実績があり、戦後もすすんでこれを受託する方針をとってきた関係で、図表7-1にみるように、地方公共団体との取引比率は、預金においても貸出においても、他の都銀や地銀に比べ多いことが分かる。

　また、北海道経済のもう一つの特徴は、産業構造においても表れている。図表7-5をみても分かるように、北海道は第1次産業の比重が、1968年度においては16.1％と全国の8.5％よりもかなり高く、逆に第2次産業の比重は相当低い。さらに、第2次産業の内容についても、図表7-2をみれば分かるとおり、全国との比較で軽工業に比べ重化学工業の発展が遅れている。その表をみると、全国の水準では1963年度から68年度において6割前後であるのに対して、北海道は3割前後と大きな開きがある。

　戦後の日本の高度成長は、第2次産業の発展、そのなかでも特に急速な重

図表7-1　地方公共団体取引比率の推移

年　月	預金に占める公金預金の比率			貸出に占める地方公共団体の比率		
	拓　銀	都市銀行	地方銀行	拓　銀	都市銀行	地方銀行
昭和35.3	4.7 %	2.2 %	4.0 %	5.2 %	0.6 %	2.1 %
37.3	5.4	2.7	4.6	3.4	0.5	1.6
39.3	3.5	2.2	3.9	4.4	1.0	2.0
41.3	4.6	2.2	4.6	5.8	1.3	2.4
43.3	3.9	2.6	5.2	6.2	0.8	1.8
45.3	4.3	2.9	5.8	6.5	1.0	1.6

注）1. 公金預金とはつぎの先の預金をいう
　　　地方公共団体、公社、公団、その他（資金前渡官吏など）
　　2. 日銀「経済統計年報」による
（出所）北海道拓殖銀行編『北海道拓殖銀行史』（北海道拓殖銀行、1971年）、360ページ。

図表7-2　製造業付加価値の推移

年　次	全　国			北　海　道		
	重化学工業	軽工業	重化学工業化率	重化学工業	軽工業	重化学工業化率
昭和38	十億円 4,327.8	十億円 3,101.9	% 58.2	百万円 58,389	百万円 139,246	% 29.6
39	5,134.9	3,391.4	60.2	72,352	157,088	31.5
40	5,234.7	3,665.7	58.8	78,450	167,960	31.8
41	6,156.1	4,300.8	58.5	89,551	189,177	32.1
42	8,039.4	5,085.0	61.3	102,951	216,004	32.3
43	8,825.2	4,633.9	65.6	96,025	197,354	32.7

（出所）『北海道拓殖銀行史』、396ページ。

化学工業化による「民間設備投資主導型」の経済成長によって達成されてきた。その点からすれば、第1次産業に重点を置き、第2次産業においても急速な重化学工業化を達成できなかった北海道経済は、北海道開発庁の予算に依拠した"官依存型経済"にもかかわらず、全国水準に比べ相対的に停滞を余儀なくされることになった。そのことは、図表7-6における全国と北海

第7章　拓銀の経営破綻とコーポレート・ガバナンス

図表 7 - 3　業種別貸出残高推移

(単位：百万円)

業種別		拓				銀		都市銀行	全国銀行
		昭和31年3月末		37年3月末		45年3月末		45年3月末	45年3月末
		残高	構成比	残高	構成比	残高	構成比	構成比	構成比
			%		%		%	%	%
製造業	食料品工業	5,082	7.5	10,897	6.5	34,095	5.8	2.5	2.9
	木材・木製品工業	4,265	6.3	10,698	6.4	24,208	4.1	0.8	1.5
	紙・パルプ工業	2,535	3.8	6,817	4.1	11,250	1.9	1.4	1.6
	その他	11,850	17.5	34,862	20.9	99,346	16.9	40.6	38.4
	小計	23,732	35.1	63,274	37.9	168,899	28.7	45.3	44.4
農林漁業		5,156	7.6	7,400	4.4	17,687	3.0	0.5	1.1
鉱業		5,508	8.2	10,263	6.1	10,185	1.7	0.7	0.8
建設業		2,570	3.8	6,522	3.9	29,114	5.0	4.9	4.7
卸・小売業		21,446	31.8	54,899	32.8	217,854	37.0	32.6	29.4
不動産業		120	0.2	2,958	1.8	24,834	4.2	2.7	3.6
運輸通信業		2,247	3.3	6,145	3.7	13,866	2.4	3.3	4.0
サービス業		1,117	1.7	3,991	2.4	26,497	4.5	3.3	4.4
地方公共団体		3,352	5.0	5,739	3.4	38,065	6.5	1.0	1.0
個人		731	1.1	3,621	2.2	33,039	5.6	3.6	2.0
その他		1,491	2.2	2,352	1.4	8,186	1.4	2.1	4.6
合計		67,470	100.0	167,164	100.0	588,226	100.0	100.0	100.0

注）1. 当座貸越を含まない
　　2. 日銀「経済統計年報」による
(出所)『北海道拓殖銀行史』、422ページ。

道の1960年から69年の鉱工業生産指数推移の比較をみても，明らかである。

　拓銀の融資活動は，こうした北海道の実体経済を反映している。図表7-3は，業種別貸出残高における拓銀と他の都市銀行や全国銀行との比較を示したものである。これをみてみると，"官依存型経済"からくる特徴とし

図表7-4　拓銀店舗数の異動状況

地区別 異動内容		道　外			北　海　道			合　計
		東京都	本州地区 その他	計	札幌市	道内地区 その他	計	
37年3月末		10	8	18	(1) 15	(1) 80	(2) 95	(2) 113
37年4月～45年10月の異動	設置	26	1	27	10	4	14	41
	廃止	0	0	0	(1) 0	(1) 6	(2) 6	(2) 6
	増減(△)	26	1	27	(△1) 10	(△1) △2	(△2) 8	(△2) 35
45年10月末		36	9	45	25	78	103	148

注）移動出張所は括弧内に外書き
（出所）『北海道拓殖銀行史』、396ページ。

図表7-5　産業別純生産の推移

年度	道内純生産 第1次産業	第2次産業	第3次産業
38	17.3%	30.5%	52.2%
39	13.9%	31.2%	54.9%
40	15.3%	30.3%	54.4%
41	13.7%	30.4%	55.9%
42	17.3%	28.6%	54.1%
43	16.1%	28.7%	55.2%

年度	国内純生産 第1次産業	第2次産業	第3次産業
38	10.1%	42.5%	47.4%
39	9.6%	42.2%	48.2%
40	9.6%	41.2%	49.2%
41	9.4%	41.1%	49.5%
42	9.4%	41.9%	48.7%
43	8.5%	42.2%	49.3%

（出所）『北海道拓殖銀行史』、396ページ。

て、土木建設業である建設・不動産業の比重が若干高いこと、また第1次産業である農林漁業の比重が高いこと、そして製造業の比重が低く、その製造業も食料品工業（食品加工業）や木材・木製品工業といった軽工業の比重が大きいこと、北海道の伝統的な鉱工業である石炭をはじめとした鉱業、紙・パルプ等が高度成長期においてすでに停滞ないし衰退していることが分か

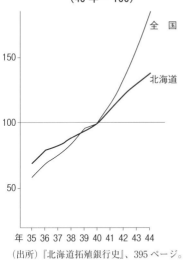

図表 7-6　鉱工業生産指数推移
（40年＝100）

（出所）『北海道拓殖銀行史』、395 ページ。

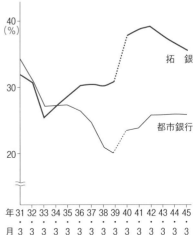

図表 7-7　中小企業貸出残高比率推移

注）　1．39年3月までは個人および資本金10百万円以下の企業向け貸出比率
　　2．40年3月以降は個人および資本金50百万円以下の企業向け貸出比率
　　3．日銀「経済統計年報」による
（出所）『北海道拓殖銀行史』、365 ページ。

る。さらに、卸・小売業、地方公共団体、個人向けの貸出の比重が高いという特徴も示している。

　このように、製造業のなかで重化学工業の比率が低いということは、北海道には巨大企業や大企業が少なく、中小企業の占める比重が高いということでもある。拓銀の融資活動は、こうした北海道の実体経済をも反映している。図表 7-7 からも分かるとおり、中小企業向け貸出残高比率の推移では、拓銀は他の都市銀行に比べ相当高いことが特徴となっている。

　このように北海道経済は、民間設備投資主導型ではなく、官依存型である等の点で、非自立的で不安定である側面をもっている。また、戦後の東京一極集中のなかで、ますます取り残され、かつては人口や純生産の規模の全国シェアから「5％経済」と言われてきた経済規模も、高度成長期を経過したあとは「4％経済」に落ちている。拓銀の経営破綻は、バブル期の乱脈融資の行き過ぎだけではなく、そこで被った損失を吸収できるだけの体力をそも

そも持っていたかということとも関連しており、その点では拓銀の脆弱性は今まで見てきたように、それが依って立つ基盤としてきた北海道経済そのものの脆弱性を反映していると言える[5]。

(2) 都銀としての全国展開

　拓銀は、戦後、北海道経済のみに依拠して営業活動を展開してきたわけではない。1950年に普通銀行に転換し、戦前の特殊銀行としての制限を取り除かれ、1955年には都市銀行のグループに加入することによって、北海道にのみ依拠するわけにはいかない事情が生まれてきた。高度経済成長のなかで、重化学工業化が急速に進み、東京一極集中が進展するなかで、一地方銀行ではない、都市銀行としての地歩をいかに維持・強化するかが重要な課題となった。

　この点は、店舗網の拡大に一番よく表れている。図表7-4は、1962年4月から1970年10月までの拓銀の店舗数の異動状況を示したものである。東京都以外の本州地区・その他では8店舗が9店舗に1店舗増えただけだが、東京都では10店舗から36店舗に急増している。それに対して、北海道では札幌市を除いた地域で、80店舗から78店舗にむしろ2店舗減少している。札幌市については、15店舗から25店舗に増えている。これは1950年3月末から1962年3月末の12年間に他行が、札幌市で16店舗も増やしているにもかかわらず、拓銀はこの期間に全く増やさなかった。しかも、店舗配置は依然として市の中心部に偏り、郊外の経済発展に対応した店舗網になっていなかった。このことが、道内とくに札幌市における拓銀の預金占有率の低下を招いたので、東京都の店舗網の拡充と並行して札幌市での整備充実を図ったものである。

　またこの間、経営機構改革の点においても、東京の占める位置の大きさが拡大していくなかで、東京事務所、東京本部の組織改革上の拡充を行っている。1963年7月には、東京事務所の業務課を分離独立させて東京業務部を新設し、審査部および外国部の両分室も、それぞれ東京審査部、東京外国部に昇格させた。なお、1969年9月に、拓銀が甲種外国為替公認銀行になっ

たのを機会に、外国部の主体を東京に移し、東京外国部をこれに統合した。これもまた、都銀としての全国展開の必然的な結果である[6]。

ただ、このように都市銀行としての拓銀の営業活動が、広大な北海道と東京・本州の両方に店舗展開されるなかで、効率性の悪さから高コスト体質を生むことになったのではないかという指摘もされている[7]。

Ⅲ　バブル期における拓銀の経営戦略

(1) インキュベーター路線と21世紀ビジョンの策定

1970年代末から日本においても、金融自由化は進み、金融の証券化とともに大企業の「銀行離れ」が進展した。証券市場の発展に伴い、大企業は証券市場で低コストの資金調達をすることが可能になり、銀行借入を減らし始めた。大企業が主要な貸出先であった都市銀行にとっては、新たな貸出先を開拓する必要に迫られていた。

もう一つは、規制金利時代は一定の利ザヤは保証されていた面があったので、預金の獲得をめぐって競い合えばそれでよかった。ところが、金利自由化が進むにつれて、預金をはじめとして資金調達コストは上昇し、利ザヤは縮小していくようになった。この点でも、貸出金利の高い新しい融資先を開拓する必要がでてきた。

そうした、中小企業向け貸出や不動産向け融資で派手に儲ける方法が、各行の間で急速に広まっていった。住友銀行は早くも1979年に大胆な組織改革を実施し、「スピード経営」への転換を図った。営業推進と審査機能を一体化し、営業現場の意思決定を素早くし、機動的な業務運営ができる体制を作った。それは融資審査を甘くし、将来不良債権が膨らむ危険を孕むものではあったが、当時の頭取であった磯田　郎は、金融自由化時代を勝ち抜く手段として、こうした融資拡大路線をいち早く打ち出した。各行も相次いでこの経営戦略に追随し、銀行間で激しい競争が展開される時代が到来した。

このような激しい競争の時代のなかで、拓銀は焦り始めていた。拓銀は、都銀のなかでは以前から最下位に甘んじていたが、収益競争が激しさを増す

なかで、上位行との格差はさらに広がった。地銀との関係も、地銀上位行に激しく追い上げられ、一部有力地銀には逆転される状況であった[8]。

　このような焦りが、1980年代に拓銀を無理な拡大路線へと駆り立てた。不幸なことに、1980年代になって拓銀に拡大路線を採らせるいくつかの要因が重なった。その一つが、生え抜きの頭取の登場である。これまで大蔵省からの天下りの頭取が続いていたが、1962年に就任し1977年10月に辞任するまで16年間にわたって頭取を務めてきた東条猛猪氏に代わり、五味彰氏が初めての生え抜きの頭取に就任した。そして、1983年4月には引き続き、鈴木茂氏が生え抜き2代目の頭取に就いた。生え抜きの頭取が誕生したことで、行内に自行を盛り上げようという熱気が充満したとしても不思議はない。東条氏はその厳格な性格ゆえに、拓銀の融資審査に対しても厳しさを求めた。ところが、生え抜きの頭取が続くなかで悲願であった「都銀最下位脱出」を目指した拡大路線が、鈴木頭取の指揮下で鮮明になっていった[9]。

　こうしたなかで、1980年代半ばに、「インキュベーター（新興企業振興）路線」が採用されることになった。後から進出した本州では拓銀の入り込む余地は小さく、道内の基幹産業であった農林水産業、鉱業、紙・パルプなどはすでに衰退しており、一方で新しい産業や成長力のある有望な企業は道内では全くといっていいほど芽生えていなかった。この間、本州にかなり経営の基盤を移してきたが、本来の基盤である北海道で拓銀が衰退したのでは今後決定的な打撃を受けることになる。他の都市銀行に比べ大手の有力な取引先が少ないため、危機感を持った拓銀が、道内で新しい企業を見つけようとすれば、どうしても新興ベンチャー企業を自ら育てるしかない。ちょうど時代がバブル期であったことから、リゾート開発が大ブームになっていたので、観光、建設、不動産といった業種が中心となった[10]。

　後述するカブトデコム、ソフィアなどが、インキュベーター路線で開発した新興企業の中心となった。その結果、元来地元企業との付き合い方は慎重で臆病と言われてきた拓銀だが、その付き合い方が積極的になってきた。今まで相互銀行（当時）や信用組合がメインバンクであった企業もメインバンクを拓銀に変えている。お行儀よく地元銀行と金融秩序を守ってきた拓銀に

大きな変化が現れ、北海道の金融界に「たくぎん旋風」が吹いているとの評判が立っていた[11]。

　しかし、一般投資家をも巻き込んだ株式ブームや不動産ブームといった本格的なバブルの発生は道内では、日本経済の中心部から離れているがゆえに、首都圏や関西圏よりも遅れて始まった。1980年代半ばにインキュベーター路線が始まったとはいえ、ようやく拓銀が首都圏や関西圏の他行並みに不動産融資に本格的に足を踏み入れたのは「88年ごろ」（拓銀幹部）であったとされる。完全に出遅れてしまった。その分、逆に他行よりも大胆にならざるをえなかった。このことが、バブル崩壊後不良債権比率を高め、拓銀の経営破綻を招く一因となった。

　こうしたバブルの末期であった1989年4月に、山内宏氏が新しく頭取に就任した。鈴木頭取時代に確立した「拡大路線」はすでに限界に近づきつつあったが、山内頭取は路線の変更をすることなく、同年10月には経営コンサルタント会社マッキンゼーと共同でプロジェクトチームを編成し、1年がかりで21世紀に向けた経営ビジョンの策定作業に入った。というのは拓銀は、次のような厳しい現実に直面して、経営戦略の全面的な見直しをせざるをえない状況に追い込まれていたからである。伝統的な銀行業務である預貸業務が中心であった時代はまだ他の都銀に追随することができた。この間の金融自由化・国際化の大きなうねりのなかで、多額の投資やノウハウを必要とする国際業務や資金証券分野が重要になると、上位都銀との格差は絶望的に拡大した。体力の強弱がさらに格差を拡大することになった。例えば1988年度下期の国際業務関連利益をみると、当時、都銀資金量トップの第一勧業銀行と最下位の拓銀との差は、1985年度下期の3.8倍からほぼ5倍の差に広がっていた[12]。

　こうした作業を経て、1990年9月に「21世紀ビジョン」構想が発表された。報道陣に配付された資料には「21世紀ビジョンの策定と組織改編について」と書かれていた。道内でのリーディング戦略、本州でのニューリテール戦略、そして国際分野でのアジア重点戦略が、その三本柱であった。しかし、鈴木頭取時代から始まった拡大路線は生き続けた。90年9月といえば、

バブルが崩壊を始めた時期であったにもかかわらず、「インキュベーター路線」はその後も引き続き実行されていった。そして、その機能を担う組織として「総合開発部」の新設が盛り込まれた[13]。

(2) 組織改革と総合開発部の新設

このようなインキュベーター路線をひた走るためには、何の組織改革もなしには不可能であった。鈴木頭取の時代に行われた組織改革として、1984年7月の組織改革がある。この組織改革で、拓銀は「本部制」の導入という大規模な機構改革に踏み切った。その中核として業務本部及び東京業務本部を新設することになった。それ以前においては、本部組織は預金（業務部、業務企画部、業務推進部等）、融資（審査部、管理部、融資部等）、証券、国際業務といった銀行の機能別に分かれていたが、それを機能別・商品別から顧客（市場）別・地域別の組織へと改革した。さらに、以前においては、審査部は与信リスクの管理を独自の立場で統括し、大きな影響力を持っていた。ところが、本部制採用の結果、リスク管理よりも収益獲得に重点を置いた経営が行われるようになり、行内における審査部門の発言力は著しく低下することになった。これは前述の住友銀行の1979年の組織改革を真似たものである。バブルが本格化するなかで、業務本部（東京の業務本部も含め）ではリスク管理やサウンドバンキングといった考えが次第に薄れ、なかでも法人部が道内の中堅・中小企業を中心とした不動産関連融資に突き進んだ。そして、この法人部のなかに営業推進を行う「業務推進役」と審査を行う「審査役」を同居させていた。

1990年9月に、「21世紀ビジョン」を発表したが、そのなかで不動産開発事業の支援とインキュベーター路線が、経営の重点に据えられた。そして、これを受けて法人部が担ってきた不動産関連融資事業を継承し、これらの事業に関しては営業推進と審査を一元的に担う戦略的部門として「総合開発部」が新設された。この総合開発部は、カブトデコムなど新興企業として育成した50数社を所管する新戦略部門として行内の大きな期待が込められていた。その担当役員になったのが、積極的で、行動的で、ワンマンな性格をも

つ海道弘司常務であった。これらの企業にはある共通項があった。急成長の背景に不動産やリゾート開発への過度な傾斜がそれである。総合開発部は、これらの企業に湯水のごとく資金を流し込んだ。

　総合開発部には融資を担当する業務推進グループと、その融資を審査するグループが同居していたが、人の配置は業務推進グループの8人に対して、審査グループはわずか2人であった。この配置からも分かるように、審査機能は極めて軽視されていた。前述したように、拓銀は84年の組織改革で審査部の旗を降ろした。しかし、各行内でもこのシステムが持つ与信リスク管理上の問題点の反省から見直し論議が強まり、90年前後には各行で審査部復活の動きが芽生えた。この流れに沿って拓銀も90年10月の組織改革で審査部を復活させた。しかし、他方で同時に発足させた総合開発部には業務推進機能と審査機能を同居させることになり、教訓は拓銀では残念ながら生かされなかった。

　総合開発部は、発足当初は第一部（札幌）と第二部（東京）に分かれていた。だが、両者の姿勢は全く異なっていた。というのは、東京ではバブルの熱は完全に冷めており、議論の結果、第二部では不動産融資はやらないという結論を出した。そして、第二部はやがて開店休業状態になり、91年10月に廃止された。だが札幌における総合開発部の第一部では、インキュベーター路線がますますヒートアップしていった[14]。

(3) 拓銀経営の中枢――SSKトリオ

　拓銀では、こうしたバブル期の無謀な拡大戦略を採用する経営者の暴走に対して、なぜチェック機能が有効に内部で働かなかったのであろうか。この頃の拓銀の経営の中枢は、どのようになっていたのであろうか。コーポレート・ガバナンスの点からみて重要な問題である。

　まず拡大路線を採用したのは、1983年4月に頭取に就任した鈴木茂氏の時代である。そのために、1984年に組織改革を行った。そして80年代の半ばには、インキュベーター路線が導入される。このインキュベーター路線の陣頭指揮をとったのが、80年代後半に札幌における業務本部長であった佐

藤安彦専務であった。比較的おとなしい人材の多い拓銀にあって珍しい個性派と周りからは認識されていた。それまでは地元企業との付き合い方が、慎重で臆病と言われてきた拓銀が、その付き合い方を180度転換し、北海道の金融界に「たくぎん旋風」を巻き起こしたのは、この佐藤氏が業務本部長になってからというのがもっぱらの見方である[15]。

　この佐藤氏の後を継いで、1990年10月に21世紀ビジョンをスタートさせた頃に陣頭指揮をとったのは海道弘司常務である。その時期に新設された総合開発部の札幌における担当役員として部下に激しい檄を飛ばし、性格は積極的で、行動的で、ワンマンであった。その頃、鈴木氏は会長に退き、佐藤氏は副頭取であった。この3人がバブル期から21世紀ビジョン実施時期における拡大路線の推進者であり、その絆の強固さは行内外でも有名で、3人の頭文字をとってSSKトリオと呼ばれた。

　海道氏や佐藤氏に反抗すれば、主流にいたはずの幹部でさえも突然、畑違いの閑職に異動させられるという人事が横行した。こうして、行内には自由に物を言えない雰囲気が形成されていった。なかには自ら擦り寄り、軍門に下る幹部も多かった。彼らは、自分たちのグループに擦り寄る者は厚遇し、逆らう者は徹底的に排除した。このように人事権を事実上握ることによって、ワンマン体制を作り上げ、彼らの無謀な拡大路線に対する「チェック機能」が内部から有効に働く機構は欠如していた。

　鈴木氏は89年4月に山内宏氏に頭取の座は譲ったが、SSKトリオの体制はそれ以後も続いた。21世紀ビジョンの内容に関しても、後からインキュベーター路線が付け加えられた。そして、バブル期の反省から他行が90年前後には業務推進と審査を分離していったが、この時期にインキュベーター路線を推進するために新設した総合開発部では、業務推進と審査とが同居する形の組織が採用され、依然として審査機能は著しく弱体化していた。この点でも、拓銀はバブルが崩壊した後でも、融資に対する「チェック機能」が有効に働かない組織上の問題点を内包していた。そこでカブトデコムなどの大量に不良債権を抱えた企業案件を温存させることになった[16][17]。

Ⅳ　バブル期における拓銀の乱脈融資の実態

(1) カブトデコムへの融資

「拓銀破綻の象徴」とも言えるのが、カブトデコムへの乱脈融資であるので、まず拓銀とカブトデコムとの関係から見ていくことにしよう。拓銀からカブトデコムへの融資は、お互いのグループ会社も含めるとピーク時には総額4000億円にのぼり、そのうち877億円がコゲついてしまった。拓銀破綻の最大の原因と言われている[18]。

カブトデコムの社長である佐藤茂は、高校卒業後、地崎工業に入社した。同社を退社し、1971年4月、24歳の時に社員5人とスコップ6丁で兜建設を設立している。土木工事から不動産の売買・賃貸へと業務内容を拡大し、1988年9月にカブトデコムに社名を変更している。1989年3月に株式を店頭公開し、90年7月には株価は4万1400円の最高値をつけた。売上高も89年3月期の154億円が、90年3月期には418億円、91年3月期には1009億円に急成長した。

この成長を強力にバックアップしたのが拓銀である。カブトデコムと拓銀が関係を築くのは1984年秋である。この時に、佐藤茂は拓銀の佐藤安彦常務に紹介されている。インキュベーター路線にしたがって、拓銀は同社を全面的に支援し、1987年3月にはカブトデコムのメインバンクになっている。その後、洞爺湖畔でカブト・グループが総力を挙げて手掛けたリゾート計画が進められることになる。総事業費は約1000億円規模になる。その巨大な施設は、後に「エイペックス（頂点）」と名付けられるが、これは佐藤茂の壮大な夢であった。北海道最大級のこのリゾート施設の構想が打ち出されたのは89年の春であった。バブル真っ盛りの頃の壮大な計画であり、拓銀も計画段階から人材を派遣するなど密接に関わっていた。

しかし、壮大な夢はいつまでも続かなかった。バブルの崩壊とともに、カブトデコムの株価は91年末には1万円を割り、カブトデコムへの過剰な融資は、拓銀にとって最大の不良債権へと転化していった[19]。

(2) ソフィア

カブトデコムとともに、拓銀のインキュベーター路線のもとで強力な資金的バックアップを受けて、バブル景気に乗って大きく育った企業として、ソフィアがある。

ソフィアの社長である中村陽一は、もともとは理容師であった。家庭の事情もあって高校を1年で中退して理容師の世界で身を立てようと思った。1966年に、弱冠26歳で独立し、夫婦2人で懸命に働いた。中村には、単なる理容師には納まらない商才と旺盛な向上心があった。1972年には、札幌で「サウナのある理容店」を開業した。そして、積極的に店舗拡大を行い、道内外に30店以上をもつ「ソフィア中村チェーン」を築き上げた。

拓銀と接触する機会を得たのは、80年代の半ばで、中村が積極経営に乗り出そうとしていたころであった。当時、拓銀も地元企業のうち、これまで取引のなかった新興企業の発掘に躍起になっていた。ソフィアのメインバンクは北洋相互銀行(現在の北洋銀行)であったが、あまりに積極的な中村の経営方針に北洋相互銀行は融資を渋り始めていた。まさにその時に「天下の拓銀」の方から近づいて来てくれたのである。

その後、中村がヨーロッパのクアハウス(温泉保養施設)をヒントに「札幌テルメ」の構想を思いついた際にも、拓銀は積極的で湯水のごとく資金を注ぎ込んだ。結局、テルメは1986年に札幌市北区の茨戸地区に着工することになった。総事業費は当初計画では60億円であったが、最終的には110億円に膨らんだ。そして、健康リゾート施設は88年に開業した。さらに、中村は91年に、隣接地に「テルメインターナショナルホテル札幌」の建設に着手した。この計画も当初は総事業費50億円であったが、最終的には260億円の大事業になっていた。

中村の構想はこれだけでは終わらなかった。国際流通資本ヤオハン進出を前提に、「茨戸地区総合開発」の構想を進め、周辺農地の取得に向けて動きだした。その膨大な費用も拓銀グループが融資した。インキュベーター路線はこのように進んでいったが、バブルの崩壊とともにそれが無謀極まりない乱脈融資であることが、誰の目にも明確となった[20]。

(3) 系列ノンバンク

　拓銀の系列ノンバンクの一つに、たくぎん抵当証券がある。たくぎん抵当証券は、バブル期の前後、主に本州の中小企業を相手に活発な融資活動を行い、21世紀ビジョンで打ち出したニューリテール戦略を側面から支えた。ニューリテール戦略とは首都圏を中心に、中小企業のオーナーや資産家を対象にした高収益分野への特化を目的としたプライベート・バンキングである。中堅・中小企業の事業経営と事業主の個人としての資産管理を一元的にコンサルティングする担当者を支店に配置して、推進体制を整備した。しかし、他の都銀はバブルが始まった80年代後半から資産家向けの営業を始めており、食い込める余地は極めて小さかった。そのため、たくぎん抵当証券もリスクの大きい案件に手を出さざるをえなかった。同社の大口融資先リストによると、その上位20社のうち約3割は従業員10人以下の零細企業であった。

　例えば、東京・赤坂の繁華街に面した、年商数千万円の零細企業だった寿司店にビル建設を持ち掛けた。零細企業であったが、若干の土地があった。バブル崩壊後は1坪1000万円ほどになった土地が、当時は坪1億円と言われた。その一等地の27坪の土地を担保に、約29億円をつぎ込んだ。バブル時でさえも、担保価値を超える融資をした挙げ句、バブル崩壊後には担保価値は10分の1に低下してしまった。

　東京都港区の界隈で地上げを行っていた千代田開発という不動産会社が、1989年頃から「1.2ヘクタールの土地に35階建てのオフィスビルを建てる」という壮大な計画を打ち出したが、実現可能性の低いこの構想に拓銀は乗ってしまった。当初、数十億円だった融資はその後、たくぎん抵当証券を通して一気に約300億円に膨張した。その後、拓銀本体からも約100億円融資した。だが、バブルが崩壊し、92年12月千代田開発は和議を申請して事実上倒産し、94年9月に破産した。負債総額は約700億円であったが、そのうち約400億円が同抵当証券を中心とする拓銀関連からの融資であった。

　バブル崩壊後、このようにしてたくぎん抵当証券は大量の不良債権を抱え、97年11月の拓銀破綻直後に破産した。破産宣告時の貸出債権額は総額

3450億円であるが、そのうち回収見込み額はわずかに約711億円にすぎない。貸出債権額の実に8割近くが不良債権という信じがたい結果となった。

他の拓銀の系列ノンバンクとして、たくぎんファイナンスサービスがある。こちらも、たくぎん抵当証券の後を追うように札幌地裁に特別清算を申請して倒産した。杜撰な融資実態はたくぎん抵当証券と同様であり、巨額の不良債権を抱えていたと言われている。

もう一つ、拓銀の事実上の系列ノンバンクとしてエスコリースがある。エスコリースは、1966年に建設機械の販売を目的に「エンジニアサービス」として設立され、その後日本リースと提携してリース業に転じ、72年に現商号に変更した。ゴルフ場開発の失敗などで経営が悪化し、75年に大口融資をしていた拓銀が支援のため社長を送り込み、同行の系列下に入った。その後、エスコリースはノンバンクとしての性格を強めていく。このエスコリースが大阪の中小企業金融会社のイージー・キャピタル・アンド・コンサルタンツ（ECC）に大量の融資を行っていった。拓銀にとって首都圏のいいところはほとんどすべて他の都銀に押さえられているということから、まだ大阪なら余地があるということで関西方面に力を入れることになったが、その際に系列ノンバンクのエスコリースを通過させての業務拡大を計ることになった。

その話に乗ったのが、ECCの会長である垣端信栄（別名・中岡信栄）である。彼は72年4月に大阪の我孫子で焼き鳥屋チェーン「五えんや」を創業したが、83年にECCを設立している。ECCは、エスコリースから低利で資金を借り入れ、それを10％から12％で中小企業経営者に再融資した。そして、垣端氏がその中小企業の経営指導に当たり、コンサルタント料を取る仕組みになっていた。84年9月期には、ECCのエスコリースからの借入は947億4900万円だったが、数年で2000億円近くまで膨れ上がっている。

ECCが行き詰まったのは、垣端氏の選んだ貸出先には、バブルの申し子のような企業が多かったからである。ECCは93年12月に、大阪地裁に和議を申請した。負債総額は2300億円であったが、何とそのうち2000億円がエスコリースからの借入金であった。

銀行系列のノンバンクは、銀行本体が融資しにくい融資案件を紹介され、迂回融資させられることが多い。その意味で、系列ノンバンクは銀行本体の乱脈融資の忠実な別働隊となる。時にはライバルとしての相対的自立性を持つこともあるが、別働隊としての側面が強い。こうしたことから、バブル崩壊後、大量の不良債権を抱えることになり、そのことがまた銀行本体を苦しめることになった[21]。

V　バブルの崩壊と大量の不良債権の発生・隠蔽

　拓銀がバブルの発生に乗って、インキュベーター路線をひた走り、不動産関連への乱脈融資へ突っ込んでいったのはバブルの末期であり、首都圏や関西圏ではすでにバブルが崩壊した後も、総合開発部を新設しインキュベーター路線を突き進んでいた。だから、本格的なバブルの崩壊が北海道にも押し寄せた時に、拓銀が被った損失は甚大であった。

　大量の不良債権を抱えることになったが、それをいかに過少に見せ、信用の急激な低下を防止し、問題を先送りするかが、当時の拓銀の経営者にとって大きな課題となった。しかし、根本的に問題を解決することなく、不良債権を過少に見せようと努力したことが、結果的に逆に不良債権をもはや処理しきれない規模にまで膨大化させ、「飛ばし」という方法で隠蔽するしか方法がなくなってしまった。

　以下において、インキュベーター路線の破綻とそれを促進したSSKトリオの崩壊、そして、不良債権を過少に見せるために使用した方法、そして最後に、不良債権の「飛ばし」による隠蔽の方法について、順不同にはなるが述べることにしたい。

（1）カブトデコムの倒産回避と追加融資

　カブトデコムは91年3月期決算まで売上げを倍々ゲームで伸ばしていたが、92年以降急速に悪化していくことになる。この急成長とその後の一転した急激な業績悪化の裏側には、「不動産錬金術」とも「売上高マジック」

とも言われる、あるカラクリが隠されていた。その方法とは、ノンバンクなどから融資を受けた、地上げを担当する関連会社に地上げをさせて土地を取得させ、それらの会社からカブトデコムに対して建物の建設を発注させる。そして、完成後には、カブトデコムがその土地・建物を一括して買い上げる。さらに、土地・建物を再び子会社や関連会社などに転売したり、賃貸したりする。これにより一つの土地を舞台にして建設工事の受注代金と土地・建物売却代金の両方を二重に計上できる。

ところが、この成長の裏側には、当初から危うさが潜んでいた。カブトデコムが本体だけではなく、子会社・関連会社の債務保証などの資金繰りのすべてをしなければならないが、それはとりもなおさず、カブトデコム本体の信用力にかかってくる。そして、このカブトデコム・グループの会社の潤沢な資金をほぼ全面的に支えていたのが拓銀であった。ところが、このシステムが円滑に回転するためには、地上げ、建設、売却・賃貸がスムーズに進行する必要があるか、不動産価格が右肩上がりでなければならなかった。バブルが崩壊し、その前提条件が崩れると、もう一つの前提条件であったカブトデコム本体の信用力とグループ会社全体の資金調達力も崩れ、このシステム全体が音を立てて崩れてゆくことになる。こうなると、カブトデコムの業績は急激に悪化の一途を辿り、そこへ貸し込んでいた拓銀の莫大な融資は焦げつくことになる。

カブトデコムとの関係はすべて海道に任されていたため、当時副頭取の佐藤をはじめとする幹部は、この融資の全貌と、カブトデコムの経営悪化の深刻な実態を、ほとんど認識していなかった。この一点を見ても、カブトデコムへの融資がいかに杜撰であったかが分かる。しかし、カブトデコムの突然の倒産は、拓銀に与える影響が余りに大きいことから、92年3月末に、拓銀行内で経営会議が開かれ、カブトデコムに対して500億円の追加融資枠を設けることが決められた。

こうして、追加融資を行うことによって、倒産を回避することは、バブル期の乱脈融資が不良債権として公表されることを回避することになるとともに、杜撰な融資をしていた当時の経営幹部の責任の回避にもなり、経営者の

保身のための追加融資でもあった。しかし、この追加融資が、回収見込みのない融資となり、その後の不良債権を一層拡大することになった[22]。

(2) インキュベーター路線の破綻とSSKトリオの崩壊

インキュベーター路線の象徴だった海道が、総合開発部の責任者として行っていた乱脈融資の責任をとらされ、1992年6月に、関連会社のタクトの社長に就任するという形で関連会社に追い出されることになった。トリオの一番下の者だけが、明確な形で責任を取らされることになったが、拓銀行内のパワーバランスは一気に揺らぎ、バブル期に権勢を誇っていた鈴木相談役、佐藤安彦副頭取、そして海道常務のSSKトリオは崩壊した。その後は、海道と同期の河谷禎昌が常務から専務に昇格し、山内宏頭取の側近としてバブル清算の陣頭指揮を執った。

インキュベーター路線の強烈な後ろ楯となった総合開発部は、1994年3月末で正式に廃止されることになった。これをもってインキュベーター路線は、完全に破綻したことになる。ただ、バブルが崩壊して以降、総合開発部は次第に存在意義を失い、同部が担当していた企業も本店営業部や審査部に順次移管され、最後まで残ったのはカブトデコム1社だけであった[23]。

(3) 不良債権の処理の仕方——カブトデコムの場合

拓銀は、追加融資を行い、当面のところはカブトデコムの倒産を回避したが、いつまでもカブトデコムを支援するつもりはなかった。1992年10月26日に拓銀本店内で山内頭取はじめ少人数の幹部が集まり、経営会議を開いた。そこで、対外的にはカブトデコムの支援を装いつつも、内部では数カ月後にはカブトデコムを倒産に導こうとする二枚舌の対応を取ることを決定した。

不良債権の処理の仕方として、多くの都市銀行においてそうであったが、例えば長銀では「事業推進部」といった不良債権を専門に処理する部門を新しく作った。ところが、その部門は不良債権を根本的に処理するためのものではなかった。融資先企業が手掛けていたリゾート開発やホテルなどの建設

途上の案件をそのまま凍結すれば、そこにつぎ込んだ融資額はすべて不良債権として公表しなければならなくなる。それを避けるためには、つまり不良債権の公表額を過少にみせるためには、その案件を完成させ、その上で営業するか処分するかを決定すればよいということであった。そして、その案件を完成させるためにまたも膨大な資金がつぎ込まれたのである。不良債権を処理するという後ろ向きの業務であるにもかかわらず、「事業推進」という名称は奇妙に思われるが、今述べたように不良債権の処理を「不良債権の事業化を推進する」という形で行ったという意味では、事業内容にふさわしい名前であった。

この考え方の背景には、そのうち景気はよくなり地価も上昇するといった根拠のない楽観論があった。ところが、その後も景気はよくならず地価も下落を続けた。その結果、完成した案件は赤字経営となり、売却しようにも採算の合わない低価格でしか売れないという状況が続いた。つまり、不良債権を処理するどころか、逆に不良債権を雪だるま式に増やしたにすぎない。

拓銀では、不良債権を処理するための新しい部門は作られなかったが、処理の仕方はよく似ていた。拓銀は、カブトデコムやソフィアが手掛けていた案件を凍結せず、完成させるために融資を続けた。カブトデコムが手掛けていた、洞爺湖畔の小高い丘の頂上にそびえ立つ「エイペックスリゾート洞爺」と名づけられたその豪華な施設は、1993年6月9日のオープンにこぎつけた。同じようにソフィアが札幌市の茨戸地区でレジャー施設「札幌テルメ」に隣接して建設を手掛けていた「テルメインターナショナルホテル札幌」が完成し、1993年4月1日にオープンすることになった。その完成のために拓銀から巨額の融資が続けられた。

拓銀とカブトデコムの関係については、拓銀は、カブトデコム・グループ企業のうち収益力のある「甲観光」（現・エイペックス）と「兜ビル開発」（同・リッチフィールド）を自らの傘下に収め、選別支援を宣言した。2社を乗っ取られるかもしれないという危機感から、佐藤茂はそれに激しく反発していた。ところが、拓銀はエ社とリ社の経営から、カブトデコムを完全に引き剥がすために、「佐藤茂が権限がないにもかかわらずエ社などの手形を偽

造して、勝手に手形を振り出した」という内容で、7月13日に手中に収めたエ社とリ社に彼を刑事告訴させた。紆余曲折を経ながらも、結局12月6日、佐藤茂は札幌地検に逮捕され、札幌地検は佐藤茂を札幌地裁に起訴した。

この間に、拓銀はさらに1993年11月4日には、カブトデコムに対する融資支援を打ち切ることを決定し、同社に伝えた。したがって、今後は新規融資はせず、返済の猶予もしないことにしたのである。このように両者の関係は全く冷えきってしまった。バブルの時は固い絆を結び、バブルが崩壊すると急速に冷めていくという関係は、長銀とイ・アイ・イ・インターナショナルとの関係、三井信託銀行と麻布建物との関係と共通している。

収益力があるということから、カブトデコムの社長佐藤茂から無理矢理引き剝がしたエイペックスも、巨額の融資を行い完成させ、開業してみれば赤字経営で拓銀をさらに苦しめることになった。その点では、テルメインターナショナル札幌も同じであった。エイペックスの経営状態をみると、損益が均衡するための宿泊数に対して実際のそれは半分にすぎず、100円の売上を得るのに164円の費用がかかるというものであった。

バブルの負の遺産を凍結して即座に償却するか、先延ばしして事業化するか、拓銀は後者を選び、延命のための資金を注ぎ込み、結果的に不良債権を一層拡大することになってしまった[24]。

(4) ペーパーカンパニーの設立と不良債権の隠蔽

1992年暮れには、「アワジ商会」「ミッテル」「もりに商事」「ローレイ」など拓銀のペーパーカンパニーがいくつも設立され出した。どれも経営悪化が著しいカブトデコムとその周辺企業に対して、拓銀が資金を捻出するための事実上の迂回融資の受け皿として利用されたものである。迂回融資は外観的には、拓銀からカブトデコムへの融資支援としてなされたように見えるが、次のような理由で拓銀幹部の保身のためになされたことが透けて見える。というのは、拓銀→ペーパーカンパニー→カブトデコム・グループへと流れた資金が最終的には拓銀系ノンバンクへと行き着いていたからである。つまり、系列ノンバンクの経営危機を覆い隠すのが、迂回融資の最大の目的

であった。系列ノンバンクの経営危機は、そこへ大量の融資を行ってきた拓銀自身の経営危機に直結するからである。

このように多数のペーパーカンパニーが、迂回融資という複雑な経路を辿って追加融資の一端を担い、結果的に不良債権を一層膨らませる役割を果たしたが、さらにそれが「飛ばし」という形態で不良債権を隠蔽することにも使われるようになった。拓銀のペーパーカンパニーは、不動産不況のために全く売却できないカブトデコム関連の不動産を積極的に買いあさった。そのための巨額な資金は、拓銀が融資をした。この頃のカブトデコムにとっては保有不動産を即座に売却できないということは、すぐにでも経営破綻する可能性が高かった。カブトデコムの早すぎる破綻は、拓銀自身に降りかかる影響が大きすぎるために、その先延ばしを図るために、ペーパーカンパニーを使って不良債権をカブトデコム名義からペーパーカンパニーの名義へと「飛ばし」ていった。

またこの時期には、30社前後もあったとされる同様のペーパーカンパニーが、カブトデコム関連以外の不良債権の「飛ばし」のためにも利用されていた。こうして償却しきれない膨大な不良債権が「飛ばし」という形態で「隠蔽」され、粉飾決算という泥沼の奥深くに沈められていった。このことが、後に拓銀の信用不安を強め、市場から執拗に圧力を受けることに繋がっていくことになる[25]。

VI　道銀との合併合意と合併延期

(1) 信用力の低下と株価下落・預金流出

拓銀は、前項で述べたように、不良債権の公表額を過少に見せるだけでなく、それを隠蔽するための工作まで行っていたが、業績の悪化と信用力の低下を完全に覆い隠すことはできなかった。94年1月になるとマスコミは、明確に名指しで「危ない銀行」として取り上げ始めた。

94年12月には、大蔵省から「決算承認銀行」の指定を言い渡されることになる。大蔵省が決算承認銀行としての指定を行うのは、行政指導の一環と

して行われるものである。通常の金融検査などの結果、経営に問題がある銀行に対して、事前に決算内容をチェックすることになる。同省の承認なしに株主への配当、人事案件、役員賞与をきめることができない。

　さらに95年8月にムーディーズが公表した拓銀の格付けでは、最低のEランク（最終的に何らかの外部の支援を要する格付け）であった。こうした状況を踏まえ、信用力の低下を克服するために、1996年3月期の決算では、経常・当期利益の大幅な赤字を覚悟のうえで、不良債権の大量の処理を実施した。しかし、拓銀の不良債権比率は依然として高く、信用の回復には程遠いものがあった。

　こうしたなかで、97年1月になると、銀行株は軒並み安値を更新したが、なかでも拓銀株は外資系証券会社から大量のカラ売りを浴びせられ、一気に200円を割り込む事態となった。拓銀株が100円台に落ち込むのは、実に18年ぶりのことであった。

　株価の下落で、信用力の低下が白日のもとに晒されると、今度は預金の流出が始まった。最初は機関投資家など大口預金者の解約として始まったが、3月にはマスコミの標的となったことから預金の流出は個人の定期預金の解約へと拡大した。マスコミの標的となった翌日の1日だけで流出額は10億円以上に達した。定期預金は解約すると手数料を取られ、損であるにもかかわらず、次の日も億単位で預金の流出は続き、事態の深刻さは誰の目にも明らかであった。ついに、河谷頭取は合併以外に生き残る道はないと判断した[26]。

（2）道銀との合併合意と合併延期

　河谷頭取から極秘の指示を受けた拓銀の幹部は、1997年3月5日に北海道銀行（以下、道銀と略記する）の幹部を訪ね、頭取同士で合併の話し合いをする機会を作ってもらうように要請した。そして、3月15日に両頭取は二人きりでの会合を持つことになり、早くも半月後の4月1日には記者会見に臨み、合併の合意を発表した。

　しかし、その後の合併交渉は難航した。交渉が難航したのは、交渉の過程

が、実質的に対等合併という形ではなく、最下位とはいえ都銀の一角を占める拓銀は救済される側に立たされ、規模の小さい道銀が絶えず主導権を握るという方向で進んだことに対して、誇り高き拓銀がそれに従えなかったことにある。

　道銀側は、92年に藤田が頭取に就任して以降、バブル期に抱えた不良債権の処理のために、強引とも思える合理化を進めてきた。その苦しみを味わった道銀の行員の間では、大量の不良債権を抱えた拓銀との合併で割を食うのではたまらないという空気が漂い、その不満を和らげるためにも、交渉の過程で主導権を握ることを内外に示す必要があった。また、道銀の行員の多くは、リストラを徹底した結果、単独でも生き残りは可能なまで回復したという認識を持つようになった。

　さらに、藤田頭取も拓銀が抱える不良債権を精査した結果、その規模が膨大であることに対して大きな懸念を表明するようになった。さらに、会談を重ねるにつれ、確約したはずの拓銀のリストラはいっこうに進まず、頭取間で合意した「業態は地銀」という方向で拓銀内部で意思統一が図られない、さらに巨額の不良債権の不安は依然として消えない、という状況のなかで藤田頭取の合併の意思は薄らいでいった。

　拓銀にとって、地銀という業態を選ぶことは、本州部分の営業を捨て去ることを意味する。都銀である拓銀としては、戦後営業網も北海道だけではなく、首都圏を中心とする本州にも展開してきた。支店数では北海道133支店、本州63支店という割合であった。また、貸出残高（97年3月期で約7兆円）でみると、北海道と本州がほぼ半分ずつであった。このように、拓銀は「北海道拓銀」と「本州拓銀」という二極構造になっていた。銀行の戦略立案部門である企画部も、大蔵省との窓口となるだけに、当然本州拓銀の企画部が中心となる。このように、本州拓銀の独立性が強い分だけ、総体的に拓銀の河谷頭取のリーダーシップも弱くなり、拓銀では意思統一できない内部事情を抱えていた。

　道銀では、今回の合併が大量の不良債権を抱え、合併以外に生き残りの道がない拓銀の救済であり、道銀が主導権を持つのは当然という意識があっ

た。そして、主導権を持つためにも、合併後の新銀行の業態はあくまでも地銀でなければならなかった。というのは、国際部門や市場部門といった地銀である道銀の弱い部門を含む本州拓銀を抱えたままでは、道銀が優位に立てないことは明白であった。

　こうしたことから、両者の対立は日増しに深まっていった。拓銀は、合併以外に生き残る道がないにもかかわらず、都銀としての過去の地位を捨て去ることができず、本州拓銀を切り捨て、強引にでも意思統一を図ることができないまま、ついに9月12日に両頭取の共同記者会見の席上で、合併延期が発表されることになった[27]。

Ⅶ　拓銀の経営破綻――資金繰りの悪化

(1) 株価下落→信用力の低下→預金流出

　9月12日の道銀との合併延期の発表は、拓銀の市場における評価に関して決定的な意味を持った。拓銀が不良債権を過少に公表する努力をし、不良債権を巧妙に隠蔽しても、市場およびマスコミはそれを見透かし、業績の悪化とも相まって株価は下落し続けた。そこで最後の頼みとしたのが道銀との合併であったにもかかわらず、その延期を発表したということにより、拓銀は立ち直る機会をもはや失ったものと評価された。その結果、図表7-8のように、拓銀の株価は9月12日の108円から下がり続け、9月17日にはついに100円の大台を割り込む事態となった。その後も株価は下落を続け、11月14日に65円にまで低下した。

　株価の下落は、市場における拓銀の銀行としての信用力の低下を白日の下に晒すことであり、預金者も預金の払戻しという形でそれに対応した結果、預金の流出が発生することになった。預金の引出しは本州の店舗だけでなく、微減にとどまっていた道内でも広がり、9月の1カ月間で2500億円以上も減少することになった。こうして拓銀の資金繰りはますます悪化していくことになるが、ここに至って拓銀は、株価下落→信用力の低下→預金流出という悪循環に陥ってしまった[28]。

図表 7-8　拓銀と道銀の株価の推移

年　月　日		拓銀	道銀	日経平均	備考（拓銀関係）
平成		（円）	（円）	（円）	
9年3月末日		153	163	18,003	
8月末日		122	139	18,229	
9月11日		110	135	18,282	
9月12日		108	140	17,965	・拓銀・道銀合併延期発表
16日		103	130	17,974	・延期発表翌営業日の終値
17日		93	125	17,683	・100円割れ
9月末日		91	133	17,887	
10月6日		87	127	17,824	・90円割れ
8日		76	125	17,619	・80円割れ
10月末日	金	78	116	16,458	
11月4日	火	77	113	16,500	※（11/3）三洋証券更生法申立
5日	水	76	120	16,448	
6日	木	71	118	16,533	
7日	金	69	111	16,836	・70円割れ
10日	月	71	115	15,697	※平均株価16,000円割れ
11日	火	75	117	15,867	
12日	水	69	117	15,434	
13日	木	69	113	15,427	
14日	金	65	109	15,082	

（出所）旧大蔵省銀行局銀行課「拓銀の資金繰りと今後の対応」（1997年11月16日）、4ページ。

(2) 預金流出と資金繰りの悪化

　拓銀が経営破綻した直接の契機は、金融市場で十分な資金を調達することができず、流動性危機が深刻化したことであった。つまり、資金繰りの悪化である。97年初めからの株価の下落に伴う信用力の低下により、急速な預金の流出が発生し、資金繰りの綱渡りが続いていたが、最終的には短期金融市場から連日、コールで2000～3000億円程度の資金を調達して帳尻を合わせていた。

　預金残高は市場で経営不安説が流れた97年2月以降、前年同月比10％前後で減少を続けた。道内ではまだ微減であったものの、本州店舗からは同20％以上の大幅な流出が続いた。このため拓銀は、一方で貸出先から資金

図表 7-9　拓銀の資金繰りの状況

	残　高（主要勘定）					
	一般預金	大口預金	有担コール	うち翌日物	無担コール	うち翌日物
平成 8 年 12 月末（a）	55,739	16,485	987	987	2,364	484
9 年 3 月末	52,697	8,572	2,517	2,517	1,095	5
6 月末	52,552	11,643	2,437	1,913	1,384	484
8 月末（b）	51,217	9,194	2,403	1,502	1,022	472
9 月末	49,693	7,998	4,994	3,294	842	342
10 月末（c）	48,792	7,261	4,919	2,876	868	818
8/12 ⇒ 9/10（c − a）	▲6,947	▲9,224	3,932	1,889	▲1,496	334
9/8 ⇒ 9/10（c − b）	▲2,425	▲1,993	2,516	1,374	▲154	346

（単位：億円）

拓銀の貸借対照表・主要勘定
（9 年 9 月末・速報）（兆円）

（資産）		（負債・資本）	
貸　　出	6.02	一般資金	4.96
有価証券	1.26	大口定期	0.79
		コール	0.58
		資本勘定	0.29
資　　産	8.55	負債＋資本	8.55

直近のコール調達力　2,000 億円

（この他に日銀貸出担保　671 億円有り）

調　達　額	
コール翌日物計	11 月 17 日以降は必要見込額
1,471	8 年 12 月末
2,522	9 年　3 月末
2,397	6 月末
1,974	8 月末
3,636	9 月末
3,694	10 月末
2,543	10 月 27 日（月）
2,373	28　（火）
2,813	29　（水）
3,217	30　（木）
3,694	31　（金）
―	11 月 3 日（祝）
2,777	4　（火）
3,377	5　（水）
2,991	6　（木）
2,720	7　（金）
2,677	10　（月）
2,803	11　（火）
3,177	12　（水）
2,939	13　（木）
2,789	14　（金）

コール翌日物調達不足見込額（▲）		
▲1,044	3,044	17　（月）
▲1,025	3,025	18　（火）
▲989	2,989	19　（水）
▲1,593	3,593	20　（木）
▲1,738	3,738	21　（金）

（出所）「拓銀の資金繰りと今後の対応」、3 ページ。

回収を図りながら、他方で大口定期預金に突出して高い金利をつけるなど、なりふり構わない形で資金集めに奔走した。

図表7-9で、拓銀の資金繰りの状況を見てみると、預金残高では平成8年（1996年）12月末以降、一般預金も大口定期預金も大幅に減少している。そのなかで一般預金を見ると、平成8年12月末から平成9年10月末の間の1カ月平均の減少は694.7億円であるにもかかわらず、平成9年8月末から10月末の1カ月平均の減少額は1212.5億円であり、特に9月12日の道銀との合併延期発表以降、預金流出が2倍近く大きくなっていることが分かる。これは、道銀との合併延期が、拓銀の信用力の低下に決定的な影響を与えたことを示している。そしてまた、この表のなかの短期金融市場での調達額を見ると、コール翌日物市場で10月27日以降、連日2000億円から3000億円の資金を調達していたことも分かる[29]。

(3) 三洋証券の破綻とコール市場でのデフォルト発生

11月3日に準大手証券である三洋証券が東京地裁に会社更生法適用を申請し倒産した。その結果、翌日にはコール市場でデフォルトが発生した。コール市場は、金融機関同士が資金を融通し合うインターバンク市場の一種である。インターバンク市場でのデフォルトは金融機関が借りた金を返さないということであり、そんなことは絶対に起こらないという大前提の下で金融市場は成り立ってきた。それゆえ、このデフォルトの発生は金融市場における大混乱を引き起こすこととなった。

この事件は、他の金融機関が三洋証券に貸していたわずか10億円ほどの無担保コールが返済不履行となったことから始まった。金融当局も「わずか10億円」とデフォルト発生を軽視していた。コール資金は翌日には返済されるものであるから、会社更生法適用の申請は、即コール資金のデフォルトを意味した。当然そのことは、旧大蔵省も日銀も当時知っていた。知らなかったのは、「わずか10億円」であろうと、インターバンク市場における初めてのデフォルトが及ぼす金融市場への影響の大きさについてであった。

この事件が発生して以降、インターバンク市場での資金の出し手は、信用

不安から極めて慎重になった。つまり、金融機関が金融機関を信用しなくなってしまったのである。これは金融政策運営上の痛恨の失策だったと言える。そして、拓銀のように信用力が低下している金融機関には資金を貸さなくなってしまった。こうして拓銀は、ますますコール市場で資金を調達することが困難になった。預金流出による資金繰りの悪化を、コール市場での資金調達で補っていたのであるから、このことによりいよいよ資金繰りの悪化は、拓銀を窮地に追い込むことになった。

11月14日（金曜日）、その前日まで拓銀の主幹事であった山一証券など複数の金融機関が、市場を通じて拓銀に資金を提供していた。ところが、この日は無担保コールの大半が消えてしまった。折しもこの日は、日銀が金融機関に預金の一定割合を強制的に預け入れさせる準備預金を積み立てる最終日であった。拓銀は日銀準備預金を確保する必要に迫られていたが、準備預金が目標額に対して不足する事態に陥った。拓銀は完全に市場から見放されることになった[30]。

(4) 北洋銀行への営業譲渡——経営破綻

河谷頭取は、日銀の支援さえ取り付ければ、翌週の資金繰りを維持することができる自信があった。しかし、自主再建の可能性は限りなくゼロに近かった。そこで、実は日銀からは前日の13日に「もう支援はできない。営業譲渡を決断してほしい」と迫られていた。旧大蔵省も破綻処理をする決意を固めていた。しかも、「破綻」の日時は、月曜日の17日の早朝に絞られつつあった。というのは、17日の月曜日の日中に資金ショートすれば、大混乱に陥る危険性が高かったからである。

また、旧大蔵省が破綻処理の方法として最善の策と考えたのは、行員の雇用、顧客への影響をも考慮して、受け皿行への営業譲渡というものであった。旧大蔵省は、その受け皿行を規模の点からみれば道銀しかないと考えていたが、河谷頭取は、合併交渉での道銀との感情的なもつれを考えると、その案を受けることはできなかった。拓銀側はこの日に会議を開き、道銀を受け皿行にするかを検討したが、同行への営業譲渡を容認する役員はゼロであ

図表 7 - 10　拓銀の破綻処理策の内容

1. 日銀が、金額無制限の特別融資により、当面の拓銀の資金繰りを支援する。
2. 拓銀は、受け皿の北洋銀行に道内の業務を譲渡する。
3. 業務譲渡の際、不良債権は預金保険機構が買い取る。
4. 本州の資産・預金については本州にある金融機関へ営業譲渡する方向。
5. 金融当局は、政府系も含む地元金融機関に取引先の資金繰り支援など協力を求める。
6. 大蔵省検査の結果、債務超過なら預金保険は北洋銀行への資金贈与も実施し、焦げ付きの穴埋めに当てる。
7. 預金保険法では保護されていない外貨預金も含む預金とインターバンク（銀行間取引）市場での拓銀向け貸出しは、全額保護する。
8. 事業を引き継ぐ北洋銀行の資本増強策については、今後検討する。
9. 拓銀の役員は、経営責任明確化のため全員辞任する。
10. 拓銀の行員の処遇は、今後の具体的な作業の中で決める。

（出所）北澤正敏『概説現代バブル倒産史―激動の15年のレビュー』（商事法務研究会、2001年）、227ページ。

り、第二地方銀行である北洋銀行とすることで全員が一致した。河谷頭取は翌15日に旧大蔵省にその旨の連絡を入れた。道銀にこだわり続けた旧大蔵省も北洋銀行への説得に回らざるを得なくなった。その日のうちに、旧大蔵省から北洋銀行の武井正直頭取に受け皿行になるようにとの要請が電話で伝えられた。

　連絡を受けた武井頭取にはもはや選択の余地はなかった。というのは、自行がその要請を引き受けなければ、ライバル行の道銀が拓銀の営業譲渡を受け、道内最大手の銀行にのし上がるだけであるからである。小が大を呑む合併だけに、身震いをする思いであったが、その日のうちに武井頭取は決断をした。

　ただし、拓銀の資金量は北洋銀行の4倍もあり、そんな規模の大きい銀行を背負い込むことはリスクも決して小さくはなかったので、次の三つの条件を出した。それは、日銀は特別融資を出すこと、預金保険機構からの資金援助、北洋銀行への営業譲渡は拓銀の道内の店舗のみ、という条件であった。

　こうして、11月17日午前8時20分、拓銀本店で拓銀の経営破綻に関する記者会見が開かれた。拓銀はその場で正式に自主再建を断念し、同じ北海

道の第二地方銀行である北洋銀行を軸に預金や貸出などの営業を譲渡することを発表した。拓銀の破綻処理策は、図表7-10のとおりとされた[31]。

Ⅷ　金融当局・旧大蔵省の責任

　拓銀が経営破綻したことに対して、まず一番に責任追及をすべきなのは拓銀の経営者であることは明らかである。80年代の後半に「拡大路線」に基づいて極めてリスクの高い不動産関連の乱脈融資を実施し、バブル崩壊後はその結果発生した大量の不良債権の抜本的な処理をすることなく、自らの責任追及を逃れ、保身のために「問題の先送り」をしてきたこと、その結果拓銀の信用力は極度に低下し、最終的に経営破綻に至った。その最大の責任は経営者にあることは言うまでもない。

　ただ、これらの経過と原因については、これまでの考察において分析してきたことである。さらに、拓銀は98年3月に旧大蔵省の業務改善命令に基づいて与信調査委員会を設置した。拓銀の経営破綻の原因究明と経営者に対する責任追及を解明し報告書も作成し、それに基づいて民事訴訟・刑事訴訟も起こしている[32]。ところが、旧大蔵省については何の責任も追及されないままである。そこで、本章ではいかなる責任が旧大蔵省にあったのかを解明することにしたい。

　そのためには、戦後日本の金融行政の特徴を概観しておく必要がある。第一は、先進諸国への経済面・金融面でのキャッチアップ政策とそこから発生する旧大蔵省の保護行政・事前行政・密室行政という点である。第二は、信用秩序の維持の観点から生ずる護送船団行政である。第三は、銀行に関しては戦後一貫して免許制であるが、そこから発生する許認可権限の問題である。これらの点について順番に考察し、最後にコーポレート・ガバナンスとの関連を分析することにしよう。

(1) キャッチアップ政策と保護・事前・密室行政

　戦後の荒廃した経済状態のなかで、先進諸国への経済面・金融面での

キャッチアップ政策は、旧大蔵省の金融行政に大きな影響を与えた。そのため、個々の銀行・金融機関を厳しく監督・監視するよりも、いかに急速に国際競争力を付けさせるかが最大の課題であった。そのためには、徹底した保護行政を展開し規模の拡大を図ること、個々の銀行・金融機関に経営上の問題が生じても、明確なルールを設けて事後的に厳しく罰することはせず事前に処理してしまうこと、したがって問題を公にすることなく密室で政治的に解決してしまうこと、こうした金融行政を展開してきた。

金融当局は、銀行・金融機関の経営の健全性の観点から、個々の銀行・金融機関の経営を監督・監視する必要がある。したがって、旧大蔵省金融検査部の検査は、都銀で3、4年に一度、地銀で2、3年に一度程度であるが、事前通告は一切なく、抜き打ちが原則となっている。しかし、検査の順番は金融機関ごとにほとんど決まっており、いろいろな「慣行」で日程がある程度読めるようになっている。そこで、正確な検査の日程などを聞き出すことがMOF担（大蔵省担当）の任務となっている。そして、検査が間近になると、どこの支店を検査するかなどさらに詳しい情報を得るために、集中的な接待が行われる。そして、検査に「さじ加減」が加えられるといった「馴れ合い」が両者の間に発生する。こうして接待汚職が大々的に行われていたことが明らかになり、旧大蔵省に対する批判が強まった[33]。しかし、こうした大蔵官僚と銀行・金融機関との「馴れ合い」が生ずるのは、以上の特徴を持った金融行政の必然的な結果である。

また、旧大蔵省は、拓銀に対して91年と94年に金融検査に入り、その結果に基づいて94年11月には拓銀を「決算承認銀行」に指定している。定期的な検査で旧大蔵省は、拓銀の経営の隅々まで把握していたが、拓銀の経営実態の真実を公表することは一度もなかった。旧大蔵省は拓銀の経営悪化を知りながら、具体的にどんな指導をしてきたのか、また大量の不良債権についてもどのような抜本的処理を進めようとしたのか、はっきりしない。問題が明らかになっても、一貫して問題を「先送り」することで、その場をしのぐという方針を他の銀行・金融機関に対しても取りつづけてきた[34]。これは、旧大蔵省が、信用秩序の維持を名目に取ってきた一貫した行動であった

が、そのことが逆に金融危機を一層深刻化させ、ついに都銀の一角までも経営破綻に追い込んだ。にもかかわらず、旧大蔵省はどこからも厳しい責任追及を受けていない。

(2) 信用秩序の維持と護送船団行政

信用秩序の維持の観点から、個々の銀行が倒産しないように、銀行間の競争の激化を緩和する必要がある。そのために、護送船団行政は、戦後日本の金融行政の基本となってきた。それを達成するために、預金金利の上限規制や、長短分離規制、銀行・証券の分離規制、銀行・信託の分離規制といった競争規制が実施されてきた。さらに、こうした競争規制を一つの基礎としながら、最も競争力の劣る銀行・金融機関にも一定の利益が上がるように、金利体系、店舗行政などあらゆる面で便宜を図ってきた。そのために、信用組合や信用金庫といった中小金融機関の預金のシェアは一貫して上昇し[35]、生き延びる余地を与えられ、倒産を回避してきた。こうした金融行政は、全体の進行速度を最も船足の遅い船に合わせる船団の護送になぞらえて、「護送船団行政」と言われてきた。

したがって、90年代に入ってから以降のいくつかの金融機関の経営破綻や拓銀の経営破綻を、70年代末からの金融自由化や金融ビッグバンによる市場メカニズムの浸透、さらには個々の銀行・金融機関のあり方を市場に委ねる方向への旧大蔵省の方針転換といった形で、護送船団行政が終焉しつつあることの結果だと捉える考え方がある[36]。

(3) 免許制と許認可権限

銀行は戦後一貫して登録制ではなく免許制であり、このことから旧大蔵省は個々の銀行に対して大きな許認可権限を持ってきた。このことが金融行政に与えた影響も大きいと思われる。というのは、この許認可権限を基礎に、旧大蔵省は銀行に対して、店舗、配当、広告、商品開発など銀行経営のありとあらゆる面にわたって行政指導を行ってきた。

その結果、銀行経営者は、顧客ではなく、お上である旧大蔵省のご機嫌を

伺って経営を行うようになる。したがって、銀行のなかで何ら経営の現場を知らない MOF 担が大きな力を持つようになる。ますます、銀行経営は市場や顧客の動向といった経営環境の変化に疎くなり、金融技術革新に力を入れることをおろそかにするようになる。

さらに、旧大蔵省の行政指導に従っていれば間違いない、そうすれば「必ず大蔵省が助けてくれる」という意識が芽生えるようになる。拓銀の場合には都銀であり、大蔵大臣が大手行は倒産させないという国際公約をしていたわけだから、拓銀の経営者は、大蔵省を最後まで信頼していたと思われる。いつのまにか、自己責任で経営戦略を立てることさえも忘れ去られていたと言える。銀行の経営者の金融当局への依存と自立性のなさ、その意味での無責任さ、モラルハザードが、日本の銀行経営の一つの特徴である。

さらには、各銀行が、こうした旧大蔵省の行政指導に一斉に従うということから、個性的な経営方針というものが生まれてこず、「横並び」意識が芽生えた。その結果、長らく日本では、銀行に関しては経営戦略という研究の対象にならなかった[37]。

(4) コーポレート・ガバナンスとの関係

戦後日本の旧大蔵省の金融行政の問題を銀行のコーポレート・ガバナンスとの関係で考察すれば、第一は、キャッチアップ政策に基づく保護行政・事前行政・密室行政の点からすれば、旧大蔵官僚と銀行経営者との「馴れ合い」の点で、金融当局のもう一つの課題である監督・監視機能は大きく後退していたと言わざるを得ない。

第二は、金融自由化の進展や金融ビッグバンにより、それまでの護送船団行政をいつのまにか方針転換し、個々の銀行・金融機関を市場のメカニズムに委ねることによって、それまでの旧大蔵省の責任を巧妙に回避する結果となっている。

第三に、金融規制と免許制・許認可権限を基礎とする強烈な行政指導が、銀行・金融機関の経営者に対して、金融当局への依存を生み出し、経営の自立性を奪い、経営環境の変化に対して敏感に経営戦略を変更しながら対応し

ていくという姿勢を失わせ、そのことが最終的に銀行の経営破綻の一因となっていることも見逃せない。チェック機構をどうするかという問題も、外からの強制ではなく、自主的にリスク経営を避けるためにどうすべきかを主体的に考察していく必要があるが、そうした自己責任意識は極めて弱い。

おわりに

　以上において、拓銀の経営破綻の諸要因を、コーポレート・ガバナンスとの関連で分析してきた。その際に、企業一般にも共通する諸要因も重要な側面として分析してきた。しかし、拓銀は、金融システムの中軸をなす銀行としての側面を持っている。

　つまり、生産や流通といった利潤を生産し実現する実体経済（現実の再生産過程）で資本の運動を展開する企業一般とは異なり、実体経済の外（金融経済＝金融市場）で、企業一般が生産した利潤の分配を、配当や利子や有価証券の売買差益として受けながら、企業に貨幣資本を提供している金融機関としての側面も持っている。

　しかも、拓銀は、金融機関のなかでも預金を取り扱っている銀行である。したがって、そこには企業一般にはない銀行固有のコーポレート・ガバナンスの課題があり、それとの関係で、特殊な経営破綻の諸要因の分析も必要となってくる。

　本章では、「銀行のコーポレート・ガバナンス」の課題を分析する際に、銀行に固有の特性（普遍性や公共性）との関連を考察することも大切であるが、それはここでは省略して、銀行に固有のステークホルダーである預金者と金融当局との関連に一つの重点を置きながら、拓銀の経営破綻の諸要因を分析してきた。

　　1）　以上については、北海道拓殖銀行編『北海道拓殖銀行史』（北海道拓殖銀行、1971年）第1編第2章、および斉藤仁『旧北海道拓殖銀行論』（日本経済評論社、1999年）第1章を参照した。後者は、1957年に出版された本を、拓銀の経営破綻を機に

復刊したものである。
2) 斉藤仁氏は、『旧北海道拓殖銀行論』において、拓銀は、戦前においてすでに商業銀行的側面を積極的に展開し、1930年代には普通銀行への実質的な転化を遂げていたことを解明している。
3) 以上については、『北海道拓殖銀行史』第2編第1章、および及能正男『日本の都市銀行の研究』（中央経済社、1994年）第6章第12節を参照した。
4) 北海道経済の特徴の一つとして、"官依存型経済"を指摘しているのは、「この人と語る　北海道拓殖銀行頭取　山内宏氏」『金融ジャーナル』1991年8月号、107ページである。
5) 以上については、『北海道拓殖銀行史』第2編第2・3章、および『旧北海道拓殖銀行論』ⅱ～ⅲページを参照した。
6) 以上については、『北海道拓殖銀行史』第2編第2・3章を参照した。
7) この点については、「この人と語る　北海道拓殖銀行頭取　山内宏氏」、110ページにその指摘がある。
8) 以上については、『拓銀与信調査委員会調査報告書』総論、13ページ、および北海道新聞社編『拓銀はなぜ消滅したか』（北海道新聞社、1999年）、35～37ページを参照した。
9) この点については、『日経ビジネス』1999年2月15日号、35ページを参照した。
10) この点については、『日経ビジネス』1997年12月1日号、16ページ、『日経ビジネス』1999年2月15日号、35ページを参照した。
11) この点については、『日経金融新聞』1988年12月28日付を参照した。
12) この点については、『日本経済新聞』1989年11月15日付、および同、1998年11月2日付を参照した。
13) この点については、『拓銀はなぜ消滅したか』35～38ページを参照した。
14) 以上については、『拓銀与信調査委員会調査報告書』総論、13～14ページ、『拓銀はなぜ消滅したか』、38～41ページ、『日経金融新聞』1988年12月28日付、および『日本経済新聞』1991年6月7日付を参照した。
15) この点については、『日経金融新聞』1988年12月28日付を参照した。
16) この点については、『日本経済新聞』1999年11月10日付を参照した。
17) 以上については、『拓銀はなぜ消滅したか』、48～51ページを参照した。
18) この点については、「カブトデコムへ不正融資をした拓銀元役員の罪」『政界』第21巻第2号（1999年2月）を参照した。
19) 以上については、『拓銀はなぜ消滅したか』、26～30ページを参照した。
20) 以上については、『拓銀はなぜ消滅したか』、30～34ページを参照した。
21) 以上については、『拓銀はなぜ消滅したか』、44～48ページ、67～71ページ、六角弘『怪文書』（光文社新書、2001年）、141～148ページ、および『日経産業新聞』1994年2月1日付を参照した。
22) 以上については、『拓銀はなぜ消滅したか』、51～54ページ、「カブトデコムへ不

正融資をした拓銀元役員の罪」、67ページ、および『日経産業新聞』1992年12月2日付を参照した。
23) 以上については、『拓銀はなぜ消滅したか』、54ページ、および『日経金融新聞』1994年3月23日付を参照した。
24) 以上については、『拓銀はなぜ消滅したか』、55ページ、60〜61ページ、64〜65ページ、80〜81ページ、および拙稿「長銀の経営破綻とコーポレート・ガバナンス」『立命館経営学』第40巻第4号（2001年11月）を参照した。
25) 以上については、『拓銀はなぜ消滅したか』、56〜59ページを参照した。
26) 以上については、『拓銀はなぜ消滅したか』、79〜82ページ、84〜86ページ、および『拓銀与信調査委員会調査報告書』総論、14〜15ページを参照した。
27) 以上については、『拓銀はなぜ消滅したか』、86〜100ページ、および「ドキュメント拓銀の破綻―②」『日経ビジネス』1997年12月1日号を参照した。
28) 以上については、日本経済新聞社編『日本が震えた日』（日本経済新聞社、1998年）、103ページ、および『日本経済新聞』1997年11月18日付を参照した。
29) 以上については、『日本が震えた日』、107〜108ページ、および旧大蔵省銀行局銀行課「拓銀の資金繰りと今後の対応」（1997年11月16日）を参照した。
30) 以上については、『日本が震えた日』、104〜105ページ、『拓銀はなぜ消滅したか』、107〜108ページ、および『日本経済新聞』2000年11月12日付を参照した。
31) 以上については、『拓銀はなぜ消滅したか』、109〜118ページ、および『日本が震えた日』、100〜102ページを参照した。
　拓銀のその後の破綻処理の内容については、北澤正敏『概説現代バブル倒産史―激動の15年のレビュー―』（商事法務研究会、2001年）第8章第7節「拓銀の経営破綻」を参照されたい。
32) これらの内容については、北海道新聞取材班『解明・拓銀を潰した「戦犯」』（講談社、2000年）、第7章第2節「破綻責任」を参照されたい。
33) この接待汚職の内容については、とりあえず朝日新聞経済部『金融動乱』（朝日新聞、1999年）の第8章「接待汚職」を参照されたい。
34) この点については、『拓銀はなぜ消滅したか』、272〜275ページを参照した。
35) 高度成長期において一貫して中小金融機関の預金シェアは上昇してきたが、収益のシェアは逆に低下するといった構造を明らかにしたものとして、谷田庄三『現代日本の銀行資本』（ミネルヴァ書房、1975年）がある。
36) 護送船団行政の内容とその終焉としての拓銀破綻との関係については、とりあえず『拓銀はなぜ消滅したか』、135〜140ページを参照されたい。
37) こうした点を指摘したものとして、久原正治『新版　銀行経営の革新―邦銀再生の条件―』（学文社、2000年）がある。

第8章

山一の経営破綻とコーポレート・ガバナンス

はじめに

　四大証券の一角である山一証券が、1997年11月24日、大蔵省に自主廃業に向けた営業休止を申請し、経営破綻した。山一は、戦前から昭和20年代までは確実に首位の座を維持していた。それがなぜ、経営破綻という事態に至ったのかを解明することを、本章では目的としている。

　その要因はさまざまであろうが、「法人の山一」という過去の成功体験に基づく経験主義に陥り、戦後における証券市場の大勢をなす「証券民主化による大衆化路線」に決定的に乗り遅れてしまったことが一つの要因である。そして、過去の成功体験に基づいて形成されてきた「社内主流派」が最終的に確立し、一切の反対意見を封じ込めてしまい、社内のチェック機能を喪失することによって、経営環境の大きな変化に対応する経営戦略の転換の機会を逃すことになった。

　また、この社内のチェック機能の喪失は、経営陣のトップの責任追及を回避したいという自己保身も手伝って、飛ばしによって発生した「含み損（簿外債務）」を隠蔽するという組織的犯罪を引き起こし、それが山一の信用を決定的に失墜させ、経営破綻へと導くことになった。

　金融機関の場合には、金融当局である大蔵省のチェック機能も大きな問題である。そこで本章では、この問題も破綻の重要な一要因として分析する。そして最後に、金融ビックバン以後の市場メカニズムの圧力が、大きなチェック機能としての役割を果たしたことにも触れる。

　これらの問題は、まさにコーポレート・ガバナンスの問題である。そこ

で、本章では、「金融機関のコーポレート・ガバナンス」という観点から山一証券の経営破綻を一つの事例として取り上げ、分析することを最終目的としている。

I　昭和40年の証券恐慌と山一式経営の弱点

(1) 昭和40年の証券恐慌

昭和30年代の高度成長期の金融構造は、間接金融中心であり、証券市場はまだ相対的に未発達であった。そうした銀行の優位は、行政の対応ぶりにもはっきりと表れていた。大蔵省理財局に証券部が置かれたのは、東証株価がピークを過ぎた1962年5月であり、大蔵省証券局の誕生は1964年6月のことであった。

しかし、このような間接金融優位の金融構造のもとで、昭和30年代中頃の証券市場は空前のブームに沸き返っていた。特に、昭和30年代前半は、金融緩和を背景に株価は上昇を続けていた。それは企業の好収益という事情もあるが、株式の需給関係のアンバランスによるところが大きい。

そのアンバランスを招いた一つの要因が株式投資信託であった。小額の資金で購入ができ、しかも平均年利回りが年2割から3割と、銀行預金の金利をはるかに超える投信も現れたことにより、売れ行きは好調であった。その結果、個人金融資産に占める株式投信の比率は1959年の5.8％から1961年には17.6％と大幅に増加した。

株式投信への大衆投資家の関心が短期間に急速に高まったのは、間接金融優位のもとで株式の発行数が相対的に少なかったこともあり、株式の需給関係を逼迫させ、株価の高騰を招いたからである。

こうした最中、1961年1月には公社債投信が発足した。「銀行よサヨウナラ証券よコンニチハ」という宣伝文句が一世を風靡したように、この商品は爆発的な売れ行きを示した。市場は1960年前後には、明らかに過熱気味になっていたが、この証券ブームを反映して、証券各社はこの間に急速に経営規模を拡大していった。

しかし、問題は、証券業界にとって、このような経営規模の拡大に見合う資金調達の方法がどうであったかということである。前述したように、証券界に対する行政側の対応は充分とは言えず、資金調達の方法はほとんど制度化されていなかった。資金調達の有力な手段は、今では廃止されている運用預かり制度であった。実は大蔵省が1955年に大手4社を含む証券19社に認めたこの制度こそが、山一事件を起こす大きな原因となった。

それでは、運用預かり制度とはどのようなものであったのか。各証券会社は、長期信用銀行が発行する金融債を受託販売していた。ところが、当時、証券会社は顧客にいったん売却した金融債を日歩一厘の品借料を払ってまた預かり、それを銀行、中小金融機関からの借り入れ、あるいはコールマネーの取り入れに対する担保として用いて得た資金で、株式や公社債の在庫金融や自己売買を行っていた。

こうして得られた資金は少なくとも、当初、その大部分は、自社の投機的売買益を得るための株式買い付け資金として用いられたが、さらに証券会社は、その買い付け済みの株式を担保として、掛け目7割で資金を借り、株式を買い付けることもあった。このようにして「買い付け株式→担保差し入れ→銀行借入金→株式買い付け」の循環は当時、必要に応じ、何回も繰り返された。

これが運用預かりと呼ばれる制度の仕組みである。運用預かりが大規模になったのは、何よりも証券業務の拡大とともに証券業者の資金需要も増大するのに、それに見合った証券金融制度が未整備なためであった。しかし、この制度は、それなりのメリットもあった。預金と同様の効果を生むという点では金融債の購入者である顧客にとって、また資金調達の手段としては証券会社にとって、さらに販売増につながるという点では発行銀行にとって、それぞれメリットのある制度ではあった。

しかし、1961年に株価がピークを付けた時点以降、逆回転が始まった。この制度は、仮に客が証券会社に預けた金融債（主として割引金融債）の返還を一斉に求めてきた場合に、きわめて深刻な事態を生み出すことになる。証券会社が客の求めに応じるためには、手持ちの株式を売却し、その代金を

借入金の返済として貸手に支払い、担保の割引金融債を取り戻さなければならない。また、1962年頃から始まった投信解約の増加についても、株式の売却で代金を確保しなければならなかったから、株価は暴落の一途をたどることになった。

　しかし、証券会社の経営を悪化させたのは、運用預かり制度だけではなかった。株式投信や公社債投信の急成長は、昭和30年代の前半から半ばにかけて証券市場の活況を生み出し、証券会社の経営拡大に大きく貢献した。だが、いったん株価が下落すると、経営悪化を促進する大きな要因となった。株価が下落すると、株式投信の運用実績も悪化する。運用実績が悪化すれば、投信設定額が減少し、解約も増える。解約に対応するために、投信は株式を売却し、それがさらに株価を下落させる。株価を押し上げた主役は投信資金であったから、投信が不信になれば株価に対しては逆方向の効果が激しく働くことになる。

　公社債投信が不信に陥ったことも、株価と証券会社の経営に大きな打撃を与えた。当時は、公社債の流通市場は未発達であったことから、解約された公社債の大半は証券会社が引き取るか、株式投信が買い入れるかせざるを得なくなり、これが証券会社の資金繰りを圧迫した。所要資金を賄うため証券会社は手持ちの株を売却するしかない。こうしたことが、株価の下落と証券会社の経営悪化に拍車をかけた。

　1961年半ばまでの株価の高騰をもたらした要因の一つが、株式の需給関係の逼迫であることは既に述べたが、このことは投信の解約が増加したり、株式の発行が増加した場合には、需給バランスを崩し、一転して株価は下落することになる。1961年7月の公定歩合の引き上げに始まる金融引き締め政策は、それまで上昇していた株価や公社債価格の急落を現実のものにした。こうして株価はそれ以降下落を続け、証券会社の経営は悪化し、株価対策もむなしく、1965年に証券恐慌を引き起こすこととなった[1]。

(2) 山一証券の経営手法の弱点

　こうした状況のなかで、証券会社の経営が悪化していったわけであるが、

四大証券のなかでなぜ山一証券のみが、1965年に日銀の特別融資を受けざるをえないところまで経営を悪化させたのかを分析するために、山一証券の経営方式固有の問題点を考察しておく必要がある。

まず第一に指摘する必要があるのは、山一証券の売買方法が強気一本槍の古い相場師的体質をもっていたことである。その商いの方法は、売りに対して強気一本槍で買い上げるというものであった。その強気の姿勢は、1962年の株価下落の局面においても変わることはなかった。しかし、株価が急速に下落し、客が手持ち株を売却するという状況で、山一の経営陣は苦境に立たされることになった。客が売りに出してきた株を市場に放出すれば、さらに株価は下がる。そこで山一証券は、やむなく手持ちするという事態となった。こうした商法の度合いが強かったことが、他社に比較して山一が大幅な手持株の評価損を生み出す一つの要因となった。山一の経営陣の強気一本槍の方針はもはや通用しなくなっていた。

第二の要因は、山一が「法人の山一」であったことである。山一は戦前・戦中における企業の発行する社債の引受や戦後における放出された財閥の持ち株の公開販売で強みを発揮していたが、その後も大企業とのつながりを生かし、株式市場の発展とともに規模を拡大していった。そして、「法人の山一」の評価が確固たるものになったのは、昭和30年代に入り、株式公開ブームに乗って取引先企業を増やしていく過程においてであった。1961年10月、東京、大阪、名古屋の各証券取引所に第二部市場が創設され、中堅企業はこぞって株式上場を目指した。証券会社の引受競争は過熱したが、なかでも山一は戦後まもない時期から未公開の新興企業の株式を引き受けて公開させ、株式の値上がり益を得る業務に力を入れていた。この公開ビジネスに第二部市場の創設が拍車をかけた。大企業に評価されていた「面倒見のよさ」は新興成長企業にも受け入れられ、取引先を広げていった。

1960年から62年の間に東京市場に新規上場した企業のうち、山一が幹事を務めた企業は129社に上り、野村証券の86社を大きく引き離していた。また、東証二部上場企業数は1961年10月の発足当初は325社にすぎなかったが、1962年12月にはほぼ1.5倍の467社にまで増えている。そのなか

で、山一が幹事、副幹事を務めた企業のシェアは何と40％にも達していた。

しかし、山一が新規上場企業の発掘に力を発揮していた頃、株式相場はすでに頂点を過ぎていた。この下げ相場の局面で、山一の積極策は完全に裏目に出た。株価が上昇している間は値上がり益を獲得できるが、いったん株価が下落すると状況は逆転してしまう。将来の上場を見込んで買い込んだ企業の株式は、上場が見送られると紙屑同然となり、何とか上場にこぎつけたとしても公開後に株価が下落すると、株式の評価損は膨らみ、山一の経営を圧迫する大きな要因となった。

こうした図式は、他の証券会社にも共通していたが、とりわけ法人取引に力を入れていた山一が最も大きな打撃を受けた。そのうえ、上場している幹事企業の株をこれ以上値下がりさせまいと、下げ相場に買い向かっていった。それに対して、ライバルであった野村証券は、公開ビジネスへの取り組み方は山一と大きく異なっていた。公開ビジネスそのものには同じように積極的であったが、景気や株式相場の先行きを慎重にみて、引き受ける企業を財務体質の強固な財閥系の会社や、優良企業などに絞り込んでいた。このため野村の主幹事会社には、昭和40年の証券恐慌においても経営不振に陥る企業が少なく、株価下落による打撃を最小限に抑えることができた。

第三の要因は、含み損の処理の仕方である。山一は1964年に至っても評価損の生じている株を関連会社に資金を貸し付けて買い取らせる等の形で粉飾決算を行い、表面をつくろい、実質的な経営改善努力を怠っていた。このことが、経営をさらに悪化させることになった。1997年11月の経営破綻に至る過程で行われていた損失の隠蔽と同じことが、この時期においてすでに実行されていたと言える。

第四の要因は、1965年の証券恐慌時における経営破綻だけにかかわる問題ではないが、戦後の証券市場の主流を占めることになった証券民主化に伴う大衆化路線に出遅れたことである。1947年12月の「証券民主化促進全国大会」をきっかけに始まった「証券民主化」とは、国民大衆による株式保有を促進することである。財閥解体に伴い、「放出株」の売り出しが、1947年8月から開始されたが、その受け皿作りのために行われたものである。「民

主化運動」の効果もあって、1948年から49年にかけて全体の90％を放出することができた。1945年度末には、総株数に占める個人株主所有株の割合は51.9％であったが、1949年度末には68.4％にまで上昇した。同期間に株式所有者は171万人から428万人へと増加した。

　このことからも分かるように、戦後の証券市場の特徴の一つは、大衆化の進展である。戦前の産業界においては財閥が圧倒的な支配力をもち、株式の多くは財閥によって保有され、一般個人で株式を持つ人はほんの一握りにすぎなかった。法人に重点を置いていた山一が、大衆投資家層に営業の重点を置く方針を明確に打ち出したのは1958年のことであり、野村に対して5年遅れることになった。しかも、山一の「大衆化路線」は、必ずしも満足すべき成果をあげることはできなかった。法人に強かっただけに、山一には法人相手の大きな仕事を重視する意識が強く、大衆化路線に経営の基本を完全に移すことはできなかった。こうした山一の経営環境の変化に対する対応のまずさに対して、全国証券取引所に占める野村の売買シェアは、1954年9月期の13.8％から1956年9月期には20％にまで上昇した。昭和20年代には山一と野村との間で抜きつ抜かれつだったシェアは次第に野村に傾き、昭和30年代には売買シェア、収益、発言力などの面で、野村は確実に業界首位の座を手中にした。

　第五の要因は、積極的な拡大路線と合理化への対応の遅れである。山一の大神一が社長に就任した1954年以降、しきりに「業界第一位主義」を訴えた。戦前の「栄光の山一」時代を知る大神には焦りがあった。その焦りが、無謀ともいえる拡大路線に走らせ、合理化に踏み切るタイミングを見誤った。さらに、野村とは対照的に、山一の経営陣が合理性よりは義理人情を重んじたことも、経営の改善が急務とされた局面において大きなマイナス要因となった[7]。

(3) 日銀特融と山一の救済

　小池厚之助会長は、山一証券の実質的なオーナーではありながら、経営はほとんど大神社長に任せてきたが、1964年9月にようやく重い腰をあげた。

山梨県出身の小池は、出身地を同じくする経済同友会の小林中に話を持ちかけた。その結果、小林の要請を受けて、興銀の山中、富士銀行の岩佐、三菱銀行の宇佐美といった各銀行の頭取が善後策を協議した。この三者の話し合いのなかで経営陣の刷新が決まったが、後任社長の人選は難航した。当初、主力銀行の富士から派遣するという話もあったが、結局これは実現せず、元興銀常務で、当時日産化学工業社長の地位にあった日高輝に白羽の矢が立てられた。日高は日産化学工業の経営再建のために興銀から送り込まれた人物で、まだ任期途中ではあったが、再建はほぼ達成されていた。日高は、最初固辞していたが、宇佐美、岩佐、小林らの説得で、山一社長就任を了承した。ここで重要なことは、山一再建に対して、メインバンクである興銀、三菱銀行、富士銀行からの全面的支援を条件にしたことである。1954年11月以来、ちょうど10年続いた小池・大神体制は、こうして終止符を打った。

さて、富士、三菱、興銀のメイン3行は、山一の新体制発足後から再建案作成のために、担当者を派遣し本格的に山一の経営状態の実態把握に着手し始めた。3行のなかでは特に富士が、この再建案作成の過程をリードしていた。しかし、関連会社と山一との関係が不明確であるため、彼らの作業は難航した。富士銀行の一角に「山一再建室」が設けられ、実態解明が進められた。大蔵省も加わって明らかにされた1965年3月末の山一の赤字は、資本金60億円に対して、実に282億円にものぼっていた。これは公表された数字である84億円の3倍を超えるものであった。このような数字を踏まえて、大蔵省や3行の実務担当者たちは、山一の再建案作成に取り組むことになった。山一の再建をめぐっては、メイン3行以外の関係銀行も含め、借入金の金利棚上げをどのように扱うかをめぐって調整がなかなかつかない状況が続いた。

そうした状況のなかで、「昭和40年の証券恐慌」として昭和史に残る事件となった山一に対する日銀特融は、1965年5月21日の西日本新聞の報道で始まった。この日の西日本新聞朝刊一面に、「山一証券、経営難乗り切りへ、近く再建策発表」という見出しが載った。山一の経営危機は以前から業界内でささやかれていたが、大蔵省は報道による金融不安の発生を憂慮し、

在京報道機関に報道の自粛を要請していた。しかし、西日本新聞はこの協定に加わっていなかったため、独自の取材に基づいて掲載に踏み切ったのであった。

これをきっかけに自粛協定は崩れ、その日からテレビ、ラジオ、新聞が、いっせいに報道を開始することになる。当日の東証ダウ平均は横ばいで終わったが、翌日から下落し始めた。5月21日には1142円台であったが、27日には1100円台スレスレにまで値下がりした。この下げ幅は現在の株価水準からすれば、大きくはない。しかし、当時、日本共同証券や日本証券保有組合が株価を下支えし、相場が死んでいたことを考慮すれば、きわめて大きい下げ幅であったと言ってよい。

山一証券の全国約90の各支店には、新聞報道で経営悪化を知った一般投資家が次々と駆けつけた。山一証券広島支店では、22日早朝から約400人の客が詰めかけ、投信の解約および運用預かり、保護預かりの引出しを行い、その解約額は、1000万円を超えた。山一全体の来客数は、22日の約1万4000名から、休み明けの24日には約1万7000名と増え、28日の特融決定の当日にはついに通常6～7倍の2万838名にも達した。22日から28日までの運用預かり、投資信託の解約累計は177億円にのぼった。

このような事実上の取り付け騒ぎに対して、28日夜7時過ぎから、東京赤坂の日銀氷川寮で、関係者が出席し、最終的に山一証券に対する日銀の特別融資問題が検討されることになった。途中から参加した田中蔵相をはじめ、大蔵省の担当者、日銀の担当者、興銀の中山、富士の岩佐、三菱の田実の各頭取であった。日銀の佐々木副総裁および大蔵省の高橋銀行局長が、山一の経営の一角を担ってきた3行の責任論で口火を切り、日銀が面倒を見るにせよ、3行を経由する形にしたいと述べたのに対して、3行側はあくまで日本証券金融経由を強く主張した。実際、彼らはできるだけリスクを少なくしたいと考えていた。しかし、日銀にしてみれば、このような要求は3行側の責任逃れの姿勢を示すものであった。こうしたやり取りの流れに変化をもたらしたのは、やはり田中蔵相の登場であった。田中としては、何はともあれ、山一を救済し、この取り付け騒ぎが金融恐慌に発展することを防ぐこと

だけを最大の目的としていた。したがって、田中には3行であろうが、日証金経由であろうが、最も重要なのは山一を倒産させてはならない。そのためにはこれまで渋ってきた日銀から金を出させる、その一点であった。田中の到着まで延々続いていた議論は、田中の一喝で完全に流れが変わった。ようやく日銀が山一再建を全面的にバックアップすることを約束した。ただし、特融は3行経由であり、この点に関しては、日銀の言い分が入れられることになった。日銀法第25条発動の効果は直ちに現れたというわけではなかったが、次第に解約状況にも落ち着きが見られるようになった[3]。

(4) 山一証券の再建と特融完済

　日銀特融後の山一の再建にあたっては、時間的な余裕を許さない事情があった。それは改正証券取引法のもとで、証券業者として免許条件をクリアしなければならないということであった。改正の最大のポイントは、証券業者に対する監督指導の強化にあり、証券業者は従来の登録制から免許制のもとに置かれることになった。新しく開業する場合には当然、法律の施行と同時に免許制が適用されるが、既存の業者は1967年9月中に免許の申請を終え、68年4月1日から完全な免許制に移行することになっていた。その時点で、特融を抱えた山一が、はたして免許条件をクリアできるであろうか、これが最大の問題であった。山一としては、スムーズに免許制へ移行する方法を見つけなければならなかった。

　こうして浮上してきたのが、「新旧分離による再建計画」であった。山一とは別に、まず「新会社」を設立し、その新会社が山一から商号および証券営業に関する資産・負債および顧客を譲り受け、改正証取法のもとで免許を取得し、新しい山一証券として発足する。一方、従来の山一は、新会社に商号および営業を譲渡した後、「旧会社」となって、特融の管理と、新会社から受け入れる収益などによって特融の計画的返済にあたる、という方式である。

　1966年6月11日、新会社設立を骨子とする「再建計画」が正式に発表された。大型景気の到来と証券市場の立ち直りにより、山一の再建は順調に進

んだ。必死の健全化努力と環境好転の相乗効果によって、業績は著しく改善された。1967年と69年の9月期を比較すると、手数料収入は145億円から236億円の1.6倍に、当期純利益は4億100万円から36億800万円の9倍へと急増した。こうした好調な業績のもとで、特融返済も予想をはるかに上回るテンポで進んだ。そして、69年9月末までに日銀特融を完済したうえ、10月1日をもって「株式会社山一」と「山一証券」が合併して、「山一証券株式会社」として旧に復する方針が決まった。特融の完済は、特融が実施された65年6月から数えれば4年3カ月でなされたことになり、返済の仕組みが決まった当時は、完済に18年7カ月を要するとされていたことを思えば、信じがたい早期返済であった。

しかし、「40年問題」が山一に大きな後遺症を残したことも事実である。①顧客層、預かり資産の急減、②先行投資の遅れ（人員、店舗、国際化など）、③財務内容の弱さ、その結果としての金融収支の見劣り、④人材の流出と優秀な人材確保面でのハンディ、⑤専守防衛型の社内ムード、などである。法人幹事関係では、当初の影響は比較的軽微であったが、山一の総合力の低下が長期にわたってじわじわとマイナスに作用し続けた。そして、山一は再建過程で国内店舗を35閉鎖し、65年には77店舗となった。それまで日興証券に次いで二位だった店舗数は、四大証券のなかで最下位となった。

しかし、山一は、「法人の山一」という伝統に強いこだわりを持ち続けた。この伝統と現実とのギャップを無理にでも埋めようとした営業姿勢が、80年代後半の営業特金の急拡大や「飛ばし」につながっていった。だが、最大の禍根は、大型景気によりあまりにも立ち直りが早かった結果、「40年問題」から多くのことを教訓化することを忘れ去ってしまったことである[4]。

Ⅱ　社内主流派の確立――経営戦略転換の機を逃す

(1) 生え抜き社長の誕生――銀行からの独立

日高は山一証券の再建を果たし、1972年5月に当時副社長だった植谷久三を後継者として指名した。植谷の社長就任は、その後の山一の進路を決め

る一つの分岐点になった。脱「銀行管理」を目指すとともに、社内では本社育ちのエリートばかりを登用し、植谷が「40年問題」後の山一の経営を方向づけていったからである。それは、山一が1965年の経営危機の記憶を遠ざけていく過程でもあった。

　8年ぶりの生え抜きの社長誕生に、社内では「山一はこれで独り立ちした」との熱気に包まれた。社内には銀行管理に対する感情的な反発が強かった。植谷は銀行からの独立志向を強め、興銀、三菱銀行、富士銀行から派遣されていた役員たちを日高を除き、植谷の社長時代に山一本体からほぼ一掃した。銀行支配から独立しようとした植谷の路線は、当時山一社内では多くの社員に支持された。植谷の社内権力は、山一が銀行に反発し独立色を強めていく過程で形成された。この社内権力を背景に、植谷は社長を退いてからも歴代トップの人事権を掌握し続けた。植谷は80年12月に会長となり、87年には相談役に退いたが取締役の肩書はそのままだった。取締役を辞したのは88年であり、ようやく相談役から顧問に退いたのは97年8月のことで、山一が自主廃業を決めた97年11月の時点では、山一本体の顧問と山一証券経済研究所名誉会長を兼ねていた。山一社内には植谷の老害を指摘する向きも強かったが、植谷自身の耳には届かなかったらしい。さらに、問題であったのは、会長を退いた後も社内で隠然たる影響力を残し、人事権も掌握し続けていたことであった。

　植谷を「山一中興の祖」と持ち上げるマスコミもあったが、業績に関しては、植谷の社長在任期間は他の大手3社との収益格差がじりじり広がっていく時期でもあった。最大の理由は、「40年問題」の後遺症で財政基盤が脆弱であったため、先行投資に遅れを取ったことである。その結果、証券界でこの時期に急速に進んだ国際化やコンピュータ化の流れに乗り遅れた。もう一つが、リテール（個人営業）部門の弱さである。「40年問題」で支店網を大幅に縮小せざるを得なかったうえに、「法人の山一」という伝統のしがらみから抜けきれず、個人営業を軽視する風潮が強かった。第三の理由は、「法人の山一」という伝統も空洞化していったことである。70年代に入り、株式市場は本格的な時価発行増資の時代になり、公募増資が一般化していっ

た。「義理人情」や過去のしがらみで幹事を獲得できた額面発行や株主割当増資の時代は終わり、企業は販売力で主幹事証券を選ぶようになった。全国に張りめぐらされた強力なリテール網を背景に、野村が主幹事企業を拡大していったのはこの時期である。リテールの販売力がなければ、法人営業でも強みを発揮することはできなくなっていた。

　しかし、植谷には、銀行に乗っ取られた山一の経営権を自分が取り戻したという自負心があり、まるで「創業者」のような意識になっていたところがある。そして、生え抜きの社長の誕生が社内でも大いに歓迎されたこと、このことが、植谷の社内権力掌握を強固なものにしていった。興銀出身の日高を継いだ植谷以後、横田良男、行平次雄、三木淳夫と続いた4人の社長には、多くの共通点がある。まず、営業の現場をほとんど知らない「企画畑出身の本社官僚」である。横田、行平、三木は、いずれも経営の中枢である企画室長の経験者である。企画室は、山一証券のなかでも最も重みのある部門とされてきた。営業現場とは隔たりのある「聖域」が山一の指導者を生み出していく。それには理由があった。野村証券や大和証券の場合、企画室は大蔵省との交渉を担当し、社全体の将来の経営計画を立案している。しかし、山一はそれだけにとどまらなかった。社長や会長の秘書役を出し、社長と会長の動向を管理していた。そのうえ社の財政部門を握っていた。営業など他の部門がいくら金がかかるか、予算措置まで牛耳っている。監督官庁とのつながり、トップの動向と極秘情報を押さえ、金を握る。絶大な権力が企画室にはあった。

　また、この4人は投資信託部門の上司と部下でもある。植谷の投信部時代の部下が横田で、横田の部下が行平、そこに配属されていた新入社員が三木である。植谷以後の山一の社長人事は、植谷をボスとする社内派閥によるトップのたらい回しで決められてきた。

　さらに植谷以降の歴代トップは、秘密を共有することによって絆を強めていった。1986年の「三菱重工業事件」は総会屋の経営介入を招いた。その顛末を知るのは今も植谷らごく一部に限られる。横田の社長時代、87年のタテホ・ショックやブラックマンデーで生じた多額の損失は、存在を明らか

にしないまま密室で処理された。そして、横田、行平の社長時代に生じ、負の遺産として三木に引き継がれた簿外の損失も、本来ならば闇から闇へと葬られるはずであった。事件や損失を闇に沈める過程で、社内派閥の構成員は秘密の共有者となり、やがて「共犯者」となっていく。共犯者としての一体感が、同一派閥以外の社員を一人また一人と中枢から追いやり、経営の上層部を強固なものにしていった。「三菱重工業事件」で後述するように、植谷は87年に会長を退いたにもかかわらず、88年の行平の社長就任人事は、植谷の強力なバックアップなしでは実現しなかった。行平の次の社長が三木というのは社内で既定路線といわれていたが、その路線を引いたのも植谷であった。

　こうした主流派の人脈のなかで、横田以降の時代に、営業戦略やグループを含む社員人事で大きな方針転換は見られなかった。グループ各社には長老が居座り、本社では企画部門が常に経営の中枢を占め、それに支店を中心とする営業部門が反発するという、植谷の社長時代に始まった構図の繰り返しであった。このように横田や行平にとって植谷の「呪縛」はそれほど強かった。その呪縛をもたらしたのは、植谷の庇護のもとでトップに上り詰めたという経歴と「共犯者」としての一蓮托生であった[5]。

(2) 三菱重工業事件——社内主流派の確立

　1986年に、山一の経営を大きく揺るがした「三菱重工業事件」が起こった。86年8月に三菱重工は1000億円の国内転換社債を起債した。その引受幹団に入った山一が、三菱重工の指示に従い、17億円の新発転換社債を三菱重工に出入りしていた総会屋に配った。当時は企業が転換社債などを発行する際、一定の比率を特定取引先や関係者に証券会社を通じて引き渡す、「親引け」と言われる制度が残っていた。

　株価が右肩上がりのバブル期には、株価はすぐに転換価格を上回ることが多く、短期間で利益が見込めるため、損失補てんや総会屋対策にも利用されていた。特に、三菱重工が四大証券を通じて割り当てたこの転換社債は、1カ月後の9月には、上場した時には額面で1株100円だったのが208円にま

で跳ね上がっていた。買値の２倍で売り抜けできたことになる。88年に発覚したリクルート事件と同じことが行われていたのである。

　82年の商法改正で総会屋への利益供与に罰則規定が設けられ、そこで新しい総会屋対策として考えられたのが、証券会社を利用した転換社債の割当であった。ところが、配分先の総会屋リストが山一社内から一部マスコミに流出し、スキャンダルになった。三菱重工から総会屋への割当を指示された山一首脳は困惑した。その当時の事業法人本部の担当が、専務の行平であった。行平は横田や副社長らと協議をした末に、結局、山一は「引き受けざるを得ない」との結論を出す[6]。

　この事件が大きな意味を持つのは、単に社会的に問題にされただけではなく、山一社内で横田の後継をめぐる人事抗争にも利用されたからである。この抗争は社内を二分する派閥抗争に発展した。当時、ポスト横田は法人担当専務だった行平が確実視されていた。これに反発したのが副社長の成田と、専務の宮崎、常務の木村、取締役の吉田であった。彼らは反行平の「四人組」と呼ばれ、もう一人の次期社長候補に担ぎ上げられたのが成田であった。

　ただ、「四人組」などというグループは存在せず、作為的に作られたレッテルだった可能性が高い。しかし、山一社内に総会屋への転換社債割当リストを外部に漏らした人間が存在し、その流出をきっかけに人事抗争が起きたことだけは間違いない事実である。成田は、派閥を嫌っていたが、社内では主流派と向かい合う唯一の対抗勢力と見なされ、「看板の法人営業だけでなく個人営業に力を入れるべきだ」という営業部門の若手に担がれていた。

　行平が一応の責任を取り、翌日、行平をロンドンにある現地法人「山一インターナショナル」の会長にする人事が発表された。しかし、行平はロンドンに赴任することはなかった。本社社長室の並びにあった山一インターナショナルの会長室に身を置き、ここを拠点に海外に時折出張することになった。つまり、失脚は表向きのことだった。しかし、この人事に対して、行平を担ぐ事業法人畑を中心とするグループが猛烈に反撃に出た。一方の成田は事実上の自宅謹慎を命じられている。社長の横田が、外部にリストを流した

のは誰だと激昂し、「犯人探し」の末、成田に漏洩の責任を取らせたのである。成田は会社に居られない状態になり、87年1月16日、自宅で自殺した。山一で最も激烈といわれた人事抗争は、成田の凄惨な最期とともに主流派の勝利で収束する。行平は87年12月に副社長として本社に異例の復帰をし、88年9月には社長に就任している。

　この間、抗争に巻き込まれた形の宮崎と本村はグループ会社に出され、関連会社行きを迫られた吉田は山一を退社している。その後、山一社内では抗争時に「行平親衛隊」であった人間は取り立てられて経営の中枢を占めていった。こうして、この事件以来、山一の役員会は「総主流派」となり、社内には派閥らしい派閥もなくなり、経営陣のトップに対するチェック機構は存在しなくなった。「三菱重工業事件」が結果的にもたらしたのは、コーポレート・ガバナンスの観点からみて重要な問題であり、こうした社内でのチェック機構の不在が、その後の簿外債務事件、経営破綻へとつながっていくことになる。

　また、「三菱重工業事件」は、山一にとって単なる人事抗争だけではなく、経営戦略をめぐる抗争でもあった。法人部門偏重の経営を変えようとするリテール部門を中心とした動きが底流にあり、それに反発した法人派が行平を担いでその改革の芽を摘もうとした側面がある。「法人の山一」という伝統にしがみつき、過去の成功体験に基づく経験主義により、戦後の証券市場の大きな経営環境の変化の流れを改革に生かせなかった山一の連綿とした主流派の潮流が、経営戦略転換の機を逃すことになった[7]。

III　バブルと財テク――「にぎり」と「飛ばし」

(1) 営業特金と「にぎり」

　80年代後半のバブル期、株価は急騰し、各証券会社はバブル相場を謳歌した。山一もまたそのバブル相場に浮かれていた。企業は株高を利用してエクイティファイナンスで証券市場からの巨額の資金を調達し、それを積極的に有価証券投資で運用した。大手4社は業績を伸ばすチャンスとばかりに、

財テク資金をかき集めることに狂奔した。主幹事となっている取引先の会社の株価のつり上げ、値上がり確実な新発転換社債の大口顧客への優先的配分など、市場ルールを無視した資金調達や運用も、他の証券会社との顧客獲得競争のためにはなりふり構わず行われていた。

大手４社のなかで、特に法人営業に力を入れたのは、業界トップの野村を追う立場にある二番手の大和証券と、「法人の山一」という過去の伝統にしがみつこうとする万年最下位の山一証券であった。山一は競争力に劣る個人営業部門を補うために、他社以上に法人部門がブローカレッジに走らざるを得なかった。またこのバブルというチャンスは、経営陣に過去の栄光を想い出させ、「山一復活」を強く意識させた。

営業特金とは、投資家や投資顧問会社に代わり証券会社が資金を運用する特金のことであり、バブル期に日本の証券会社が財テク資金を集めるために編み出した有力な金融商品である。特金とは特定金銭信託の略であり、本来の特定金銭信託とは、運用の委託者自身か、委託者と契約を結んだ投資顧問会社が信託銀行に運用の指示を出し、信託銀行が証券会社に売買を発注するものである。特金には、委託者にとってはすでに保有している有価証券の薄価と切り離して売買できるという会計上のメリット（「有価証券の薄価分離」）があるため、大量の株式を保有している生命保険会社の運用手段として、84年から盛んに利用されるようになった。

しかし、当時はまだ委託者側に責任をもって運用の指示を出せるプロのファンドマネージャーがいなかったし、投資顧問会社と契約すれば運用のアドバイス料がかかるため、運用の指示を証券会社に一任し、信託銀行には売買注文を事後報告するだけ、という営業特金が生まれた。ここで、一任勘定とは、証券会社に証券取引の一切を任せることである。運用に関しては、株の売買から銘柄、数量、値段まで証券会社の事業法人部の担当者に任されるので、売り買いを何度も繰り返す回転売買をすることによって、手数料は稼ぎたい放題ということになる。もちろんその分は委託者である企業側のコストとして跳ね返るが、株価が右肩上がりならばそれを吸収して余りある運用成果を顧客に還元することができる。ただ、その後、一任勘定は、1991年

に発覚した証券不祥事をきっかけに「本質補てんの温床になる」として改正商取法で禁止された。

　営業特金が企業の財テクの手段としても広く利用されるようになったのは85年頃からである。事業会社の場合には、多くはエクイティファイナンスと抱き合わせで、資金を調達したもののすぐに使い道のない余裕資金を証券会社に預けるという形で始まった。その後、財テクの効果に味をしめた事業会社の間では、財テクを専門とする金融子会社の設立がブームとなった。財テク資金の流入が株式相場を押し上げ、相場が上がれば上がるほど、財テクは容易な利益確保の手段として、さらに多くの企業に利用されるようになった。

　財テク資金を獲得するために広がっていったのが、証券取引法で禁止されていた事前の利回り保証である。営業特金は「にぎり特金」とも呼ばれた。証券会社が契約欲しさに事業会社に「必ずもうけさせます」と約束し、手を握り合うから「にぎり」である。したがって、この利回り保証は「にぎり」と呼ばれた。80年代後半、株価が右肩上がりを続けるなかで証券会社の現場の感覚は麻痺していった。商取法で禁止されている「にぎり」を堂々とセールストークに使うようになっていったのである。経営陣のトップも、今で言うコンプライアンス（法令遵守）の観念がなく、現場に任せきりだった。歯止めをかけると、特金が取れなくなると恐れたのであろう。利回り保証は違法でも、事後の損失補てんはまだ法律違反ではなかったことも、不正行為の言い訳になっていた。ともかく、86年頃の「にぎり」の相場は年8％程度で、金利が上昇したバブル末期の89年頃には、10％を上回るものもあった。

　企業側も豊富な資金を背景に、証券会社に運用を競わせた。その際、企業がちらつかせたのが主幹事の変更である。証券会社にとって主幹事を務めることは、その企業の株式や債券の新規発行の引き受け、募集、売買などすべての業務につながる。特に「法人の山一」という伝統を背負っていた山一では、主幹事に対するこだわりが強かった[8]。

(2)「飛ばし」

　80年代後半のバブル期においても、全体としての株式相場は上昇を続けていたにもかかわらず、個別に見れば、利益を上げていないファンドも出てくる。そうした場合には、目標利回りが達成できないことから、実質的な損失補てんも公然と行われるようになっていった。損の出ているファンドに値上がりが確実視されている転換社債やワラント債を優先的に回したり、利益の出ているファンドから損の出ているファンドへと利益を付け替える損益調整売買などである。

　この損益調整売買に使われたのが、市場に注文を出さず、証券会社が仲介して売り手と買い手が直接、株式をやり取りする「媒介」と呼ばれた取引手法である。売買内容は取引所に報告する義務があったが、時価と乖離した値段で株式を売買できるところに大きなメリットがあった。媒介の利用では、利益の出ているファンドから損の出ているファンドに対する「贈与」に当たるかどうかが問題になったが、国税庁は当初10％、その後5％程度までの時価との乖離は「贈与に当たらない」と認め、その判断に従って媒介が行われていた。

　だが、87年10月に、ドル暴落の不安からアメリカの株式市場でブラックマンデーという大暴落が起こり、それが日本にも波及した。損失を抱えた有価証券を企業間で転売する「飛ばし」取引が急速に広がり始めたのは、このブラックマンデー以降のことである。飛ばし以前にも、企業の決算を繕う操作は行われていた。損失を抱えた有価証券を決算期末の直前に他の企業に売却し、決算が済んだ時点で金利を付けて買い戻す、「疎開」と呼ばれた手法である。転売した企業の決算書には有価証券の値下がりによる損失は反映されず、実態を覆い隠すことができた。

　金利を付けて買い戻す際に、前述の「媒介」が使われた。組織的な粉飾決算であるにもかかわらず、疎開は決算期の直前には当たり前のように行われ、企業から歓迎された。しかし、80年代後半になると、東京証券取引所などの取引所が時価と大きく離れた価格での媒介を厳しく制限するようになり、事実上、疎開を利用することは難しくなった。

そこで証券業界が編み出した手法が「飛ばし」である。基本的な仕組みは疎開と同じで、損失を抱えた有価証券を証券会社の仲介によって、A社からB社に時価より高い価格で売却し、その際にA社がB社から金利を付けて有価証券を買い戻すことを約束する。ただ媒介が使えないため、これを企業同士の直取引で行う。取引所にも報告しないため、取引の存在を知るのはその当事者と、仲介役の証券会社だけになる。有価証券を担保にした買い戻し条件付き売買である。このような株式を使った現先取引は、法律で明示的に禁止されていたわけではないが、証券会社に関しては証券業協会の規則では禁止されていた。ところが、証券業協会の規則は事業会社を縛るものではない。ここを衝いたものが「飛ばし」である。

飛ばしを受けたB社は大口定期預金などより高い利回りが得られるため、受け手にとっては有利な財テクであった。だから、証券会社が頼み込んで飛ばしの受け手となってもらうケースばかりではなく、積極的に受け手になろうとする企業も多かった。

この「飛ばし」において、企業と証券会社の間でトラブルになることが多かったケースは、証券会社がA社との間で、「利回り保証」をしていた場合である。相場の下落で有価証券に含み損が発生すると、B社に売却後、元の所有者だったA社は「にぎりの約束を果たしていない」と主張し、有価証券の引き取りを拒否することが多かったからである。こうなると、証券会社は別の「飛ばし」先を見つけるか、証券会社が自分で買い取るかを迫られる。他に飛ばし先のC社を見つけたとしても、C社が最後まで保有するわけではないから、また次の飛ばし先を見つけなければならない。しかし、引受先を見つけることができない場合には、証券会社が自分で買い取らなければならなくなり、企業への損失補てんとなる。図表8-1で言えば、最後に、証券会社には株価の値下がり分30億円と金利15億円の合計で45億円の損失が発生することになる。このように、飛ばしを繰り返しているうちに、介在した企業に支払う金利が積み重なっていく。この間、有価証券の時価が下がっていけば含み損も雪だるま式に膨れ上がることになる。

また、飛ばしを繰り返してるうちに、飛ばした有価証券の損失は企業が引

図表 8-1 飛ばしの仕組み

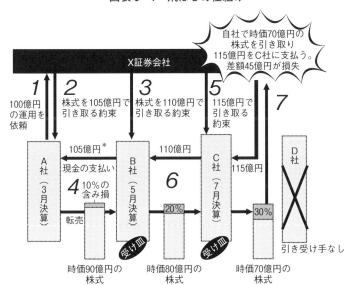

注：＊は形式的には株式の売買代金だが、実態は「株式を105億円でAから引き取る」というXの約束をBが代わって、履行しているといえる。この場合、「BはXに105億円融資した」ことになり、株は担保の意味になる。

（出所）北沢千秋『誰が会社を潰したか』（日経BP社、1999年）、158ページ。

き受けるのか、証券会社が引き受けるのかがはっきりしなくなってくる。飛ばしている間に膨らんだ損失の帰属をめぐってもめごとが起こることもある。さらに、飛ばしを繰り返すうちに取引はどんどん複雑になり、どんな経緯で転売されたのか分からなくなり、引受先を失ったまま飛ばしを繰り返すことになる。このように引受先を求めてさまよう飛ばしは「宇宙遊泳」と呼ばれていた。

バブルの末期には、山一の事業法人部門ではさらにモラルが失われていった。運用資金の残高維持や「にぎり」の履行を先送りするために、だんだん苦し紛れの飛ばしが横行するようになる。それまでは、飛ばしの実行には上司の許可が必要だったが、その数が増え、飛ばし先の確保に窮するようになると担当者レベルで判断し、実行してしまうようにもなった。

さらに、取引先の企業に対しては、「山一が会社として責任を負います」

というセールストークまで使うようになった。こうした問題のすべてを解決するのは、株価の上昇以外にはあり得ないが、90年代以降の株価の暴落と長期低迷によって、バブル時代のつけが一気に吹き出すことになった[9]。

Ⅳ 角谷通達と営業特金の整理

87年10月に発生したブラックマンデーは、その半年後の88年4月には暴落前の水準を回復し、再び上昇基調に入った。そして、日経平均は89年12月29日に3万8915円の史上最高値をつけた。しかし、89年12月26日に営業特金の解消を命じた大蔵省証券局長の通達（「営業姿勢の適正化通達」──通称「角谷通達」）が出された。そのなかで証券会社が運用している営業特金をやめ、1年以内に運用の指示者を投資顧問会社に切り替えることを求めた。証券各社はこの通達を「飛ばしや営業特金を90年3月期末までに解消しなければならない」と解釈した。

何兆円もの営業特金をわずか1年以内で処理するとなると、特金解消に伴う売りが増大し、株式相場を下げる大きな圧力になると見られた。実際、株価は90年の年明けから暴落する。その一因は営業特金の解約売りであった。株価の急落は営業特金の損失を膨らませ、それが営業特金の解約・整理を困難にした。

89年秋頃、営業特金の是正措置を行おうとする大蔵省の動きを知った行平は、副社長の小松正男を責任者として、営業特金の実態把握と、損失を抱えたファンドの整理を目的とした社内組織（通称「小松委員会」）を発足させた。この小松委員会には、三菱重工業事件で「行平親衛隊」として行平を支持した役員が多く含まれており、行平は損失の密室処理を気心の知れた側近たちに任せることにした。

この結果、小口ファンドはほぼ解消したが、大口顧客である事業法人部門のファンドは損失規模が大きかったうえ、「にぎり」の履行を迫られていたり、飛ばしの繰り返しで取引が複雑になっているため、ほとんど解消できなかった。90年2月の段階で、小松委員会は、事業法人部門の営業特金運用

金額は1兆8000億円程度、そのうち評価損（含み損）は1300億円程度であり、それを整理するとすれば損失を顧客に負担させるか、山一が損失補てんするかの二者択一であること、やむをえないものは損失補てんしかない旨を行平社長に報告した。それに対して、行平社長は、①客とトラブルを起こさないこと、②粛々と引っ張ること、③営業担当者の責任にはしない、との方針を打ち出した。

　これは営業特金を徹底的に整理する立場ではなく、問題の先送りを認めたものであり、その結果、運用規模の大きい企業の損失処理は後回しになり、会社数では半分、金額では3割程度を片づけるのがやっとという状況であった。バブル末期の90年3月期、山一の経常利益は過去最高の2336億円で、経常利益の半分強で簿外の含み損を帳消しにすることができたはずである。行平たちは、「大手4社」のメンツにこだわり、経営責任を問われることを恐れるという自己保身から、この損失を表面化させ問題を完全に処理することを回避した。

　むろん、営業特金の損失を飛ばしたり、損失補てんしたのは山一だけではない。それらは証券界の常識であった。92年初め、大和証券や準大手のコスモ証券、勧角証券、山種証券、中堅の丸万証券による飛ばしが相次いで発覚した。しかし、今となってみると、大和やコスモなどでは発覚したことが幸いした。表面化した証券会社は否応なく清算を迫られたからである。多くの証券会社は多額の賠償金を支払った。大和や山種では社長や会長が辞任し、それなりにけじめをつけた。

　また、山一の営業特金の処理がいかに中途半端であったかは、業界トップの野村の対応と比較すればより鮮明になる。野村で真っ先に営業特金の縮小を主張したのは、会長の田淵節也であった。彼は早くから、営業特金の拡大は証券会社の経営に禍根を残すことを危惧していたらしく、87年春頃の取締役会で「営業特金の自粛」を打ち出した。ただ、野村でも大きな収益源である営業特金の縮小には反発が強く、当初、事業法人本部の大口ファンドについてはほとんど手を付けることができなかった。ブラックマンデーで多くのファンドが痛手を被り、その後、飛ばしが行われたという事情は野村も変

図表 8-2　大手 4 社の損失補てん額

(単位：百万円)

	63／9期	元／3期	2／3期	合　計
大　和	891	811	20,414	22,116
日　興	3,168	2,974	26,958	33,100
野　村	2,209	4,260	21,010	27,479
山　一	31,856	2,634	11,131	45,621
〈4社合計〉	38,124	10,679	79,513	(231件) 128,316

(出所)『衆議院証券及び金融問題に関する特別委員会審議要録』(1991年11月) 72ページ。

わらない。

　91年6月に損失補てん事件が発覚し、7月29日に四大証券の補てん先リストが公表されたが、その額は図表8-2の通りである。それによると、野村と山一では経営規模が違うにもかかわらず、山一の損失補てん額が456億円であるのに対して、野村は275億円にすぎない。この数字をみれば、野村が山一よりも営業特金の縮小にどれだけ早くしかも積極的に取り組んできたかを窺い知ることができる。このように、野村と山一とで損失補てん額に差が生じたそれ以外の要因としては、野村と山一とでは取引先企業との力関係に差があることが挙げられる。つまり、野村は業界トップの収益力や営業力を背景に、取引先に対して「主幹事を降ろされても構わない」と突っぱねることができたが、山一は「幹事を奪われることだけは避けたい」と低姿勢に出るしかなかったというように、両社には大きな差があった。こうして野村では、90年3月期をもって損失処理をめぐる企業とのいざこざはほぼ終息に向かうが、山一では苦悩は深まるばかりであった。

　小松委員会が縮小しようとした損失は、その後90年初頭から始まった株価の暴落で再び急激に膨らんでいった。そして、損失の拡大したファンドの後始末をどうするかで、山一と取引先企業とのせめぎ合いが深刻化していった[10]。

V 損失補てん事件と損失の隠蔽——組織的犯罪

(1) 損失補てん事件と損失の隠蔽（国内の簿外債務）

　1991年6月、野村証券など大手証券会社が大口顧客に損失補てんをしていたこと、そして野村証券、日興証券の両社が関連金融会社を通じて暴力団に東急電鉄株の買占め資金を供給していたこと、さらに野村証券による東急電鉄株の「株価操作（相場操縦）」疑惑が、新聞に報道されたことにより、証券スキャンダル[11]が突如として起こった。日本のマスコミは連日この事件を大きく報道して、これが社会問題からさらに政治問題にまで発展し、8月に開かれた臨時国会は「証券国会」と言われるほど与野党間の大きな争点となった。

　このなかでも、大きな問題となったのが、大口顧客への損失補てん事件[12]である。損失補てんは、損失を被ったすべての投資家に平等になされるわけではなく、法人など一部の大口顧客に対してのみ行われるものであり、その不公平性に対して国民の批判は大きな広がりを見せ、「証券国会」と言われる政治問題にまで発展していった。こうしたなかで、証券会社が最後まで抵抗した「損失補てんリスト」の公表が実施され、9月4日には行平社長の参議院での証人喚問が行われた。

　こうした状況のなかで、ファンドを取り巻く環境は一変し、顧客企業からは「ファンドを解消したい」という要求が相次ぐようになった。ファンドの解消といっても、損失の生じているファンドを山一が引き取るか、顧客企業に引き取ってもらうかしかないが、山一証券が損失の出ているファンドを時価を上回る価格で引き取ることは損失補てんにあたるので、当時の状況においてはほとんど不可能であるという認識であった。他方、顧客企業も損失の出ているファンドを容易に引き取らず、交渉は難航していた。

　91年8月24日、本社法人営業本部の運用ファンドの実態報告と9月4日に迫っていた行平社長の参議院での証人喚問の対応を目的とした会議が招集された。出席メンバーは10名であった。この会議では、とにかく顧客企業

に引き取ってもらう交渉をさらに強力に押し進めることが決定されたが、結論は持ち越された。そして、この交渉は年末まで続くことになる。さらに、この会議において、一方で顧客企業に引き取ってもらうための交渉を強力に進めるとともに、他方で行平社長、延命隆副社長などの出席者の一部は、顧客企業に引き取ってもらえなかった場合に備えた処理方法についても検討しておくことが必要であると考えた。

　そこで、8月末、この問題を検討するために、延命副社長は経理部や債券部などから7人を選んだ。延命副社長が組織したことから、役員の間では「延命チーム」と呼ばれていた。「延命チーム」は定期的に検討会を行ったが、当時、証券不祥事で損失補てんは強い批判を浴びていたので、山一が直接引き取って期末に損失を表面化させる方法をとることは無理であろうという共通の認識に達した。しかし、損失補てん事件により翌92年1月から事後の損失補てんの禁止を盛り込んだ改正証取法が施行されることになっていた。これが実施されると、損失補てんは、「1年以下の懲役、または100万円以下の罰金」という罰則を伴う違法行為となる。したがって、証券会社は改正証取法を、損失を顧客企業に押しつける口実として利用できた可能性が高かったが、自己保身に走り責任を取ることを恐れた山一の経営陣のトップは、以上の経緯によりこの最後のチャンスまでも逃してしまった。こうして、会社ぐるみの組織的犯罪としての損失の隠蔽処理が始まった。

　損失補てんの禁止を明文化した改正証取法の施行を間近に控えた11月24日、この時点までにどうしても顧客企業に引き取らせることができずに残ったファンドの処理をどうするかを決めるための第2回目の会議が開かれた。この会議により、含み損が出ている有価証券で顧客企業に引き取らせることができないものについては山一が引き取る（形式上はペーパー会社に引き取らせる）という方法が最終的に承認された。これは、顧客企業への損失補てんであり、損失は山一の帳簿には載せないという粉飾決算であるから、二重の意味で不正ということになる。そして、当初は国内で生じた損失も海外で生じた損失も、同じ手法で一括処理する案もあったが、途中から海外は海外で、国内は国内で処理するしかないという結論に達した。

図表 8-3 飛ばしの有価証券がペーパーカンパニーに移された時期と金額

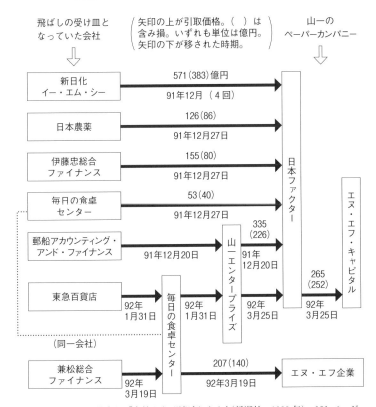

(出所) 読売新聞社会部『会社がなぜ消滅したか』(新潮社、1999年)、101ページ。

　山一が含み損を抱えている有価証券を最終的に引き取った会社は、図表8-3の7社である。具体的には次の方法で損失の隠蔽がなされた。まず5つのペーパー会社を設立した。この5つのペーパー会社は、図表8-4のとおりである。そこに含み損を抱えた営業特金を買い取らせる方法であった。ペーパー会社に損失を移し替えて隠してしまうのである。ペーパー会社の住所は、山一グループの不動産を管理している日本橋茅場町の「山一土地建物」の本社ビルに置いて、5社分の郵便受けを用意すれば体裁は整える。
　問題は、ペーパー会社が営業特金を引き取るための資金をどう調達するか

図表 8-4　5 つのペーパー会社

```
1. 日本ファクター㈱
     設立      91（平成 3）年 3 月 22 日
     事業年度   4 月 1 日〜3 月 31 日
2. エヌ・エフ・キャピタル㈱
     設立      92（平成 4）年 2 月 24 日
     事業年度   12 月 1 日〜11 月 30 日
3. エヌ・エフ企業㈱
     設立      92（平成 4）年 2 月 24 日
     事業年度   12 月 1 日〜11 月 30 日
4. ㈱アイ・オー・シー
     設立      92（平成 4）年 11 月 20 日
     事業年度   11 月 1 日〜10 月 31 日
5. ㈱エム・アイ・エス商会
     設立      92（平成 4）年 11 月 20 日
     事業年度   11 月 1 日〜10 月 31 日
```

（出所）山一証券株式会社社内調査委員会『社内調査報告書』
（『資料版／商事法務』No 170. 1998 年 5 月号）、70 ページ。

であるが、それは図表 8-5 のとおりである。つまり、①山一証券は信託銀行に山一証券自身の特金口座を開設する。②上記①の特金口座は、日本国債で運用するものである。山一証券はこの特金口座を通して山一証券に日本国債の買付発注をした。③特金口座は、購入した国債の運用として（無担保で）山一エンタープライズに国債を貸し付ける。④山一エンタープライズは、ペーパー会社（5 社）に、その国債を貸し付ける。⑤ペーパー会社（5 社）は、その国債を山一証券に売り現先に出して必要な資金を調達する。⑥賃貸契約および現先の満期日には、その都度、契約を締結し直す。こうして 7 社から山一が引き取った価格は、約 1712 億円である。その時点での含み損は、約 1207 億円で、この含み損（簿外債務）は、97 年 11 月 24 日時点で、約 1583 億円の評価損となった[13]。

山一証券の『社内調査報告書』では、損失を表に出さずペーパー会社に引き取らせるという決定をした理由は概ね以下の 7 つに集約できるとしている。「①ここで引き取っても株価はいずれ上昇して含み損は解消されるであろうという上昇神話。②91 年（平成 3 年）9 月 4 日、行平社長が参議院で、

図表8-5 ペーパー会社の資金調達

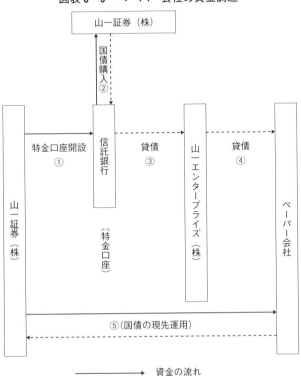

(出所) 山一証券株式会社社内調査委員会『社内調査報告書』(『資料版／商事法務』No 170、1998年5月号)、89ページ。

『これ以上、問題のある取引はない』と証言した以上、本件を訴訟等により表に出すことはできない。③山一証券㈱が引き取ったことが表面化すると、すでに含み損のある有価証券を引き取った顧客企業から不満が噴出するであろうことへのおそれ。④顧客企業との幹事関係を維持できなくなることへのおそれ。⑤92年（平成4年）3月期決算に与える影響に対するおそれ。⑥信用低下による顧客離れに対するおそれ。⑦本件が表面化すれば関係者は責任をとらなければならなくなるが、それを避けたいという心理」[14]。

(2) 海外の簿外債務

　国内と同様に、海外においてもペーパー会社が簿外債務を引き取る上において重要な役割を果たした。これらの海外ペーパー会社を設立した目的は、山一証券本体や山一証券の海外現地法人に発生した損失を移し表面化させないためであった。海外ペーパー会社は、タックス・ヘイブンと言われるバハマ等に設立された。それは、会計監査が形式的で、証券取引の内容の取り調べもなく、現地当局の検査も日本の大蔵省の追及も受けることがないことから、山一が損失を隠す上において好都合だったからである。

　設立のきっかけになったのは、87年9月の「タテホ・ショック」で顧客企業に大きな損失が発生し、この損失を山一が引き取ることになったが、その損失を表面化させない手法が検討され、その一つとして海外ペーパー会社の設立という案が出されたことによる。ペーパー会社の社長や取締役には仮名が登録され、山一と資本関係もなかったことから、表面上は山一と関係がない会社であった。

　海外の簿外債務は、海外のペーパー会社と仕組み債を利用するという複雑な手法で処理された。仕組み債とは「デリバティブ（金融派生商品）の一種で、割引債やワラント債といった債券とは違い、発行する企業や投資家のニーズに応じて価格や償還金、利息などを自由に設定できるのが特徴である。相対取引で売買され、組み合わせた条件の将来的な価値を証券会社がどう判断するかで発行時の価格が自由につけられるのである」[15]。

　山一は、含み損のある債券や外債等の有価証券を、山一海外現地法人や顧客企業の海外現地法人、海外ペーパー会社に引き取らせ、仕組み債を利用した手法を使って最終的には山一海外現地法人のひとつである山一オーストラリアに集約する等の方法で海外の簿外債務とした。仕組み債を利用した手法とは、海外の公的機関に利息先取りの仕組み債を発行してもらい、その先取り利息で取引企業の損失を補てんする。利息を先取りした仕組み債を額面で山一現地法人に売却する。その際、山一現地法人には含み損が発生するが、その含み損のある仕組み債をペーパー会社に転売するという方法である。図表8-6は、その手法を示している。

第8章　山一の経営破綻とコーポレート・ガバナンス　223

図表 8-6　仕組み債を利用した損失隠しの流れ（社内調査報告書より作成）

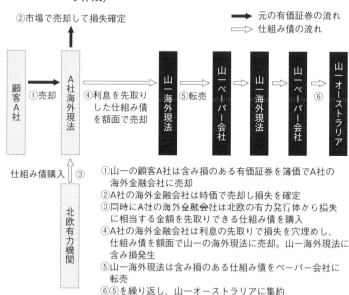

①山一の顧客A社は含み損のある有価証券を簿価でA社の海外金融会社に売却
②A社の海外金融会社は時価で売却し損失を確定
③同時にA社の海外金融会社は北欧の有力発行体から損失に相当する金額を先取りできる仕組み債を購入
④A社の海外金融会社は利息の先取りで損失を穴埋めし、仕組み債を額面で山一の海外現法に売却。山一海外現法に含み損発生
⑤山一海外現法は含み損のある仕組み債をペーパー会社に転売
⑥⑤を繰り返し、山一オーストラリアに集約

（出所）北沢千秋『誰が会社を潰したか』（日経 BP 社、1999 年）、180 ページ。

　海外での薄外債務の原因となったものは、大きく分けると以下の4つである。①顧客に損失補てんした結果生じた損失、②山一証券の債券本部ディーリングによる含み損、③山一証券の海外現地法人で生じた損失、④山一証券の決算対策のための益出しによって発生した損失。こうして発生した損失を、海外のペーパー会社および現地法人に封じ込めたのである[16]。

(3)　タテホ・ショック──山一における損失の隠蔽処理の原点

　1987 年 9 月、債券市場でタテホ・ショックが発生した。タテホ・ショックとは、タテホ化学工業の債券投資の失敗が表面化したのをきっかけとした債券相場の暴落である。この暴落で、山一では債券営業部の顧客のファンドに多額の損失が発生した。このファンドは、山一が一任勘定で運用していた営業特金で、利回り保証をしていた。山一はこの損失を 88 年 8 月に、バハマに設立したペーパー会社にストリップス債（債券の元本部分と利札分を切り

離して売買できる米国財務省証券）を時価を大幅に上回る価格で買い取らせて穴埋めした。つまり、損失を山一本体からバハマのペーパー会社に移し、決算上表面化しないように簿外処理したのである[17]。これが、顧客の損失を山一自身が引き取った最初のケースであり、山一の簿外損失処理の原点であった。

同年10月には、ブラックマンデーが発生し、株価は暴落し、今度は株式においても大きな損失を出した。この両者で、山一が責任を負った損失額は一挙に1000億円前後まで膨れ上がった。事態の深刻さを理解した横田社長は、88年1月、密かに「業務調整連絡委員会」という社内組織を設置した。責任者はその前月に副社長として山一本体に復帰したばかりの行平次雄であった。この委員会は活動内容どころか、その存在さえも当時の役員にさえほとんど知られていなかった。その目的は、簿外の損失を秘密裏に処理することであった。

88年9月に横田から行平に社長は変わったが、損失処理の責任もまた横田から行平に引き継がれることになった。行平時代に本格化した簿外の損失を密室処理するやり方は、横田時代にすでに始まっていたのである。こうして「秘密の共有者」が、社内の主流派として人脈の絆を強めていったのである[18]。

IV　大蔵省の証券行政の責任

大蔵省は、以上で述べてきた山一の飛ばしや簿外債務の存在を把握していなかったのであろうか。もし、そうならば、証券会社の経営内容を監督しチェックする監督官庁としての責任を果たしていないことになる。また逆に知っていて放置していたとすれば、なおさら問題である。これは、コーポレート・ガバナンスの観点から大切な問題なので、以下この点での大蔵省の証券行政はどうであったのかを解明することにしよう。

(1) 東急百貨店事件と松野証券局長の示唆

　92年1月に、飛ばしの処理をめぐって東急百貨店事件が起きた。東急百貨店と山一は、90年2月から取引を開始し、90年7月末、91年1月末、91年7月末と東急百貨店の決算期に合わせて「飛ばし」を繰り返してきた。そして、94年8月24日の会議で、山一は飛ばしの過程で生じた損失を引き取らないという方針で、東急百貨店との交渉にのぞむことを決定した。それ以来、山一は十数回にわたって交渉を続けてきたが結論は出なかった。こうして、東急百貨店は訴訟をちらつかせながら強く損失の引き取りを迫っていたが、山一は引き取らないという方針を変えるつもりはなかった。

　ところが、年が明けた1月22日に、決算期を目前に控えていた東急百貨店から、27日までに損失を引き取らなければ「東京地裁特捜部に詐欺の被害にあったものとして貴社代表取締役らを告訴する」という催告状が届けられた。三木副社長は、すぐに大蔵省に出向き松野証券局長と面会した。その時、松野証券局長は、東急百貨店等と飛ばしをめぐる問題でトラブルを抱えていた「大和証券は海外に飛ばすそうですよ」という示唆を与えた。

　三木は本社に戻り、ただちに行平社長、延命副社長らにその報告をした。その結果、彼らは大蔵省から、東急百貨店の件を訴訟等によらず「飛ばし」によって処理するよう示唆されたと理解し、法的に争わず損失を引き取ることを決定した。ただ、「海外に飛ばすのは技術的に難しい」と判断し、前述したように最終的に国内で処理することにした。

　その後、三木は本件の処理を終えた後、松野に東急百貨店問題が解決したことの報告をするために大蔵省を訪れた時に、松野から「ありがとうございました」あるいは「ご苦労様でした」と言われたということである。さらに、再度訪問した時には、「山一にすればたいした数字ではない。ひと相場あれば解決ですよ。何とか早く解決して下さい」と言われた。つまり、これは、証券行政の責任者が、飛ばしの解消を迫るのではなく、飛ばしの密室処理を少なくも黙認したということになる。これは監督官庁のあり方として、大きな問題だといわざるを得ない。ただ、この事実を彼が部下と協議したり、その事実を後任に引き継いだかどうかについてはっきりさせることがで

きないのが、大蔵省の責任を明確にする上において残念である[19]。

(2) 大蔵省・証券取引等監視委員会の検査

では、その後、監督官庁としての大蔵省は、山一に対してどのような検査をしてきたのであろうか。証券取引等監視委員会が、91年夏に発生した証券不祥事を契機として証券会社への監視・検査を強化するために92年7月に発足した。その証券取引等監視委員会が、大蔵省大臣官房金融検査部と共同で、93年2月と95年11月に山一に対して定例検査を実施している。特に、93年の検査は、飛ばしの事後処理がどうなったかをめぐる検査であったため、検査期間が9ヵ月にも及ぶ異例の長期にわたった。

この過程で、小川証券局長は、9月末までに再建計画を策定し、報告するよう求めた。それに対する作業は大幅に遅れ、山一が「経営改善計画について」と題する書面を大蔵省に提出したのは93年12月3日であった。その「改善計画書」では、ペーパー会社および海外の含み損（簿外債務）の存在については触れられず、それらが存在しないことを前提とするものであった。

オフバランスの含み損（簿外債務）をディスクローズしようとしない上層部の対応に危機感をもった藤橋企画室長および企画室付部長は、含み損も対象にした上で徹底的に議論して対策をたてるべきであると考えて、常務以上の役員を対象にした合宿を95年8月に計画した。しかし、三木社長は、行平前社長と同様に、簿外債務の処理は収益の拡大で解決すべきであり、もしそれを償却すれば自己資本比率は120％を割ることは確実で、現状の体力では厳しいという理由から結局この合宿は実現しなかった。このように、山一は大蔵省の検査に対して、含み損（簿外債務）に関する虚偽の報告を行い、また自らもその処理を徹底して先送りしていった。

大蔵省と監視委の検査に関する問題点は、次の事情によく現れている。両者は93年2月に定例検査を行い、同年10月22日付で「検査結果通知書」を、11月15日付で大蔵省証券局長名の「改善指示書」（「検査結果通知書」で指摘した問題点の改善指示）を山一に提出した。この「検査結果通知書」および「改善指示書」には、「簿外債務」に直接つながった取引において「不適

正・不適切な取引」があったことを指摘している。しかし、大蔵省は「不適正・不適切」という指摘をしたに止まり、それ以上の追及を行っていない。そして、山一もその指摘に対して「簿外債務」の発覚を逃れるために、「改善報告書」に虚偽の事実を記載し、それでこの問題は終わっている。

　ここに、大蔵省・監視委の検査の甘さがよく現れている。ではなぜ、大蔵省と監視委は徹底して検査することをしなかったのか。一説によれば、山一の飛ばしを徹底して調べれば引っ込みがつかなくなり、深追いをしたくなかったのであろう、ということである。

　山一の飛ばしをなぜ発見できなかったのかという疑問に対して、大蔵省は、検査人員の不足に典型的に見られる体制の不備を挙げたり[20]、91年当時何度かマスコミがこの問題について記事を書いており[21]、それを無視することができず、監視委が山一にそのことを問いただすが、そのたびに返事は全面否定であり、それ以上追及できなかったことを挙げている。だが、以上に述べてきたことからすれば、山一の飛ばしは、松野証券局長以降の歴代証券局長によって封印されてきたのではないかという疑念は拭い切れない。これで果たして、監督官庁として大蔵省はその責任を果たしたと言えるであろうか[22]。

(3) 大蔵省の責任回避

　1961年をピークとする証券ブームの崩壊の過程において、登録制から免許制への移行が議論され、1965年10月施行の改正証券取引法によって、1968年4月から免許制が導入されることになった。この免許制の導入は、「証券会社を潰せば大蔵省の責任になる」という覚悟をもって行われた。大蔵省が改正証取法の施行から免許制の導入まで3年間の期間を置いたのは、以上の責任を果たす必要から、免許制移行のための「体制整備期間」と位置づけたからである。その結果、既存の証券会社は、きびしい免許制の基準をクリアしなければならなくなり、結局国内の証券会社の数は3年間で半分以下に減少した。

　したがって、生き残った証券会社にとって、免許制は新規参入にとっての

障壁としての役割を果たすことになり、既得権益を享受できる体制としての意味をもつようになった。さらに、固定手数料制は、証券会社の収益基盤を支えた。この免許制と固定手数料制に守られた証券会社は、日本の経済成長と株式持合いによる株価の長期持続的な上昇によって、株式市場が活況を呈した70年代から80年代にかけて、大した経営戦略を練ることもなく、容易に経営規模を急速に拡大することができた。

　確かに、免許制は、支店開設、新商品の開発、新規事業の展開、配当、会計基準など、経営のあらゆる側面で許認可権限を持つ大蔵省の裁量行政が幅を利かすようになり、証券会社の経営の自由を奪っていった面はある。しかし、証券会社にとって、免許制は他方で既得権益を享受できる体制であることから、大蔵省による裁量行政を拒絶するどころか、積極的に受け入れようとした。株価が上昇し続ける限り、大蔵省の行政指導に従ってさえいれば、株式の売買を繰り返すことにより、収益は保証されるからである。こうして、証券会社の経営者は、自ら考え、判断する能力を失っていった。経営環境の変化に合わせて絶えず新たな経営戦略を模索するよりも、単なる量的規模の拡大に奔走した。

　この両者の関係を裏返してみれば、監督官庁としての大蔵省の問題点が見えてくる。大蔵省は、監督官庁であるにもかかわらず、許認可権限を基礎とした業者行政と裁量行政により、証券会社との癒着を次第に強めることになる。不正を厳しく取り締まることを怠り、問題があれば事前に内密に処理するという証券行政を行うようになった。その一端は、先程の山一証券の甘い定例検査に示されており、不正を徹底的に暴くというコーポレート・ガバナンスの観点を喪失していった。

　90年代に入り、戦後一度も経験したことがない長期にわたる株価の暴落と低迷という状況に直面した大蔵省は、金融・証券市場の国際化、グローバル・スタンダード化、規制緩和による市場メカニズムが作用する新たな時代への対応に苦慮することになる。その苦し紛れの対応は、金融ビッグバンの政策に盛り込まれることになる。

　大蔵省はその自己意識を新しく変える時間的余裕を与えられないまま、証

券取引審議会（蔵相の諮問機関）の総合部会における97年6月の最終報告で、手数料の自由化と免許制から登録制への移行を打ち出した。それは、これまでの不透明な裁量行政・事前行政から市場メカニズムを基礎とした事後行政への転換を意味する。この180度の方向転換は、金融ビッグバンの理念に沿わなければならないという義務から生じているが、完全な意識改革ができないままの転換である以上、証券会社を監視・監督する自信を失った大蔵省の責任回避とも言える。だが、大蔵省を最後まで信頼し、自己判断能力を失った山一証券は、最後に大蔵省に裏切られることになる[23]。

Ⅶ　破綻への迷走──市場メカニズムの圧力

（1）総会屋への利益供与事件と人事の刷新

　山一証券の経営は、総会屋への利益供与事件が発覚した1997年夏以降、一気に深刻さを増していった。7月30日に山一は東京地裁特捜部の強制捜査を受け、その責任を取って8月11日に会長の行平と社長の三木ら11人の役員が退任した。後任社長には個人営業畑の長い専務の野澤正平が、会長には同じく専務であった五月女正治が就任した。営業畑の出身者が社長に就くということは山一では初めてのことであり、異例の抜擢であった。

　社内には、後任人事をめぐって、過去の経営を完全に断ち切らなければ山一の再生はないという点から、行平、三木の影響力を完全に排除しようとする動きがあったが、人事権を握っている行平は、自らの経営への影響力を失った場合、巨額の含み損（簿外債務）を隠し続けてきたことの責任を追及されるのではないかという危機感から、8月11日の役員人事を一人で決断した。

　社内では大幅な役員人事の刷新を求める空気が大勢を占めており、総会屋への利益供与事件や含み損（簿外債務）の隠蔽とは関係が薄く、しかも山一始まって以来の営業畑出身の野澤を社長に決めた。しかも行平にとって御しやすい穏健派であることも、彼を選んだ大きな要素であった。そして、行平、三木を含めて辞めていく専務以上の役員は、新しい執行部を支えるとい

う名目で顧問の肩書で居残ることにした。大幅な役員人事の刷新という社内の空気を汲み取りつつも、旧営業陣の影響力をも温存するというバランス人事を採用した。この期に及んで行平は、山一の経営を抜本的に刷新するという観点からではなく、自己保身を優先した人事を行ったことになる。

さらに、行平と三木は、社長交替に際して、野澤に簿外の損失についての引き継ぎを一切しなかった。野澤は社長に就任して5日後に、企画担当常務の藤橋、財務担当常務の渡辺からの報告でその存在を初めて知ることになる。彼は、その報告を聞いて愕然とした。そこですぐに、藤橋、渡辺らに対して、含み損の発生の経緯や損失の帰属を明確にする調査とともに、含み損の償却方法を中心とする経営改善計画を策定するためのプロジェクト結成を命じた。

プロジェクトチームは、調査の結果、総額2600億円の含み損が存在するという深刻な事態を把握した。2600億円という数字は、過去最高の決算を記録した90年3月期の営業利益とほぼ同じ規模である。だが、直近の97年3月期の営業利益はわずか15億円にすぎない。しかも山一ファイナンスの不良債権処理を支援した結果、最終損益では1647億円という巨額の赤字を計上した。

こうした状況のなかで、簿外の損失を一気に表面化させれば、証券会社の財務の健全性を示す自己資本比率はデッドラインの120％を割り込み、大蔵省によって営業停止に追い込まれることになる。含み損の処理は新たな資本注入と抱き合わせて考える必要がある。そこで、資本対策としては、メインバンクである富士銀行からの支援と外国金融機関との資本提携により最後の生き残りの道を切り開こうとした[24]。

(2) 富士銀行からの支援と外国金融機関との資本提携

97年10月6日、山一証券の渡辺常務と沓沢顧問が、資本面での協力を依頼するためにメインバンクである富士銀行を訪問した。ここで初めて、2600億円の含み損の存在を報告した。富士銀行は即答を避け、特別プロジェクトチームを編成し、ほぼ1カ月にわたって富士銀行と山一証券で共同作業が行

われた。こうして富士銀行は、自らの対応を決定するために、山一グループの財務状態などの調査を開始し、簿外の含み損の実態や資産状況を把握した。

しかし、富士銀行は山一の支援要請に対する態度を決めかねていた。ようやく11月11日に、富士銀行から極めて厳しい支援条件が提出された。その支援条件は、①富士銀行の劣後ローン支援は他行が同調して800億円全体が仕上がるのが前提。②富士銀行の劣後ローンの上限は250億円。追加はない。③既存貸し出しの無担保部分の担保保全を早急に行う、というものであった。つまり、富士銀行としては、250億円までなら劣後ローンを出してもいいが、そのための条件は、他行との協調融資が前提であること、さらに山一グループが新たな担保を差し出すこと、という内容である。山一が望んだ支援からすれば、ほとんどゼロ回答に等しい内容であった。

11月14日、追い詰められた野澤社長が渡辺らを伴い、富士銀行の山本頭取を訪ねて再度支援を要請した。だがそれに対する山本頭取の回答は、「全面協力ではなく、限界ある協力と理解してもらいたい。つまり、担保に見合った範囲で力になりたい」という非常に冷たい態度であった。こうして、山一は最後まで最も頼りにしていた富士銀行からの支援を受けることはできず、資金繰りは厳しくなっていった。

このように、富士銀行が山一を救済できなかった理由としては、富士銀行自身が不良債権処理で体力が低下していたことがあり、さらにそれ以上に厳しい状況にあった同一グループ内の安田信託を救済しなければならないということもあった[25]。芙蓉グループの社長会である芙蓉会は1966年に結成されたが、このほかに芙蓉懇談会がある。芙蓉グループとは厳密にはこの芙蓉会メンバー（29社）をさしており、安田信託はそのメンバーである。それに対して、山一は芙蓉懇談会（加盟72社）のメンバーで、言わば外様にあたる存在である。ここに、富士銀行は、安田信託は救済したが、山一に対しては冷たい態度をとった理由がある。

山一は、富士銀行に対する支援要請と同時に複数の外国金融機関との資本・業務提携に向けた努力を懸命に行っていたが、いずれも提携合意には至

らなかった。9月下旬にはコメルツ銀行と、10月中旬にはクレディ・スイスグループと、10月下旬にはINGグループと、11月中旬にはメリルリンチと、11月下旬には再度コメルツ銀行と提携について接触を重ねてきた。

　そのなかでも提携先の最有力候補は、山一と投資信託の販売などで密接な関係にあった、クレディ・スイスである。10月中旬には、来日したクレディ・スイスの会長らと野澤社長らが会食している。当初、クレディ・スイス側は前向きであったが、富士銀行の支援に期待をかけていた山一側は、決断を下すことができなかった。回答を引き延ばしているうちに、アジア通貨危機、三洋証券の破綻などで日本の金融・資本市場を取り巻く環境は悪化し、クレディ・スイスは日本への本格的な進出そのものに、次第に消極的になっていった。そして、11月17日には、クレディ・スイスは交渉打ち切りの最後通告をしてきた。そこで急きょ、メリルリンチにも正式に話を持ちかけたが、失敗に終わってしまう。こうして山一の資本対策は完全に挫折し、以後資金繰りがますます厳しくなっていった[26]。

(3) 市場メカニズムの圧力

　富士銀行からの支援協力や外国金融機関との提携交渉が行き詰まりをみせるなかで、山一はマーケットでも信用を大きく失っていった。11月3日には三洋証券が上場証券会社として初めて会社更生法の適用を申請し倒産した。これによって、三洋証券はインターバンク市場でデフォルトを引き起こした。インターバンク市場は、金融機関間の資金繰りをスムーズにしていたが、それがこのことをきっかけにもはや機能しなくなり、金融機関は資金の提供を渋りはじめた。まさに、信用の崩壊である。こうした状況のなかで、11月17日には北海道拓殖銀行が、資金繰りがつかず経営破綻することになった。政府が「絶対に潰さない」と国際公約していた大手銀行の一角が破綻するに及んで、金融市場はパニックになった。

　また、11月6日に、アメリカの格付け機関であるムーディーズが、「山一証券の格下げを検討する」と発表した。ムーディーズの格付けは、発行する会社の依頼に基づかない、いわゆる勝手格付けである。ムーディーズは、格

付け機関のなかで最も機動的かつジャーナリスティックな判断をしていた。十分な財務面の分析から入るＳ＆Ｐとは対照的である。影響力のある格付け機関であると、自分の判断が与える影響の大きさを考慮して格付けの変更に慎重になると考えるが、ムーディーズの場合は、むしろ率先して判断を提供するところに存在意義を見いだしているところがある。いずれにせよ、その影響力は市場にとって決定的であった。山一の経営不安の噂は日増しに強まっていった。その不安を増幅したのが、山一株の急落である。10月には250円前後で推移していた山一の株価は、11月の第一週には200円を切り、第二週には150円を切るという具合に、急落するようになった。11月21日の夕方、ムーディーズが山一の社債格付けを一度に3ランク下げることを、つまり投資不適格債の最低ランクにすることを発表した。これにより週明けから国内外における山一の資金繰りに重大な影響を及ぼすことが必至となった。こうして、山一は市場メカニズムを通したコーポレート・ガバナンスの影響により、崩壊寸前の状態に陥った[27]。

(4) 大蔵省による自主廃業の宣告

11月14日、山一証券の野澤社長は、富士銀行の山本頭取から資金援助について厳しい回答を聞かされ途方に暮れ、最後の拠り所としてその日の夕方、大蔵省を訪問した。そこで初めて、約2600億円の「含み損」が存在することを報告し、富士銀行の資金援助が得られないで資金繰りに窮していることを伝えた。その時には、長野証券局長は、「もっと早く来ると思っていました。話はよく分かりました。三洋証券とは違いますのでバックアップしましょう」と答えたとされている。

野澤社長の大蔵省訪問と同じ時期に、五月女会長らは日銀をも訪問し、大蔵省への報告と同じ内容を伝えた。15日、16日には、大蔵省に呼ばれ、藤橋常務と経理部長らが、含み損の概要、会社再建策、支援先の状況、外資との提携などについて詳しい説明をした。さらに、17日には、野澤社長、藤橋常務が証券取引等監視委員会へも赴き、含み損についての報告をしている。

野澤社長が大蔵省を訪ねたわずか5日後の19日、再度証券局長を訪問した時には、長野証券局長の態度は豹変していた。長野証券局長は、「感情を交えずタンタンと言います。検討した結果は自主廃業を選択してもらいます。社長に決断していただきたい。金融機関としてこんな信用のない会社に免許を与えることはできない」「会社が待ってくれと言っても、大蔵省は独自に『簿外債務』について11月26日に発表します」と述べたとされる。

　そして、翌20日に再度、野澤社長、藤橋常務、弁護士二人で訪問した時にも、弁護士二人が、①大蔵省の支援をお願いしたい、②26日の発表を延期してほしいと申し入れたのに対して、長野証券局長は次のように答えたとされる。「昨日、自分と野澤社長が会って話したことが代議士周辺から漏れている。山一から漏れたとしか考えられない。26日まで待てない。24日にも大蔵省が発表するので準備してもらいたい」「顧客の資産の払い戻し資金については、大蔵省主導で特別の金融措置をとるつもりです。これらのことは内閣の判断です」。

　こうした状況のなかで、大蔵省として取りうる対応はいくつかあったであろうが[28]、結局、大蔵省にとって巨大証券を破綻させるあり方として最も都合がよかったのは、自主廃業によって経営のけじめを強制的につけさせることによって自らの責任を回避し、同時に日銀特融を発動して市場の不安を極力抑えるという方法であった。

　では、わずか5日の間に態度が豹変したのはなぜであろうか。その間に生じた大きな変化は17日の拓銀の経営破綻である。これによって、金融市場はパニックに陥った。この市場の急変により、早急に結論を出す必要に迫られたのではないかと考えられる。

　しかし、その背後には、金融ビッグバンの改革のなかで、長野証券局長自身がその旗振り役を務めていたという事情がある。彼は、「自由化で競争が激化すれば淘汰される業者が出るのは当然だ」と常々そう話していた。90年代における株式持合いの解消による安定株主比率の低下、大蔵省のかつての頼みの綱であった救済合併と資金援助を担う大手金融機関自体の体力の大幅な低下、外人投資家の日本での活発な動きのなかで、市場メカニズムの圧

力は大蔵省の護送船団行政の限界を決定づけていたと言える。

　いずれにせよ、22日（土）には日本経済新聞が朝刊で「山一自主廃業へ」という記事を掲載し、その日の午前10時には、長野証券局長が記者会見を行い、山一には2000億円を超える簿外債務が存在する疑いが濃厚となり、24日には結論を出してほしい、と語った。これを受け、山一は、24日（月）の午前6時から臨時取締役会を開催し、自主廃業に向けた営業停止等が決議され、伝統のある山一証券が消滅することが決定された[29]。

(5) 自主廃業決定後の曲折

　山一の社員約7300人のうち、1600人余りの社員がメリルリンチに再就職することになり、98年2月12日に「メリルリンチ日本証券」が設立された。そして、この設立を前後して、山一は全店舗の閉鎖と社員の解雇を行った。残務は710人の社員を再雇用して「清算業務センター」に引き継がれることになった。

　自主廃業に関しては、当初、山一は98年6月の株主総会で、会社解散の承認を得たうえで証券免許を返上し、任意の会社清算に持ち込むシナリオを描いていた。しかし、出席者が定足数を満たすことができず、自主廃業を断念せざるを得なくなった。結局、会社清算の法的手段として選んだのが、破産法の適用であった。そして、ついに99年6月2日、東京地裁は自己破産を申請していた山一に対して、破産を宣告した。

　山一が作成した5月21日時点の清算貸借対照表によると、負債総額は5100億円であり、このうち96％を占める4890億円が日銀の特融残高となっている。債務超過は1602億円なので、山一は日銀の特別融資を自力で返済することができなくなった。大蔵省は、山一が自主廃業を決定した97年11月時点では債務超過であることを確認できないまま、蔵相の談話で「寄託証券補償基金（法改正で現在は投資者保護基金）の充実」などを約束して、日銀に特融を要請した経緯がある。しかし、同基金の残高は330億円にすぎない。このように、山一に対する日銀特融の返済問題は、証券会社の破綻に備えた「セーフティネット」の不備を浮き彫りにした結果となった[30]。

おわりに

　以上において、山一証券の経営破綻の諸要因を、「金融機関とコーポレート・ガバナンス」の観点から考察してきた。その結果、まず第一の要因として、昭和30年代に確立した「法人の山一」という過去の成功体験に基づく経験主義を挙げなければならない。戦後、「証券民主化による大衆化路線」により、個人投資家が売買の主流をなし、野村証券はこうした経営環境の変化を的確に読みリテール戦略を展開していくが、山一はその転換に5年の遅れをとった。

　しかし、問題は戦略転換が遅れただけではない。それ以降も、リテール戦略を展開しつつも、依然として「法人の山一」に固執し続けた。それは、経営組織上の問題にも反映しており、1980年代半ばに経営戦略の転換をめぐる派閥抗争があり、「法人の山一」という伝統にしがみつく主流派が勝利し、戦略転換の機を逃す結果となった。そして、この事件を契機に、1970年代初頭以来形成されてきた主流派が社内で決定的な影響力を持つようになり、もはや社内でのチェック機能が発揮できない状況が生まれてきた。これが第二の要因であり、コーポレート・ガバナンスに関する問題である。

　第三は、この社内のチェック機能の喪失が、1980年代後半以降の飛ばしによって発生した「含み損（簿外債務）」を隠蔽するという組織的犯罪を引き起こし、それが山一の信用を決定的に失墜させ、経営破綻へと導くことになった。

　以上は、社内組織上のコーポレート・ガバナンスの問題であるが、それ以外に外部のステークホルダーとの関係も考察の対象に入ってくる。とりわけ金融機関の場合には、金融当局である大蔵省証券局および証券取引等監視委員会のチェック機能も大きな問題となるが、この点も山一証券の経営破綻の一要因として分析した。これが第四の要因である。そして最後に第五の要因として、金融ビッグバン以後の護送船団行政の限界と証券市場における市場メカニズムの圧力というチェック機能についても、山一証券の経営破綻の一

要因として作用したことを明らかにした。

1) 以上については、草野厚『山一証券破綻と危機管理　1965年と1977年』(朝日新聞社、1998年——以下、『山一証券破綻と危機管理』と略記する) 第1部第1章第1節、および山一証券株式会社社史編纂委員会編『山一証券の百年』(山一証券株式会社、1998年——以下、『山一証券の百年』と略記する)、173～179ページを参照した。
2) 以上については、『山一証券破綻と危機管理』第1部第1章第2節、北沢千秋『誰が会社を潰したか　山一首脳の罪と罰』(日経BP社、1999年——以下、『誰が会社を潰したか』と略記する)、100～108ページ、『山一証券の百年』、112～115ページ、159～162ページ、182～189ページを参照した。
3) 以上については、『山一証券破綻と危機管理』第3章・第4章、『山一証券の百年』、192ページ、202ページ、『誰が会社を潰したか』、97～100ページを参照した。
4) 以上については、『山一証券の百年』、216～220ページ、228ページ、『誰が会社を潰したか』、114～117ページ、佐々木信二『山一証券　突然死の真相』(出窓社、1998年——以下、『山一証券　突然死の真相』と略記する)、51～54ページ、59～60ページを参照した。
5) 以上については、『誰が会社を潰したか』第5章、『山一証券　突然死の真相』、80～81ページ、読売新聞社会部『会社がなぜ消滅したか　山一証券役員たちの背信』(新潮社、1999年——以下、『会社がなぜ消滅したか』と略記する)、46～49ページを参照した。
6) この経緯を後に会長の植谷が、記者のインタビューに答えている。その内容は、『財界』1986年12月16日号に記載されている。
7) 以上については、『誰が会社を潰したか』第6章、『会社がなぜ消滅したか』第3章を参照した。
8) 以上については、『誰が会社を潰したか』、147～153ページ、『会社がなぜ消滅したか』、50～54ページ、奥村宏『証券スキャンダル』(岩波書店、1991年)を参照した。
9) 以上については、『誰が会社を潰したか』、153～160ページ、石井茂『決断なき経営　山一はなぜ変われなかったのか』(日本経済新聞社、1998年——以下、『決断なき経営』と略記する)、64～74ページ、126～128ページを参照した。
10) 以上については、『誰が会社を潰したか』第8章、『会社がなぜ消滅したか』、73～83ページ、山一証券株式会社社内調査委員会『社内調査報告書——いわゆる簿外債務を中心として——』(1998年4月)第二部第1章を参照した。
　　山一証券の『社内調査報告書』は、添付資料を除いた全文に関しては『誰が会社を潰したか』の巻末資料として、添付資料を含めた全文は『資料版／商事法務』(No.170、1998年5月号、50～114ページ)に掲載されている。

11) 証券スキャンダルの詳細については、『衆議院証券及び金融問題に関する特別委員会審議要録　第121回国会』（1991年11月）、奥村宏『証券スキャンダル』（岩波書店、1991年）、NHK企業社会プロジェクト編『追及　金融・証券スキャンダル』（日本放送協会、1991年）第2部、拙稿「証券不祥事と損失補てん問題」（『立命館経営学』第31巻第2号、1992年9月号）を参照されたい。

12) 損失補てん事件の詳細については、神山敏雄『日本の証券犯罪　証券取引犯罪の実態と対策』（日本評論社、1999年）第3編、神山敏雄『〔新版〕日本の経済犯罪　その実態と法的対応』（日本評論社、2001年）第2編第3章、北澤正敏『概説　現代バブル倒産史』（商事法務研究会、2001年）第4章を参照されたい。

13) 以上については、山一證券株式会社社内調査委員会『社内調査報告書─いわゆる簿外債務を中心として─』（『資料版／商事法務』No.170、1998年5月号─以下、山一證券『社内調査報告書』と略記する）第2章・第3章、『誰が会社を潰したか』第9章、『会社がなぜ消滅したか』第4章を参照した。

14) 山一證券『社内調査報告書』、70〜71ページ。

15) 『会社がなぜ消滅したか』、89ページ。

16) 以上については、山一證券『社内調査報告書』第4章、『誰が会社を潰したか』第9章、『会社がなぜ消滅したか』第4章を参照した。

17) その後、バハマのペーパー会社は、新発ワラントの売買などで利益を上げ、89年7月までにこの損失の穴埋めをしたのではあるが（『誰が会社を潰したか』、163ページ、山一證券『社内調査報告書』、102ページ）。

18) 以上については、『誰が会社を潰したか』、161〜164ページ、186〜187ページを参照した。

19) 以上については、山一證券『社内調査報告書』、83〜84ページ、『誰が会社を潰したか』、194〜200ページ、「元東急百貨店役員の特別手記」『山一證券消滅の全記録』（『東洋経済別冊増刊』No.93、1998年4月25日──以下、『山一證券消滅の全記録』と略記する）、38〜41ページ、『山一證券破綻と危機管理』、286〜291ページを参照した。

20) 確かに、日本版SECである証券取引等監視委員会の陣容は、アメリカのSECの10分の1であり、これで金融自由化時代にどれだけ「市場の番人」としての役割を果たせるかという疑問が指摘されている（「証券事件を司る機関」『山一證券消滅の記録』、78ページ）。

21) 例えば、「出直せ！証券会社　問われる自浄能力」（『週刊東洋経済』1991年10月26日号）や「山一證券『口が裂けても言えない』本当の赤字額」（『金融ビジネス』1991年11月号）では、10月15日から始まった証券不祥事に関する行政処分で、"みそぎ"が済んだかにみえた時期に、山一證券の飛ばしや宇宙遊泳による損失補てんとその結果として発生した巨額の含み損の実態を解明している。

22) 以上については、山一證券『社内調査報告書』、89〜94ページ、『誰が会社を潰したか』、201〜204ページ、『山一證券破綻と危機管理』、291〜295ページを参照

23) 以上については、『誰が会社を潰したか』第 11 章、『山一証券破綻と危機管理』、58 〜 67 ページ、173 〜 174 ページを参照した。
24) 以上については、『誰が会社を潰したか』第 1 章を参照した。
25) 富士銀行の厳しい経営状態については、溝上幸伸『富士銀行危機の真相』(あっぷる出版社、1998 年) 第 1 章を参照されたい。
26) 以上については、山一証券『社内調査報告書』第 5 章、『誰が会社を潰したか』第 2 章、「山一を見放した富士銀行」『山一証券消滅の全記録』、56 〜 57 ページを参照した。
27) 以上については、山一証券『社内調査報告書』第 5 章、『誰が会社を潰したか』、60 〜 62 ページ、『決断なき経営』、56 〜 62 ページ、92 〜 95 ページを参照した。
28) 長野証券局長は、この時点で取りえた対応として三点を挙げている。①白馬の騎士に頼ること。しかし、この可能性は低かった。②会社更生法の道を探ること。しかし裁判所に相談するとそれも難しいとのことだった。③最後の選択は、自主廃業である。以上については、「長野厖士夫大蔵省証券局長が語る 山一が『自主廃業』した本当の理由」『山一証券消滅の全記録』、18 〜 19 ページを参照されたい。
29) 以上については、山一証券『社内調査報告書』第 5 章、『誰が会社を潰したか』第 3 章、『決断なき経営』、22 〜 23 ページを参照した。
30) 以上について、北澤正敏『概説現代バブル倒産史』(商事法務研究会、2001 年)、268 ページ、270 〜 271 ページを参照した。

第9章

長銀の経営破綻とコーポレート・ガバナンス

はじめに

　長銀は、1952年に一種の「国策銀行」として設立され、高度成長期には大きな役割を果たしたにもかかわらず、98年10月23日に施行された金融再生法の適用を受け、特別公的管理（一時国有化）を申請したことによって、その歴史的使命を終えた。

　その破綻の原因は、経営環境が大きく変化したにもかかわらず経営路線を転換しなかったこと、バブル期に融資審査をほとんどしないまま不動産向けの乱脈融資に走ったこと、さらには、バブル崩壊後に大量に抱えることになった不良債権を抜本的に処理しないまま、先送り・隠蔽したことによる。そして、最終的には、債務超過に陥り経営破綻した。

　しかし、経営破綻に至るまでの間に、なぜ歴史的使命を早々に終えていたにもかかわらず、経営路線の転換を図れなかったのか、なぜ乱脈融資に走ってしまったのか、なぜ不良債権の先送り・隠蔽を続けたのか、こうした点での長銀の経営組織面でのチェック機構はどうなっていたのか、さらには、その監督官庁である大蔵省の金融行政のあり方はどうであったのか、これらの問題を本章では、「金融機関とコーポレート・ガバナンス」という観点から、長銀を一つの事例研究として分析することにしたい。

I 長期信用銀行法の制定と長銀の設立

(1) 長期信用銀行法制定の背景

長期信用銀行法は、戦後復興期と高度成長への移行期の中間をなす1952年に制定されたが、その背景には当時の日本経済が直面していた課題があった。

まず第一は、戦後復興期の資本不足時代に基幹産業、特に四大重点産業（鉄鋼、電力、石炭、造船）およびその他の重化学産業へいかに設備資金を供給するのかということであった。

第二は、復興金融金庫に代わる設備資金を専門に供給する金融機関の確立が必要であったことである。1947年および48年当時、設備資金供給において大きな役割を演じていたのは、復興金融金庫であった。1949年3月末の復興金融金庫の融資残高は、全金融機関による融資の23％を占め、特に設備資金では74％と圧倒的であった。復興金融金庫は、復興金融債券の発行によって資金を調達していたが、その消化体制は、図表9-1をみてもわかるとおり、その64.4％までが日本銀行の新たな信用創造で賄われていた。そのために、復金インフレを引き起こすことになった。1949年4月には、終戦以来のインフレーション収束を目的として超均衡財政を主体とするドッジプランが実施され、それに伴って、復興金融金庫は業務を停止することになった。そこで、これに代わる民間の長期金融機構の必要性が高まり、「長短分離」政策に基づく、長期の設備資金を専門に供給する金融機関の確立が必要となった。これはまさに政府の重大な政策上の課題であった。

第三は、当時における普通銀行のオーバーローン問題の解決策であった。企業が設備資金を借りようとしても、復興金融金庫が業務を停止した1949年以降、普通銀行は図表9-2のように、預金以上に貸出を行うオーバーローン状態にあり、日本銀行からの借入（日銀信用）に頼っていた。こうした状況のなかで、一方で、銀行は今以上に「貸し渋り」状態に陥らざるをえず、企業の旺盛な設備資金需要に応じることができなかった。他方で、この

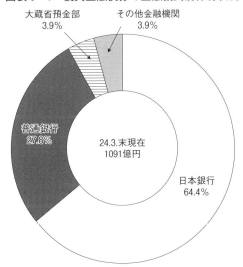

図表 9-1　復興金融債券の金融機関別保有状況

（出所）日本長期信用銀行『日本長期信用銀行十年史』
（日本長期信用銀行、1962年）、35ページ。

図表 9-2　金融機関のオーバーローン

（単位：％）

	全国銀行		都市銀行	
	貸出／実質預金	日銀借入金／実質預金	貸出／実質預金	日銀借入金／実質預金
昭和23年末	82.9	10.6	88.0	14.9
24	94.9	11.9	100.9	15.4
25	104.1	14.2	110.9	18.9
26	105.6	14.1	116.9	22.6
27	103.4	10.3	113.1	16.2
28	102.8	11.1	110.7	16.9

（原資料）日本銀行『本邦経済統計』（昭和30年）
（出所）岡田康司『長銀の誤算』（扶桑社、1998年）、27ページ。

　オーバーローン激化の現象をインフレの原因とみなす見解も広くみられるようになり、その是正策が検討されることになった。また、普通銀行からも長

期貸出の肩代わりの要望が出されていた。

　第四は、当時の日本における証券市場の未発達という問題である。当初、連合国総司令部は、長期資金は証券市場で調達すべきであると考え、その線に沿って日本の長期金融機構を改革しようとしていた。他方、日本政府は債券発行銀行を長期金融機関の中心に置き、そのうえで証券市場を育成し、長期金融の円滑化を図ろうとしていた。

　両者の大きな考え方の相違は、戦前の特殊銀行のような債券発行銀行を認めるかどうかということにあった。ところが、総司令部は、1947年頃からアメリカの対日政策の変更とともに、漸次日本独自の制度を認めていくようになるが、これは当時日本の低い資本蓄積状態のなかで、証券市場が未発達であったことからくる必然的な帰結でもあった。

　以上のような背景の下で、長期信用銀行法が制定されるようになる。1952年2月、第三次吉田内閣の大蔵大臣であった池田勇人が衆議院予算委員会ではじめて投資銀行（長期信用銀行）設立構想を公にした。そして、その年の3月11日に、長期信用銀行法案が閣議決定され、6月12日に公布されることになった。施行日は、同年12月1日と決定された。

　この長期信用銀行法の施行とともに、戦前から特殊銀行として産業金融を担ってきた日本興業銀行が長期信用銀行に転換し、日本長期信用銀行設立と同時に新しいスタートを切った。さらに、1957年に旧朝鮮銀行を母体とした日本不動産銀行（後に日本債券信用銀行と改称する）が設立され、三行体制で長期信用銀行制度が発足した。

　また、1952年6月の貸付信託法の制定により、戦前の信託会社は銀行業務を兼営する信託銀行に転換され、長期信用銀行と並んで戦後における民間の長期金融分野を担うことになった[1]。

(2) 日本長期信用銀行の設立

　長銀は、1952年12月1日、日本銀行の好意により、営業場所を日本銀行九段会館に置き、営業を開始した。このように建物は日銀から借り受け、人的支援については、行員230人のうち7～8割は戦前の債券発行銀行から戦

後普通銀行へ転換した日本勧業銀行からの移籍組であった。日本勧業銀行は、長銀が発足する前の段階で、戦後も戦前と同じように債券発行銀行として営業を続けるか、それとも普通銀行に転換するかの選択を迫られたが、債券発行銀行としてやっていくためには大蔵省が金融債を引き受けてくれるなどの政府からの相当の援助なしにはやっていけないのではないかという予想の下に、普通銀行への転換という結論を出した。北海道拓殖銀行も同様の理由から戦前の債券発行銀行から戦後は普通銀行へ転換する道を選択した。

このように、戦前における債券発行銀行としての歴史的経験と技能を有する日本勧業銀行と北海道拓殖銀行、さらに地方銀行から人的・資本的支援を受ける形で、長銀は設立の具体的な準備作業を遂行することができた。

資本の額は、普通株式7億5000万円、優先株式7億5000万円、合計15億円で発足することになった。優先株は米国対日援助見返資金により国が引き受け、普通株は大手銀行、地方銀行、日本勧業銀行、北海道拓殖銀行、主要会社がその大半を引き受けた。

長期信用銀行制度の成否の根本要因である金融債の消化先であるが、この点については、都市銀行、地方銀行、産業界の協力体制ができあがり、こうして長銀は1952年12月1日に無事営業を開始することができた。こうした設立の経緯をみてもわかるとおり、当時の金融政策の一環として政府の支援の下に一種の「国策銀行」として長銀は発足することになった[2]。

II 高度成長期と長期信用銀行の役割

図表9-3でもわかるとおり、連合国総司令部とわが国政府との協議が続けられるなかで、ようやく1951、52年頃に戦後日本の金融制度が整備されることになった。この金融制度の考え方の基本は、それぞれの金融機関を専門機能別の分業体制にしようとしたところにある。この分業体制という点で長銀に関係するのは、「長短金融の分離」という理念が貫かれていることである。都市銀行や地方銀行といった普通銀行は運転資金の供給という短期金融を担い、戦後の重点産業における膨大な設備資金の供給という長期金融は

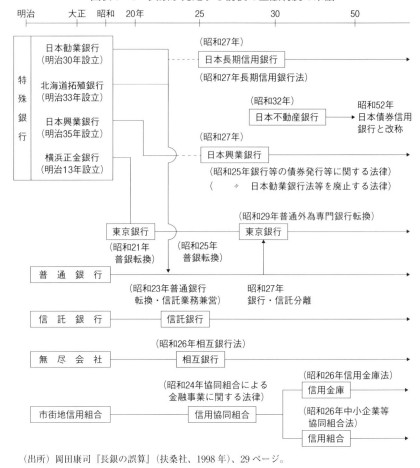

図表9-3　長銀が発足する前後の金融制度の系譜

(出所) 岡田康司『長銀の誤算』(扶桑社、1998年)、29ページ。

長期信用銀行や信託銀行が担うという分業体制が整備された。

　さらにそれ以外では、都市銀行や長期信用銀行は大企業への資金供給という位置づけが与えられたが、同じ頃に戦後の新しいスタートを切った相互銀行(現在、普通銀行に転換し、第二地方銀行)、信用金庫、信用組合は中小企業への資金供給を担う専門の金融機関として位置づけられたことである。このように、戦後の高度成長期を目前に控えた時期に、その後の本格的な日本の急速な経済成長を支える金融制度が体系化された。

したがって、このような分業体制における各種専門金融機関は、戦後の復興期の経済成長の必要性から制度化されたものであるが、その後の高度成長期においても相互に補完し合う体制として大きな意味をもつことになる。

そこで以下において、戦後の高度成長期に長期信用銀行がどのような役割を担い、普通銀行である都市銀行とどのような相互補完関係にあったのか、さらにその後の経済成長の進行のなかで、いかなる役割の変化を被ることになり、都市銀行との関係もどのように変化したのかをみていくことにしよう。

まず第一に、長期信用銀行の資金の供給の側面から考察しよう。戦後日本の高度成長は「投資が投資を呼ぶ」と言われたように重化学産業における設備投資主導型の経済成長であったことから、長期信用銀行は信託銀行とともに、設備資金の供給という点で大きな役割を担うことになった。図表9-4で、長期信用銀行の貸出構成を見ると、貸出残高合計に占める設備資金貸出残高の比率は、1960年（86％）、1965年（86％）、1970年（83％）といった高度成長期には80％台を維持しており、設備資金の供給において大きな役割を果たしていたことがわかる。それに対し、図表9-5で都市銀行の貸出

図表9-4　長期信用銀行の貸出構成

(単位：％)

	貸出残高合計	設備資金貸出残高比率	中小企業向け貸出残高比率
1960	100	86	6
1965	100	86	11
1970	100	83	16
1975	100	72	17
1980	100	57	30
1985	100	42	30
1990	100	35	42
1995	100	33	45
1998	100	32	48

（出所）日本銀行『経済統計月報』および『経済統計年報』より作成。

図表9-5 都市銀行の貸出構成

(単位：％)

年末	貸出残高合計	設備資金貸出残高比率	中小企業向け貸出残高比率
1960	100	8	27
1965	100	8	24
1970	100	12	26
1975	100	19	35
1980	100	21	47
1985	100	21	52
1990	100	38	71
1995	100	36	71
1998	100	38	69

(出所) 日本銀行『経済統計月報』および『経済統計年報』より作成。

構成をみると、その比率は1960年（8％）、1965年（8％）、1970年（12％）と非常に低く、ほとんどもっぱら運転資金という短期金融を担っていた。このように、両者は「長短分離」という金融制度に則した役割分担を行い、相互補完関係にあったことがわかる。

次に、図表9-4により、長期信用銀行の貸出残高に占める中小企業向け貸出の比重をみると、1960年（6％）、1965年（11％）と60年代では非常に低く、大企業向けの設備資金貸出にかなり特化していたと言える。図表9-5で、都市銀行の貸出残高に占める中小企業向け貸出の比重をみると、1960年（27％）、1965年（24％）、1970年（26％）というように、長期信用銀行の比率に比べると高いとはいえ、その比重はまだまだ低く、この時期においては、長期信用銀行と都市銀行は大企業向け貸出、相互銀行、信用金庫、信用組合は中小企業向け貸出といった分業体制が築かれ、この分野でも相互補完関係が成り立っていたと言える。

「長短分離」という点での長期信用銀行と都市銀行との分業体制は、図表9-6の全国銀行設備資金業態別新規貸付構成をみても確認することができる。都市銀行は、1960年（25.1％）、1965年（18.9％）、1970年（25.9％）

図表 9-6　全国銀行設備資金業態別新規貸付構成

(単位：％)

年中	都銀	地銀	第二地銀	信託銀行	長期金融機関			合計
					長信銀	信託勘定	計	
1960	25.1	11.5	−	0.5	37.8	25.0	62.8	100.0
1965	18.9	13.3	−	0.9	35.5	31.3	66.8	100.0
1970	25.9	19.7	−	1.6	25.9	26.9	52.8	100.0
1975	32.3	23.0	−	1.9	20.9	21.9	42.8	100.0
1980	35.9	28.0	−	1.4	17.7	17.0	34.7	100.0
1985	44.9	28.1	−	2.3	15.5	9.2	24.7	100.0
1990	53.3	22.2	10.5	2.3	6.8	5.0	11.8	100.0
1995	43.9	28.0	11.8	3.9	8.8	3.6	12.4	100.0
1997	45.3	26.6	10.5	4.9	9.9	2.7	12.6	100.0

(出所) 日本銀行『経済統計年報』より作成。

という時期にはまだ低い水準であるのに対して、長期信用銀行は、1960年(37.8％)、1965年(35.5％)と60年代には高い水準を保っている。信託銀行の信託勘定との合計で見ると、1960年(62.8％)、1965年(66.8％)と圧倒的である。

このように、高度成長期には、長期信用銀行はその当時の経済成長にとって大きな役割を果たしており、他の専門金融機関とも相互補完関係にあったことがわかる[3]。

第二に、長期信用銀行の資金調達の側面を考察しよう。長銀が設立された当初は、資金運用部が金融債を引き受け、長期信用銀行を育成し、設備資金不足に悩んでいた重点産業に財投資金を供給していた。1955年以降は、長期信用銀行の基盤も固まり、資金運用部による新規引受けは停止されたが、この点においても、長銀が他の長期信用銀行とともに、一種の「国策銀行」としての性格を有していたことが窺える。

昭和30年代には、以上のような政府による直接的な引受けはなくなったが、間接ながら金融債の民間金融市場での消化を促進する政策が採られた。

それは、第一に、金融債が日銀借入の適格担保とされたこと、第二に、1963年以降の利付債は、日銀の公開市場操作の対象銘柄として認められたことである。それによって都市銀行は金融債を大量に消化することになった。というのは、都市銀行の保有する金融債は、日銀貸出の担保あるいは日銀の買いオペの対象銘柄として、日銀からの資金供給（日銀信用）を受けることができたからである。

このように、資金調達の側面においても、この時期には、長期信用銀行は都市銀行と相互補完関係にあり、また同時に、銀行界のなかで特権的な条件を与えられ、他の銀行のように預金集めに奔走する必要がなかった。

さらに、この金融債の消化促進策は、産業界の国際競争力を強化するうえでも大きな役割を演じていた。というのは、戦後のわが国の公社債市場は、人為的低金利政策のもとで、起債市場は規制されていた。そのため、流通市場は発達せず、起債市場と流通市場は完全に分断されていた。金融債はこの規制された起債市場の中心的な存在であった。金融債は発行金利を低位に固定されたままで、起債市場の別枠として、優先的に資金を先取りし、都市銀行をはじめとする金融機関によって消化されてきた。都市銀行は貸出資金が必要な時に、その金融債を公社債の流通市場で自由に売却することはせず、その代わりに日銀借入の適格担保として、また日銀の買いオペ対象として利用してきた。その結果、公社債の流通市場は発達しないまま、長期信用銀行は低コストで長期資金を調達することができた。

この枠組みの最終的な目的は、重化学産業に設備資金を大量に供給するだけではなく、低金利で貸し出すことによって、国際競争力を強化し、先進諸国へのキャッチアップ政策を達成するところにあった。このように、この時期においては、長銀は他の長期信用銀行とともに、一種の「国策銀行」として、戦後の日本経済の高度成長にとって大きな役割を期待されていたのである。

ところが、1965年以降の国債発行により状況は質的に変化する、国債は各種金融機関に半ば強制的に割り当てられ、発行後1年経過した国債は日銀の買いオペの対象とされ、逆に金融債は日銀の買いオペの対象から除外され

ることになった。こうして、都市銀行は金融債より国債を選好することになり、人為的起債市場の主役は金融債から国債に移行した。

　図表9-7によって、公社債発行残高の構成比をみると、国債の割合は一貫して上昇し、1965年度の3.3％から1982年度には63.1％にまでなっている。それに対して、金融債の割合は、1965年度の50.2％から一貫して低下し、1982年度には20.6％にまで下がり、両者の比重は完全に逆転している。特に、1975年以降の国債の大量発行によりその傾向は一層顕著になっている。それとともに、利付金融債の消化構成も大きく変化していくことになる。図表9-8はそのことを示している。都市銀行の消化割合は、1960年度の50.4％から1982年度には8.1％にまで急激に低下している。それに代わって、個人・事業法人の割合が、1960年度の18.6％から1982年度の66.5％へと急速に拡大している[4]。

　このような状況のなかで長銀は、1960年代後半以降、小規模な店舗を首都圏や関西圏に次々と設置しながら、個人への金融債の消化体制を強化していった[5]。その結果、普通銀行の預金と金融債との競合関係が生まれ始めることになる。

図表9-7　公社債発行残高の構成比

(単位：％)

年度末	国債	金融債	政保債	地方債	事業債
1965	3.3	50.2	14.8	3.9	27.7
70	19.4	43.7	13.7	3.2	20.1
75	34.8	41.7	6.3	2.6	14.5
76	41.0	37.6	6.0	2.8	12.7
77	47.2	33.1	5.9	2.9	10.9
78	51.5	29.7	6.1	3.1	9.5
79	57.6	24.6	6.2	3.2	8.4
80	60.4	22.4	6.4	3.2	7.5
81	61.6	21.4	6.6	3.2	7.2
82	63.1	20.6	6.9	3.1	6.3

(原資料)　公社債引受協会『公社債年鑑』、『公社債月報』。
(出所)　野田正穂・谷田庄三編『日本の金融機関（上巻）』（新日本出版社、1984年）、236ページ。

図表 9-8　利付き金融債消化構成の変化

(単位：億円、％)

年度	都・長銀	地銀	その他金融機関	個人・法人等	計	金額
1960	50.4	19.3	11.7	18.6	100	1,811
65	43.3	12.6	16.8	27.3	100	6,053
70	32.7	10.3	21.8	35.2	100	11,280
75	16.4	9.4	20.9	53.3	100	27,880
76	14.9	9.8	18.2	56.7	100	33,309
77	13.2	10.0	21.5	55.3	100	34,974
78	13.2	11.1	22.5	53.2	100	35,159
79	12.6	12.0	20.9	54.5	100	32,559
80	11.5	9.8	19.0	59.7	100	46,151
81	9.5	9.5	17.2	62.8	100	54,617
82	8.1	8.9	16.5	66.5	100	58,929

(原資料)　公社債引受協会『公社債年鑑』、『公社債月報』。
(出所)　野田正穂・谷田庄三編『日本の金融機関（上巻）』（新日本出版社、1984年)、236ページ。

このように、1965年を境に、資金調達の側面での長期信用銀行の特権的地位は奪われ、都市銀行との相互補完的関係も崩れ出し、1965年には早くも「長銀不要論」が出始めることになった[6]。

Ⅲ　大企業の「銀行離れ」と長銀の新しい路線への模索

(1) 大企業の「銀行離れ」と長期信用銀行

以上のように、資金調達の側面では、早くも1965年以降の国債発行により、長期信用銀行の特権的地位は奪われることになったが、資金運用の側面においても、1973年秋の第1次オイルショックを一つの契機として発生した1974・5年恐慌を境に、日本経済は高度成長期から低成長期へと移行し、企業金融は大きな構造変化を迎えることになった。それとともに大企業の「銀行離れ」が発生し、長期信用銀行の役割は大きく低下していくことになる。

大企業の「銀行離れ」の発生要因として、まず第一に挙げられるのは、設

備投資主導型の高度成長から低成長への経済構造の変化である。第二は、重厚長大型産業から軽薄短小型産業への産業構造の変化である。このことにより、大企業はかつてのような大量の設備資金を必要としなくなった。第三は、そのことによって、設備投資の大半を内部資金で賄えるようになったことである。第四は、1974・5年恐慌からの脱却のために行われた「減量経営」という企業経営の変化である。ヒト、モノ、カネのすべての面で実施されたが、カネの面においては、企業が資金の効率的な利用に目覚めたことが大きい。第五は、ちょうどその時期に当たる1970年代に、金融の証券化に伴う証券市場の急速な発展という金融構造の変化が生じたことである。70年代に入って株価は上昇し、それまでの株式の額面発行から時価発行へ移行したことにより、大企業は証券市場から銀行借入よりも低コストで資金調達することが可能になった。80年代の後半のバブル期には、株価の右肩上がりのなかでエクイティ・ファイナンスが活発に実施され、大量の資金が低コストで調達され、銀行借入の返済に回すまでになった。

　また、資金の運用の側面では、1970年代後半における国債の流通市場の拡大、証券市場の発展により自由金利市場が拡大し、預金金利の上限を規制していた銀行に預金するよりも、証券市場で運用した方がより利回りの高い運用が可能になった。こうして、銀行業務は相対的に縮小し、証券業務は急速に拡大するようになる。こうした経営環境の大きな変化のなかで、銀行は新たな課題に直面することになる。とりわけ、長期の設備資金の供給を主として担ってきた長期信用銀行において、それは深刻な形で現れた。

　図表9-4によって、もう一度長期信用銀行の設備資金貸出残高比率をみると、1970年には83％であったものが、その後急速に低下し、1990年には35％となり、1998年には32％になっている。大企業への設備資金供給という業務が縮小するなかで、新たな貸出先として中小企業向け貸出が増大し、その比率は1960年の6％から1990年には42％へと急激に拡大し、1998年には48％となっている。

　また、図表9-5で都市銀行におけるこの間の貸出残高構成の変化をみると、設備資金貸出残高比率は、一つには金融の自由化に伴う「長短金融の分

離」という規制が緩和されたことにより、1960年および65年の8％から1990年には38％へと拡大している。特に、バブル景気に沸いた80年代後半の伸び率は急激で、1985年の21％から1990年の38％へとわずか5年間で17％も上昇している。さらに中小企業向け貸出残高比率は、大企業への貸出業務の縮小への対応として長期信用銀行と同様に拡大し、1970年の26％から1990年には71％へと急速に拡大している。

このように、銀行を取り巻く経営環境の大きな変化のなかで、都市銀行と長期信用銀行の相互補完関係は資金の調達の側面だけではなく、資金の運用の側面においても崩れ、競合関係へと変化してきたことがわかる。特に、証券市場からの資金調達が閉ざされ、依然として銀行借入に依存している中小企業に関しては、新たな貸出分野として80年代後半のバブル期に、不動産分野と同様に激しく競合し合うことになる。

ところで、設備資金の供給関係における両者の変化は、図表9-6の全国銀行設備資金業態別新規貸付構成によっても再確認することができる。都市銀行は、1965年の18.9％から1990年には53.3％へと拡大し、長期信用銀行は同じ時期に35.5％から6.8％にまで縮小している。

また図表9-9によって、長期信用銀行の業種別設備資金貸出残高構成をみると、設備資金を大量に必要とする公共的側面の強い運輸通信業（特に私

図表9-9　長期信用銀行の業種別設備資金貸出残高構成

(単位：％)

年末	1960	1965	1970	1975	1980	1985	1990
製造業	54.9	59.9	58.3	53.8	41.2	27.1	16.3
建設業	0.6	2.0	1.6	2.7	1.6	1.1	1.3
卸売・小売	1.7	4.8	7.7	6.9	5.4	4.0	4.9
不動産業	0.9	3.1	4.4	6.0	5.4	7.2	12.9
運輸通信業	13.0	10.0	11.1	10.2	8.6	8.6	8.9
電気・ガス・水道	20.1	11.8	7.8	9.3	18.1	22.2	16.6
サービス	1.7	3.4	5.5	5.9	7.5	14.6	27.1
その他	7.1	5.0	3.6	5.2	12.2	15.2	12.0
合計	100	100	100	100	100	100	100

(出所) 日本銀行『経済統計月報』、『経済統計年報』より作成。

鉄)、電気(電力)・ガス・水道業においてはその水準を維持しているが、かつて設備資金を大量に必要とした製造業においては1970年の58.3％から1990年の16.3％へと急速に減少している。それに代わって、新たな分野として、不動産業およびサービス業が一貫して上昇している。

(2) 長銀の新しい路線への模索

　以上のように、資金の調達の側面においても、資金の運用の側面においても、経営環境の変化のなかで、都市銀行と長期信用銀行は当初の相互補完関係から競合関係へと変化してきた。こうした経営環境の変化に対応するために、長銀は新しい路線を模索してきた。

　特に、運用面においては、製造業の大企業における設備資金需要の減退により、新しい融資分野を開拓する必要に迫られた。そこで、1960年代後半以降、都市開発・再開発事業といった「社会開発」事業、住宅開発事業といった不動産関連事業、サービス化に伴い急成長したスーパー、旅行・外食・ゴルフ・スキーなどのレジャー産業・サービス産業といった新しい分野の産業への融資、さらには中堅中小企業向け融資へと新しい分野への融資を拡大してきた[7]。

　しかし、決定的な路線転換の模索は、投資銀行を志向したことである。1970年代以降、一方で、預金(金融債)―貸出といった伝統的な銀行業務が縮小し、他方で、証券市場の急速な発展に伴い証券業務が拡大してきた。さらには、金融自由化の進展による銀行間の競争の激化により利ザヤは縮小してきた。この点は、長期信用銀行においても同様で、長期貸出と利付金融債の平均利ザヤは縮小していった[8]。こうした状況の変化のなかで、これまでの金利収入を主とした伝統的な銀行業務から非金利収入を柱とした新しい業務への転換が、日本の銀行にとって決定的に重要になってきた。そのためには、預金(金融債)―貸出という伝統的な銀行業務から証券市場の拡大と新しい金融技術の発展に伴って将来性が増してきた投資銀行業務(アンダーライティング、ディーリング、M＆A斡旋業務、デリバティブ業務など)へと経営路線を大きく転換することが急務となっていた。

1984年の「日米円・ドル委員会」により、アメリカから金融自由化を本格的に迫られるに至って、この方向性への転換は、都市銀行、長期信用銀行を問わず、世界的な趨勢からして日本の銀行にとって避けて通れないものになっていた。

　こうした経営環境の構造変化のなかで、長銀はいち早く投資銀行への路線転換を打ち出すことになった。その方向性が示された第5次長期計画は、1985年に発表された。この新計画では、人員の大幅な削減と旧来型の融資業務からの脱却、つまりは投資銀行業務への転換が打ち出されていた。

　この新しい計画書を作成したのは、長銀の中枢部門である企画部で数人の特別チームであった。責任者は行内でも「改革派」で通っていた取締役企画部長で後に副頭取となる水上萬理夫であった。5年ごとに改訂されてきた「長期経営計画」の第5次長計策定作業のなかで激論が交わされた。担当者たちは、すでに金融自由化が完了し、新しい銀行の方向性を目指していたアメリカなどに何度も出張し、既に経営転換に成功していた現地の銀行（特にバンカーズ・トラストをモデルにしたと言われている）を視察するなど、精力的に計画の策定作業を進めた結果として、新しい計画書を作成した。

　長銀のこの新しい路線への転換は、金融自由化が進展するなかで、これまで制度によって守られてきた長期信用銀行が銀行のなかでも最も強く危機感を持っていたことの現れでもあり、また証券市場が急速に発展するに伴い、以前からすでに出ていた「長期信用銀行の役割終焉論」がいよいよ現実味を帯びるなかでの必然的な結果でもあった[9]。

Ⅳ　バブルの発生と不動産向け乱脈融資

(1) バブルの発生と不動産融資への急傾斜

　長銀が提出した第5次長計の方向性は、世界の金融市場の趨勢のなかで生き残りを図るうえで正しい選択であった。しかし、1985年の「プラザ合意」に端を発するバブルの発生は、その計画を葬り去ることになる。

　バブルの発生とともに、都市銀行はもちろんのこと、興銀も、さらには長

銀にとって下位行とみられていた信託銀行も不動産融資に猛然と突っ走るに至り、資金量で信託銀行にも追い越されてしまった。こうした状況のなかで、融資部門を中心として、下位行にも抜かれ、出遅れたという焦りが行内に蔓延していった。

当時の行内主流派は、後に会長となる増沢高雄を筆頭とする融資重視の伝統的銀行業務を推進しようとする勢力であった。水上は第5次長計が実施に移された直後に、企画担当の役員から外されてしまった。主流派は間もなく、後に頭取となる大野木克信を企画部長に据え、新たな長期計画の策定と方針の再転換に取り掛かった。

その第一弾が大幅な組織改革であり、長銀は1989年に、独立していた審査部門を融資部門に組み込む組織改革を断行した。こうして、バブルの進行とともに、不動産融資は急速に拡大し、営業の現場ではろくろく担保物件を見ないまま、どんどん突っ走ることになり、融資審査というチェック機能はほとんど利かない体制になってしまった。

さらにその年、1年前倒しで、中小企業に重点を置いた拡大路線を歩む第6次長期計画（第6次長計）を策定した。こうして、不動産融資への急傾斜に拍車がかかり、当初の理想は葬り去られることになった[10]。

第5次長計は、1996年から始まる金融ビッグバンを先取りした改革であり、この改革を推進した水上には、「長銀のドン」、「長銀の天皇」と言われた杉浦敏介会長の後ろ楯があったと言われている。その実力会長をもってしても改革を断行できなかったところに、長銀の根深い伝統的な保守的体質をみることができる[11]。

このようにして、長銀は第5次長計で打ち出した投資銀行という時代に対応した新しい経営路線を捨て去り、不動産融資へと急傾斜し、融資審査も利かなくなってしまった。しかし、審査部門を融資部門に組み込むという組織改革は都市銀行ではもっと早くから実施されていた。ここでは住友銀行の事例を取り上げてみよう。当時、住友銀行は取引先の旧安宅産業の経営難で1千億円規模の債権放棄を迫られ、収益力の回復という課題に直面していた時期に、マッキンゼー社に経営分析を依頼し、「スピード経営」への転換を

図った。その結果、1979年に大胆な機構改革を実施した。営業、企画、国際など各部門について「総本部制」を導入し、営業推進と審査機能を一体化した。総本部に権限を委譲し、営業現場の意思決定を素早くし、機動的な業務運営ができる体制を作った。それは、融資審査を甘くし、将来不良債権が膨らむ危険を孕むものであったが、頭取の磯田一郎はマッキンゼー報告を恰好のテコにして融資拡大路線を打ち出した。

さらに、1984年になると、住友銀行は本部長の権限を一段と強化した。そして、マッキンゼー社が提唱した「スピード経営」は「合理的な効率経営」の目標を逸脱し、目先の営業成績を追求する収益至上主義へと変質していった。その結果、住友銀行の収益力は急速に好転した。それを見た他の銀行も住友銀行にならえとばかりに組織改革を行い、一斉に融資拡大に向けた体制が整えられた。この体制がフル回転をしたのは言うまでもなく、1985年以降のバブル期においてであった。担保物件を見ないで融資の決裁をするという慣行はこうして出来上がっていくことになった[12]。

日本の企業間の競争形態は、たとえばアメリカのように経営資源を自社の得意分野、機軸分野に集中し、差別化戦略を図り、自己資本利益率をいかに上げるかという方法ではなく、「横並び志向」により、規模の拡大による利益の量（利益の率ではなく）の拡大を図る「経常利益主義」を採用してきた。これは、日本の銀行間の競争のあり方においても同じである。したがって、ある有力銀行が、組織改革を断行し、他に先駆けて新たな分野に進出すれば、他の銀行も「横並び」でそれに追随する。

こうした競争のあり方からは、質的に新しい技術革新は生まれにくく、従来の伝統的な路線の延長線上で、せいぜい新しい分野へ進出するという形で競争し合うことになる。具体的には、預金（金融債）—貸出という伝統的な銀行業務から新しい投資銀行業務への転換ではなく、預金—貸出という従来の銀行業務の延長戦上で、単に中小企業向け融資や不動産融資という新しい融資分野へとその銀行業務を拡大しただけである。

大企業の「銀行離れ」、証券市場の発展、金融自由化、さらには新しい情報・通信技術の発展に伴う金融技術革新という時代の流れに乗り遅れ、90

年代のバブル崩壊のなかで、今日、決定的な国際競争力の低下を招いた根本的な原因は、不幸にも路線転換を迫られていた時期にバブルが発生したことである。というのは、そのことによって、新しい路線への転換という「産みの苦しみ」を経験しなくても、従来路線の延長線上で安易な方法ではあるが、量的拡大を図ることができたからである。今から見れば、このことは邦銀にとって不幸な出来事であった。そして、長銀においても、この大きな濁流に流されてしまったのである。

図表9-10は、都市銀行、長期信用銀行、信用金庫の不動産向け融資残高構成を示したものである。これによって日本の銀行がいかにバブルに踊らされたかをみることができる。都市銀行においては、1985年の12.8％から89年の16.5％へ、長期信用銀行においても、12.8％から16.2％へとそれ以前に比べると比率を大きく拡大している。しかし、実際には後述するように、系列ノンバンクを通して大量の不動産融資を行っているので、それを含

図表9-10　都銀・長信銀・信用金庫の不動産向け融資残高構成

(単位：％)

年末	都市銀行	長信銀	信用金庫
1980	10.3	12.3	18.3
1983	11.2	11.8	19.4
1985	12.8	12.8	20.0
1986	14.9	14.9	20.9
1987	15.4	15.4	21.9
1988	16.2	16.0	22.3
1989	16.5	16.2	22.6
1990	15.9	15.7	22.3
1993	17.3	17.1	21.9
1995	17.5	18.6	22.0
1997	18.2	19.7	22.3
1998	18.7	21.9	－

(注)　不動産向け融資は、不動産業と建設業向けへの融資の合計である。
(出所)　日本銀行『経済統計月報』および『経済統計年報』より作成。

めるとその比率はもっと拡大していることになる。

　もう一つ注目すべきは、90年代に入ってバブルが崩壊して以降の比率である。都市銀行においては、1989年から90年にかけていったん低下したあと上昇に転じ、1998年には18.7％にまで上昇している。長期信用銀行においては、さらにその比率の上昇は激しく、1990年の15.7％から1998年には21.9％へと急激に拡大している。これは、後述するように、いかに銀行が、バブル崩壊後、不動産向けの不良債権問題を先送りしてきたかを示している。信用金庫においても、減少はしておらず、高止まりしている状態である。

(2) 長銀とイ・アイ・イ・インターナショナルとの関係

　長銀がどのようにして、不動産融資へ急傾斜していったかを具体的に考察するために、「長銀破綻の象徴」と言われるイ・アイ・イ・インターナショナル（以下、イ社と略記する）との関係をみていくことにする。イ社は、磁気テープなど電子部品を輸入販売する中堅商社であり、高橋治則は1983年にその社長に就任した。その小さな電子部品の輸入商社の社長にすぎなかった高橋が、バブル期のほんのわずかな期間に「資産1兆円帝国」を築き上げることができたのは、彼の事業に膨大な資金を湯水のごとく注ぎ込んでくれる三つの金融機関が存在したからである。

　まず第一は、台湾華僑系の信用組合として設立され、経営危機に陥っていた協和信用組合（のちの東京協和信用組合）に協力を頼まれ、大きな功績を残したことから、1982年5月に非常勤理事に迎え入れられ、そのわずか3年後の1985年5月に理事長に就任したことである。

　第二は、イ社と同じビルに居を構えていた安全信用組合である。ビルの同居人として両社の親子は、挨拶を交わすうちに次第に打ち解け合い、意気投合するようになった。鈴木紳介は、サラリーマン生活に終止符を打ち、1980年9月に安全信用組合の理事長の跡継ぎとして常務理事に迎えられ、83年6月からは理事長に就任した。こうして、1994年の東京二信組事件の主役二人が、バブル元年の1985年に金融業の面白さに目覚めていくことになる。

　第三は、長銀との出会いである。その関係は、バブルが発生した1985年

にさかのぼることができる。両社の出会いは、85年11月初め、イ社の代表取締役の河西宏和と長銀横浜支店副支店長だった後藤田紘二の偶然の再開から始まった。二人は慶応高校3年の時のクラスメートであった。店頭公開の準備を進めていて、メインバンクを探していた河西に後藤田は、慶応大学の2年後輩で、長銀東京支店営業4部長の原淳一を紹介した。85年11月1日に新設された東京支店営業4部の設立目的は、「今後の成長が期待できる優良な中堅企業の新規開拓」であった。この新しい部署は、資本金20億円未満の中堅・中小企業の新規開拓だけを扱うという斬新な戦略が売り物だった。「新規開拓」と言えば聞こえはいいが、実は長銀は、証券市場からの資金調達をしていた大企業から見放され、代わりの融資先を必死に探す必要に迫られていたということである。いずれにしろ、こうした両社の利害が一致して、その関係が始まったが、それ以降、長銀は遠大な野望を抱く高橋に翻弄されることになる。将来性の高い通信とコンピュータを軸に、不動産、リゾート、金融などを網羅した国際コングロマリットを築くという将来構想を自信満々に語る高橋に、長銀の融資担当者たちは次第に魅了されていく。

　高橋は、事業を膨張させる手段として、まずゴルフ場に目をつけた。すでにゴルフ場開発の実績を持つイ・アイ・イ・グループが高級ゴルフ場を建設するとあって、高橋のもとには多くの銀行がハイエナのごとく集まってきた。銀行間の激しい競争だけではなく、同じ銀行の支店間競争も熾烈になっていた。銀行に融資の打診をすると、その日のうちに口座に30億円が振り込まれ、融資した銀行は1週間後にヘリコプターを飛ばして、まだ計画段階にすぎない山林を形式的に「審査」するという状態であった。

　こうした狂気のようなゴルフ場建設が、バブル期の日本列島の至る所で繰り広げられた。85年には1400だったゴルフ場は、十数年で2400に膨れ上がった。乱開発とそれを支える銀行の乱脈融資が続いたのは、地価は永遠に上がり続けるという「土地神話」があったからである。土地を担保にした無節操な融資が地価をさらにつり上げ、土地投機を煽っていった。

　高橋は、このゴルフ場開発を手掛かりに、海外リゾート開発に乗り出していった。オーストラリア、サイパン、ハワイなど各地で計画された巨大プロ

ジェクトへ長銀はのめり込んでいった。バブルに乗り遅れていた長銀にとってイ社への巨大融資は遅れを取り戻す絶好のチャンスであった。こうして高橋は、「資産1兆円帝国」を築くことができたが、それは膨大な借金の上に築かれた「虚構の城」でしかなかった。

　経営環境の悪化にとどめを刺したのが、「不動産融資の総量規制」であった。大蔵省は、1990年3月27日、金融機関に対して不動産向け融資を抑制する通達を出した。イ社は、不動産会社に分類されていたため、今までのように銀行から簡単に資金を集めることができなくなった。こうして、ついに1990年秋に、イ社は資金ショートを起こすことになる。

　長銀は1990年12月7日、再建に向けてイ社を支援する決定をし、同時に50億円の緊急融資を行った。支援するにあたってイ社を、長銀を中心とする銀行団（日債銀、三井信託、三菱信託、住友信託の主力5行）の管理下に置いた。

　92年からは、銀行団の管理下で、さらに厳しい第2次のリストラ策を実施したが、他の主力行は次々と手を引き、メインバンクであった長銀は、その肩代わりを迫られ、イ社への融資残高は3800億円に膨らんだ。そして、93年7月、長銀はイ・アイ・イ・グループの支援の打ち切りを表明し、突然の撤退宣言をした。長銀内部ではこの時、イ社問題ばかりではなく、日本リースなど関連会社を含めて雪だるま式に膨らんだ不良債権問題が、次第に深刻さを増していた。

　他方、高橋は、長銀からの支援を打ち切られた後も、東京協和信用組合と安全信用組合を使って、高金利で預金集めを行い、それをグループ企業へ注ぎ込んでいたが、ついに最後の延命装置も外されることになった。94年末、支配下の2つの信用組合は、監督官庁である東京都から破産宣告を受け、金融界初の破綻処理スキーム「東京共同銀行」という受け皿で処理されることになった[13]。

(3) 関連ノンバンクを通じた不動産融資

　バブル期における不動産融資は、銀行本体からの融資だけではなく、かな

りの部分がノンバンクを経由して融資された。そこで、本項では銀行本体の別働隊として機能したノンバンクについてみることにする。

特に、長銀は大手銀行のなかでも、ノンバンクに対する融資が最も多い銀行である。長銀は、内部規約では担保不足でこれ以上貸せない不動産案件を、関連会社に回していたのである。

長銀の系列ノンバンクの「御三家」と呼ばれた日本リース、日本ランディック、エヌイーディーの3社だけで、1997年頃までに不良債権の額は約1兆2000億円に達した。こうした系列ノンバンクの巨額の不良債権が、のちに銀行本体の経営を大きく揺るがすことになる。図表9-11は、内部資料にもとづくものであるが、長銀系ノンバンク5社の借入先を示している。これをみると、非常に多くの金融機関から資金を調達していることが分かるが、当然のことではあるが、長銀からの借入金が群を抜いて多い。そしてもう一つ気づくことは、信託銀行からノンバンクへ流れた資金が多いということである。

さきほどの御三家は、いずれも本業がありながら、バブル発生とともに不動産融資にのめり込んでいった長銀の別働隊であった。まず最初の日本リースは、そのなかでも最大の別働隊であった。そのことは、図表9-11の数値からも読み取ることができる。日本リースは1963年に産業機械や自動車を中心とした日本で初めての総合リース会社として設立された。石油ショックで業績不振となり、1974年に長銀出身者が社長に就任した。それ以降、歴代社長はすべて長銀出身者で占めてきた。オリックスに次ぐ業界第二位の大手に浮上した日本リースが不動産融資に傾斜していったのは、長銀元池袋支店長が社長に就任した1986年頃からと言われている。その後、巨額の不良債権を抱え、1998年9月に会社更生法の適用を東京地裁に申請することになった。申請時の負債総額は約2兆1800億円に上り、「戦後最大の倒産」となった。

日本ランディックは、ビルの賃貸やマンションの分譲を目的とする不動産開発会社として、1974年に設立された。エヌイーディーもまた、そもそもは将来性のあるベンチャー企業を支援する日本で最初のベンチャー・キャピ

図表 9 - 11　長銀系ノンバンク 5 社の借入先

(単位：億円)

		日本リース (98年5月末)	エヌイーディー (98年3月末)	日本ランディック (98年5月末)	ファーストクレジット (98年4月末)	日本リースオート (98年3月末)	5社合計
政府系等	日本開発	164	−	−	−	25	189
	日本輸出入	42	−	−	−	−	42
	農林中金	1,201	2	22	2	124	1,351
	商工中金	55	−	−	10	−	65
	全信連	85	−	−	−	−	85
長信銀	日本長期信用	2,557	1,508	869	1,118	143	6,195
	日本債券信用	69	−	26	30	−	125
信託	住友信託	1,549	−	161	1	68	1,778
	三菱信託	1,482	697	444	80	56	2,759
	東洋信託	335	310	318	201	12	1,176
	安田信託	293	56	114	41	7	510
	中央信託	107	6	133	71	−	318
	三井信託	13	12	113	15	−	153
	日本信託	10	−	−	2	−	12
	大和インターナショナル信託	10	−	−	−	−	10
都銀	東京三菱	848	−	93	134	52	1,127
	東海	591	202	93	74	16	975
	住友	503	118	123	−	28	772
	三和	329	50	103	24	16	523
	富士	277	−	62	100	13	452
	北海道拓殖	192	−	−	−	−	192
	第一勧業	90	529	107	144	−	869
	あさひ	50	−	−	14	−	64
	さくら	−	−	120	−	−	120
	大和	−	−	10	7	−	17
地銀	計	1,016	251	129	162	18	1,576
第2地銀	計	206	71	60	79	10	426
外銀	計	45	112	120	80	−	357
生保	第一生命	621	3	182	101	21	928
	日本生命	460	23	184	43	12	722
	三井生命	328	−	51	32	20	431
	千代田生命	310	10	50	97	−	467
	協栄生命	267	49	168	80	31	596
	明治生命	233	−	12	−	12	258
	太陽生命	225	−	−	−	6	231
	日本団体生命	219	25	59	48	−	350
	安田生命	187	13	42	22	30	294
	第百生命	128	−	−	10	−	138
	住友生命	103	5	4	15	37	163
	その他	441	5	89	97	6	638
損保	計	945	17	101	230	132	1,425
ノンバンク	計	−	840	−	−	−	840
信連	計	1,243	−	−	−	93	1,336
共済連	計	1,058	−	321	2	−	1,381
その他		3	48	30	−	−	81
合計		18,889	4,961	4,512	3,164	1,002	32,528

(出所) 日本の金融を憂う会『長銀破綻の真実』(とりい書房、1998年)、55ページ。

タルとして1972年に設立されている。このように本業をそれぞれ持っていたいくつもの関連会社が、長銀の不動産融資の別働隊として不動産に貸し込んでいったのである。

　こうして長銀本体と関連会社が抱えることになった不良債権の額は1991年末の行内調査の結果では、約2兆5000億円に上った。これはタイの国家予算にも匹敵する金額である。一つの銀行グループの不良債権額が一国の予算に匹敵するということは、驚くべき事実である。

　なぜこのように、系列ノンバンクの不動産融資額が巨額に膨れ上がったのか、その原因として次の二つをとりあえず挙げることができる。一つは、系列ノンバンクは長銀の不動産融資の別働隊ではあったが、統一的な意思決定の下でなされたものではないということである。それを示す一つの事例として、伊豆サボテン公園を担保とした融資がある。伊豆サボテン公園を所有しているのは、イ・アイ・イ・グループが筆頭株主となっている伊豆センチュリーパークである。長銀は、伊豆センチュリーパークに45億円を貸し付けていた。しかし、融資は長銀本体だけではなく、系列ノンバンクをも含めると膨大なものになっていた。その実態を、長銀はバブル崩壊後の行内調査で初めて知ることになる。

　イ社に対する巨額な不良債権を管理・回収するために新設された営業9部の行員は、不良債権の実態を把握するため、毎日夜遅くまで膨大な資料と格闘していたが、ある日、伊豆サボテン公園の土地登記簿を見て目を疑った。そこには、長銀本体のほかに、系列ノンバンクが競うように資金をつぎ込んでいる実態が示されていた。まず、長銀が、88年1月に25億円の抵当権を設定した。その年の9月には、日本リースが50億円を設定しており、翌89年6月には、長銀が出資している第一住宅金融が100億円、7月には日本ランディックが100億円、92年3月には再び長銀本体が20億円と、次々と抵当権を設定していた。その総額は実に300億円近くに達していた。

　系列ノンバンクの融資分はおそらく返済の当てのないイ・アイ・イ・グループの資金繰りに流れたと思われる。しかし、なぜここまで返済見込みのない融資が行われてしまったのか。この調査をした行員は、バブル期には中

小企業に対する融資の妥当性を審査する部門で部長をしており、長銀本体が、イ・アイ・イ・グループ企業にどれだけ貸すかについてはそれなりに注意深く審査していた。ところが、系列ノンバンクは、別のグループが担当していた。長銀は、バブル期に、融資部門を二つに分けた。信用のある大企業や系列ノンバンクを担当する部門を営業グループ、イ社など中小企業を担当する部門を業務グループとし、審査部門も分割してそのグループのなかに組み込んでしまった。こうした体制のなかで、融資最優先の方針に従って、審査機能は麻痺し、両グループ間の情報も遮断され、1カ所に長銀グループ全体でいくら貸しているのかだれも把握できなくなってしまったのである。

　もう一つは、系列ノンバンクの長銀本体からの相対的自立性の問題である。第6次長計において関連会社は自主独立すべきであるとされたこと、そして長銀から出されて関連会社に移された行員にとっては、長銀本体に対する強い対抗心があったこと、さらに当時の堀江頭取と同期のOBなど有力OBが各関連会社の社長となっており、長銀本体の現役の行員は彼らのやり方に口を出しにくかったこともある。こうして、ノンバンクは不動産融資の別働隊ではあったが、相対的自立性をもっており、統一性が保たれないまま、不動産関連の乱脈融資に走ったのである[14]。

(4) なぜ第5次長計は葬り去られたか——経営組織上の問題

　この節の最初の項で、第5次長計が葬り去られ、不動産融資関連の乱脈融資に走った要因を、主にバブルの発生と金融自由化に伴う銀行間競争という観点から考察してきたが、本項ではコーポレート・ガバナンスの観点から主に行内の経営組織上の問題として分析することにしたい。

　長銀においても最初から融資審査の体制が甘かったわけではない。長銀の融資は、普通銀行のそれよりは金額も大きく、長期的であったから、返済条件について厳しい審査を必要とした。そこで、「三審体制」という三段階による審査制が、1963年に完成した。この方式は、①企業と接点のある現業の部店から始まり、ついで本部に行き、②審査部で企業内容について業界的視点から現業の部店の審査内容を吟味し、さらに③業務部（融資業務部とか

業務推進部というように名称は変化してきたが）で全行的に営業収益的視点を加えた審査をして、貸出条件や金額・方針を策定するという体制である。この体制は当時の長銀の健全性の柱となっていた[15]。

　しかし、前述したように、バブルに突入して以降、融資最優先の観点から審査部門の組織のなかでの権限は弱体化していった。こうした状況のなかで、1980年代半ばの時代の変化に対応した新しい路線が、第5次長計として策定されたにもかかわらず、その路線はいつのまにか葬り去られ、乱脈融資へと突っ走ることになる。そして、そのことが、その後の経営破綻の根本的な原因となった。

　ではどうして、長銀は第5次長計を葬り去り、間違った方向に向かったのであろうか。その責任は、一個人に帰属させることができない複雑な要因に求めるべきであろうが、どうしても避けて通ることができない主要な要因の一つは、企業の巨大化に伴う組織の官僚化である。したがって、その官僚化した機構の頂点をなすトップ経営者に、主要な責任の一端があることは間違いない。そうした観点からみる限り、長銀の歴代のトップ経営者のなかで、「長銀のドン」、「長銀の天皇」と言われた杉浦敏介頭取の果たした役割を看過することはできない。そこで、彼が長銀内でいかに大きな影響力を長期間に渡って持ち続けることになったのかをみていくことにしよう。

　発足直後の長銀は、当時の日本勧業銀行から大量に移籍した勧銀組と、地方銀行などの出身者による非勧銀組とに分かれ、熾烈な派閥争いを繰り広げた。結局、初代頭取の原邦道を代表権のない会長に祭り上げる形で、浜口巌根が二代目頭取に就任し、勧銀組が勝利することで終止符が打たれた。以降は、宮崎一雄、杉浦敏介と勧銀組が頭取を歴任した。杉浦が一番尊敬し、また恐れていた原口が亡くなり、周りに怖い者はいなくなり、誰に気兼ねすることもなくなった杉浦は、1971年に頭取に就任したあと、頭取7年間、会長11年間、相談役・最高顧問などの形で、取締役在任期間は実に34年間に及んだ。

　杉浦の頭取時代の70年代は、個人からの資金調達部門の強化や中堅企業への融資の推進など時代を先取りした戦略が功を奏し、業績は急速に上昇し

た。こうした功績により、杉浦体制は確立した。

　さらに、彼は、1978年に頭取から会長に退く時に、「経営会議」を新設するという組織改革を行った。それまで役員会は、取締役会と常務会の二本立てであった。常務会は、経営の重要事項を審議・決定するという実質最高決議機関である。そこになぜあえて、経営会議を新設するのか。経営会議は、取締役会付議事項のうち特に重要なものについて審議する機関であり、会長が議長を務めるというものである。機能としては明らかに取締役会の「屋上屋」なのである。しかし、重要なのは、議長が会長だという点にある。経営会議の付議事項は、経営計画・業務計画・組織改革などであり、実質的に経営の根幹事項を網羅しており、これを杉浦新会長が、頭取時代に引き続いて掌握するということである。一方の常務会の付議事項は、「日常業務のうちでの重要事項」についての頭取の"諮問機関"となり、格段に小さな役員会になってしまった。こうして、杉浦会長の「院政時代」が始まった。

　行員の人事は組織上頭取が最終的に決めることになっている。ところが、人事部長は頭取だけではなく、会長の了解を取りに行くことになった。つまり、実質的に人事権は杉浦会長が握っていたと言える。このため、長銀は派閥ができなかった。反旗を翻す者は関連会社に出され、反対派閥ができる素地がなかったのである。だから、優秀な人間ほど辞めていった例が多いと言われる。

　ところで、彼の会長就任期間である1978年から89年の間に、第5次長計が策定され、そして葬り去られている。杉浦会長は、第5次長計を策定した水上の後ろ楯になっていたとも言われるが、それにもかかわらず、伝統的な融資業務を重視する主流派の猛反発のなかで結局は中途半端な改革として終わることになる。新しい路線に断固として踏み切れなかった要因の一つとして、当時の杉浦会長の古い経営観が影響していると思われる。

　彼の経営観には、自分たちが若い時の高度成長期の右肩上がりの「成功体験」に基づく経験主義が根底にあった。そして、結局この成功体験に基づいて、バブル期に不動産融資への急傾斜という伝統的な融資業務で量的拡大を図るという古い路線を継続することになった。このように、長銀が節目節目

で経営を転換できなかった一つの要因として、創立以来連綿と続いた主流派人事があった。80年代における構造的な経営環境の変化のなかにあっても、杉浦会長が指名した温厚でバランス感覚に優れた者が頭取に選ばれた。

　バブルが崩壊し、それまで人事に大きな影響力を持っていた杉浦が顧問に退き、力がすでに弱くなっていたなかで、堀江頭取の後継者問題が大きな関心を呼んだ。行内では革命的経営手法で恐れられていた第5次長計を作成した水上副頭取か、保守本流の流れを汲む国際派の大野木専務かで一種の緊張状態が続いた。だが結局は、水上副頭取は93年6月に改組された長銀総研社長に転出し、頭取レースから脱落した。この人事のあり方に長銀の体質が集約されている。必要な改革よりも、どちらが無難で自分たちを守ってくれるかという保身が最大の決め手となるのである。水上脱落劇は、長銀保守派人事の象徴である。

　バブル崩壊後の不良債権問題の「先送り」の決定も、こうした流れのなかで行われていったのである[16]。

V　バブル崩壊と不良債権の先送り・隠蔽

　バブルが崩壊し、長銀の最初の危機は、長銀本体が融資できない不良案件を回され、体力が弱っていた系列ノンバンクから噴き出した。1990年末から91年初旬にかけて、系列の長銀インターナショナルリースの経営が悪化した。同社の経営悪化のきっかけは、融資先の相次ぐ破綻であった。しかし、頭取でさえ、系列会社の抱えている不良債権の実態を把握できていなかった。そこで急いで調査する必要性が生まれ、そのためのプロジェクト・チームが作られた。その調査結果による長銀グループの不良債権額が、前述したタイの国家予算に匹敵する驚くべき金額だった。

　そこで、この膨大な不良債権を処理するかどうかの決断を迫られたが、堀江頭取の下した結論は、先送りだった。この決定は、この時点では、株式の含み益もまだあるし、地価は回復するであろうという楽観論からきていた。

　そして、不良債権を処理するために、92年6月に「事業推進部」が発足

した。不良債権を処理する後ろ向きの業務であるにもかかわらず、事業推進という名称は奇妙に思われたが、その後、不良債権の処理は、「不良債権の事業化を推進する」形でおこなわれたことを考えると事業内容にふさわしい名前であった。しかし、実際には、不良債権の処理は先送りされ、その結果処理どころかむしろ不良債権は膨らみ続け、さらにはそれを隠蔽する組織になっていった。

そして、不良債権を処理するはずの「事業推進部」の担当者たちは、バブル期に不動産関連の乱脈融資を積極的に推進した当事者たちであった。「業務推進部」の部長としてバブル期に先頭に立って不動産融資の旗振り役を務めた鈴木克治が、「事業推進部」の担当役員に就任した。この人事は、行内で波紋を広げたが、堀江頭取は「余人をもって代え難い」という理由でその就任を承認した。つまり、自分で企画・立案し、物事を前向きに進める、長銀にはめずらしい行動派であった。その彼が、事業推進部の設立と同時に98年3月まで専任の役員としてこの処理を陣頭指揮した。こうした人事ひとつとっても、不良債権の抜本的処理は期待できず、先送り・隠蔽の道を突き進まざるをえないというのが、行内の主流派の状況であった。鈴木らは、事実堀江頭取に、当初から「先送り」を提案していた。堀江を頭取に選んだのは彼とは親戚関係にあった杉浦元会長であった。堀江は国際畑を歩いてきた人間で、国内営業のことはほとんど分からない。したがって、取り巻きの主流派の意見で動かざるを得ない面があった。しかし、こうした人選を決めたのは、杉浦元会長であり、他の者が意見を差し挟める状況ではなかった。

この事業推進部は、計数管理部隊、処理部隊、関連会社部隊などに分けられ、完全な分業体制で業務が遂行されたため、部内ですら長銀全体の不良債権の実態を知っている者はほんの2、3人という異常ぶりであった。さらにスタッフの任期は非常に長かった。余人をもって代え難いと言われ、人事部も手を出せなかった。こうして全くの密室のなかで、事が進められていった[17]。

こうした経営組織内の状況のなかで、不良債権の処理が行われていったのだが、それは実際には、不良債権の先送りと隠蔽で、このことが長銀を債務

第9章 長銀の経営破綻とコーポレート・ガバナンス　271

図表 9-12　長銀の融資をめぐる実質系列会社との相関関係

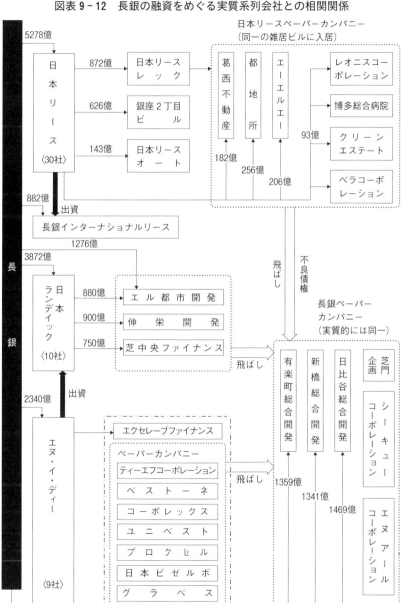

（出所）須田慎一郎『長銀破綻』（講談社、1998年）、115ページ。

超過に追い込み、その経営破綻を決定的にした。

巨額の不良債権を隠蔽するために、長銀グループは長銀と系列ノンバンクと受け皿会社（ペーパーカンパニー）との間に複雑に入り組んだ構図を作りだしたが、それらの間での融資をめぐる相関関係は、図表9-12に示されている。

こうして、受け皿会社は最終的に直系だけで19社、グループ全体では99社に上り、19社だけでも6960億円分もの不良債権隠しが行われたと言われている。

VI 市場の圧力に翻弄される長銀——護送船団行政の限界

(1) 市場とメディアに翻弄される長銀

大野木が1995年4月、イ・アイ・イ・グループへの過剰融資および東京二信組問題で責任を取り辞任した堀江鉄弥の後任として第8代頭取となった。長銀が生き残るには投資銀行業務しかないが、自前でやっても時間がかかりすぎる。そこで、大野木は、外資系金融機関との提携を模索し、97年7月15日、スイス銀行（SBC）との業務・資本提携に合意した。スイス銀行は、同年12月8日、スイス・ユニオン銀行（UBS）と合併し、スイス・ユナイテッド銀行（UBS）になると発表した。

スイス銀行側から「合弁事業は予定通り」との確約が得られたことと、新銀行の人事でスイス銀行出身者が重要ポストを占めたことにより、長銀内では安堵の感が広がった。前述の提携の具体化として、98年4月15日には、投信・投資顧問子会社の長銀UBSブリンソン投資顧問が、そして6月1日には証券子会社の長銀ウォーバーグ証券がそれぞれ、合弁会社として営業を開始した。

しかし、この頃には長銀の体力もすでに相当弱っており、不良債権処理の遅れも頻繁に話題になり、株価はズルズルと下がり続けていた。そして、6月5日発売の講談社の月刊誌『現代』7月号が、長銀の資金繰りが悪化していることや不良債権処理が難航していることを分析したリポートを掲載し

た。この日の各社新聞には、この月刊『現代』7月号の広告の右トップに、「『長銀破綻』で戦慄の銀行淘汰が始まる」というショッキングな記事のタイトルが付けられていた。

そして、4日後の9日には、長銀株は思わぬ展開を見せた。この日の寄り付き直後から、長銀ウォーバーグ証券が138万株もの売り注文を出したのである。合弁会社であるはずの身内の証券会社が、大量に長銀株を売ったことで、当然ながら「UBSと提携解消か」という憶測を呼び、株価は大きく下げた。長銀ウォーバーグ証券が長銀株の大量の売り注文を市場に出したことにより、他の外資系証券会社がこれに同調し、売り一色になった。手法は大半が空売りであった。ヘッジファンドの思惑が絡んでおり、長銀ウォーバーグから注文を出すのが一番効果的であると考えたかも知れないが、確証はつかめない。しかし、この結果、この1カ月間で、長く停滞していた市場のなかで、長銀株は格好の利益を上げられる銘柄とされてしまった。

長銀ウォーバーグの言い方は、「顧客の売り注文をつないだにすぎない」ということであった。しかし、たとえそうであるにせよ、長銀株を大量に売ればどのような影響が出るかは火を見るより明らかだったはずである。いったい誰が、どういう目的で、この微妙な時期に長銀ウォーバーグ証券を通して長銀株を売却したのか、真相はいまだに明らかにされていない。このことは長銀内部にUBSに対する疑念を抱かせることになった。また、市場に対しても、長銀とUBSの提携に対する不安を決定的に印象づけた。

さらに、6月19日、共同通信が配信した記事が、日本金融界の一角を占めてきた長期信用銀行体制に決定的な影響を与えた。「長銀、日債銀との合併も、政府主導で対応検討急ぐ」といったタイトルを打った記事であった。政府は長銀の自主再建は困難と判断し、日債銀との合併を含む具体的な対応策を急いでいる、というのがその記事の内容であった。この日の配信を受けて、産経新聞、東京新聞などが「自主再建は困難」などの大見出しをつけて夕刊一面で報道した。この日も、長銀株は急落した。外資系証券会社が一斉に空売りを浴びせたと思われる。

この暴落は、前日にアメリカの有力格付け会社ムーディーズ・インベス

図表 9-13　長銀の株価の推移

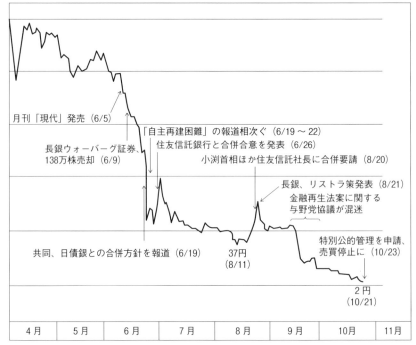

（出所）須田慎一郎『長銀破綻』（講談社、1998年）、29ページ。

ターズが長銀の格付けを引き下げたことが直接の原因であった。6月の初旬以来、日本の金融機関の不良債権処理の遅れを懸念材料として、株、為替、債券のトリプル安が日本を直撃していた。なかでも長銀株は、経営不安報道に加えてUBSとの提携解消説が市場に流れたこともあって、じりじりと値を下げていた。そういう状況のなかで、ムーディーズが長銀の劣後債の格付けを従来の「Ba1」から「B1」へと一挙に三段階も引き下げたのである。「投資不適格」の烙印を押された長銀株が売り状態になるのも当然の状況であった。こうした様々な市場の圧力とメディアからの攻勢により、長銀株は図表9-13のように、6月に一気に値を下げることになった[18]。

(2) 大蔵省の護送船団行政の限界

　以上において、長銀が市場の圧力に押し潰されようとしている状況を見てきたが、このことを少しコーポレート・ガバナンスの観点から分析することにしよう。長銀の経営者は、経済・産業・金融市場の構造変化に対応した経営革新を怠り、高度成長期の右肩上がりの「成功体験」に基づいた経験主義によって、変化を拒み、保守本流の主流派のもとで、伝統的な銀行業務を続けてきた。その結果、非常に非効率的な経営に陥った。また90年代にバブルが崩壊した後も、その流れを変えることなく、不良債権を抜本的に処理せず、それを先送り・隠蔽することによって、その場しのぎの経営を続けてきた。このことが、非効率的な経営をさらに深刻化させ、長銀の経営体力は低下の一途を辿った。

　こうした長銀の経営のあり方に容赦なく市場の圧力が襲いかかったことから、株価は暴落することになった。これは、投資家が、証券市場のメカニズムを通して、「株主重視の経営」に転換しない経営者に対して、株価の暴落という形でチェック機能を発動させた結果である。国内の法人株主に守られていた時代から、金融・証券市場の国際化が進展した時代に移行した現段階において、海外の投資家によるコーポレート・ガバナンスのきつい洗礼を受けることになった。長銀は、ヘッジファンドが国際市場を席巻する金融・証券市場のなかで、投機化した市場メカニズムの淘汰の荒波に呑み込まれようとしている。

　ところで、戦後の日本の金融市場においては長らく、大蔵省は、先進諸国へのキャッチアップ政策による国際競争力の強化のために金融機関の規模の拡大を最優先し、金融システムの安定化のために1行たりとも銀行は倒産させないという意図から、金融規制を制定化し、事前予防型の金融行政および護送船団行政を行ってきた。それは市場メカニズムの働く余地が極めて少ない金融市場であった。

　金融自由化が進み、バブルが崩壊し、多くの金融機関が経営破綻した90年代においても、日本政府および大蔵省は対外的にも「大手20行はつぶさない」と国際公約し、「トゥー・ビッグ・トゥー・フェイル（大銀行ゆえにつ

ぶせない)」という政策を採ってきた。しかし、金融の自由化・国際化の進展とバブル崩壊の深刻化はさらにその度を増していった。そして、97年11月の金融危機において、都市銀行の一角である北海道拓殖銀行、四大証券の一角である山一証券が経営破綻するに至って、それまでの大蔵省による護送船団行政は行き詰まり、その有効性は限界に近づいていることを白日の下に晒した。

このように、日本の従来の金融行政は行き詰まりを見せ、金融システムの安定化のために、新たな金融システムと金融行政への移行が必要となってきた。そして、こうした時期を目前に控え、1996年秋に金融ビッグバンが打ち出された。そこでは、金融自由化を急激に押し進めることが目標とされ、従来の金融行政から市場メカニズムを基礎とした明確なルールによる「透明で公正な金融行政」への移行が目指されている。しかし、コーポレート・ガバナンスの観点から見て、この前後において、日本の金融当局である大蔵省の金融機関に対する監督体制・チェック機構は、いかなる問題点を持っていたのか、また経営者の意識は新しい金融行政にふさわしいものであったのか、これらの点を次の項で考察することにしよう。

(3) 金融当局によるコーポレート・ガバナンスの問題点

戦後日本のコーポレート・ガバナンスの特徴は、メインバンク・システムを中軸としたものであると言われてきた。というのは、商業銀行であるメインバンクは、短期金融を中心としており、企業の資金の流れを日常的にフォローすることによって、企業の経営状態を正確に把握しうる位置にあるからである。では、企業の経営状態の監視主体がメインバンクであるならば、金融機関の監視は誰が担うことになるのか。企業とメインバンクは緊密な取引関係にあり、株式持合いをしているといっても、企業が金融機関を監視することはない。それは、金融当局である大蔵省の金融行政においてなされてきた。したがって、企業とは異なり、金融機関のコーポレート・ガバナンスを考える場合、金融当局の金融行政のあり方を分析することは不可欠の課題となる[19]。

しかし、前述したように、戦後の日本においては、政府・大蔵省は、キャッチアップ政策から金融機関の規模の拡大を最優先し、国際競争力を強化することを主要な目的としてきた。したがって、個々の金融機関に問題があっても、根本的な処理をしないで目をつぶる傾向が強かった。こうした大蔵省の金融行政の主要な目的からすれば当然の結果であるが、明確で透明なルールを作成し、それに違反したものは事後的に厳しく罰するという「事後行政」を採ってこなかった。曖昧な通達を出し、何か問題があっても大蔵省の裁量で処理してきた。また、問題が生じても、厳しく罰することはせず、問題が表面化することを避けるために事前に処理してしまう。それも国民への説明責任（アカウンタビリティー）を果たすことなく、密室で秘密裡に処理する。こうしたやり方が戦後長い間続いてきた。これらの日本の金融行政の特徴は、「裁量行政」、「事前行政」、「密室行政」と呼ばれてきた。

この金融行政のあり方は、監督当局でもある金融当局と金融機関との間に、「癒着関係」を生み出しやすい構造を初めからもっていたと言える。コーポレート・ガバナンスという観点から見た場合、こうした金融行政のあり方で、金融機関に対するチェック機構は有効に機能するのであろうか。

バブルの崩壊後、金融機関には様々な問題が表面化した。その一つが、不良債権処理の仕方である。大蔵省は、「信用秩序の維持」・「金融システムの安定化」という名のもとに、各金融機関が抱えている不良債権額の公表をできるだけ過少に評価するという形でこの問題に対処し、金融機関による不良債権処理の「先送り」を後押しする金融行政を行ってきた。

また、両者の「癒着関係」の必然的な結果として、1998年1月には、銀行のMOF担による大蔵官僚に対する「接待汚職」が表面化した。大蔵省金融検査部の検査は、都銀で3、4年に一度、地銀で2、3年に一度程度であるが、事前通告は一切なく、抜き打ちが原則となっている。このため、検査の日程や対象を事前に探ることがMOF担の腕の見せ所となり、行内のエリートたちがMOF担となっている。検査の順番は金融機関ごとにほとんど決まっており、いろいろな「慣行」で日程がある程度は読めるようになっている。しかし、検査が間近になると、その日程を正確に確かめ、対象支店を探

るために、集中的な接待が行われる。そして、検査官自体がその「接待汚職」にまみれていたのである。その結果は、銀行はそれらを正確につかみ、事前に対応策を細かく検討するのである。これでは、厳しい検査など期待できるはずがない。

しかも、その検査にも「さじ加減」の要素がつきまとうのである。銀行の貸出債権は、貸付金が回収可能かどうかで、四段階に分類されている。第一分類は「健全債権」、第二分類は「注意は必要だが直ちに不良債権化の恐れは少ない」、第三分類は「利払いが滞るなど融資先の経営が悪化し回収に重大な懸念がある」、第四分類は「倒産などで回収困難な状態」と規定し、第三、第四分類が不良債権とされる。しかし、実際の検査においては、銀行が第三、第四分類の貸出債権を、第一、第二分類に分類して、不良債権を過少に評価する操作をしても、それらを詳細に検査することなく承認してしまう。実際、長銀における96年3月期決算の検査においてそうであった[20]。

これでは、金融当局が、金融機関を厳しく監督し、チェック機構としての役割を果たしているとは言えない。問題の表面化を避けたい大蔵省と粉飾決算で経営状況を良く見せたい銀行との、こうした両者の癒着関係が、不良債権問題の抜本的処理を先送りし、事態の深刻化を招いたのである。

Ⅶ 政争の具として翻弄された長銀

(1) 自民党と大蔵省——官主導から政治主導へ

長銀は市場とメディアに翻弄されただけではなく、政争の具としても翻弄されることになる。特に、1990年代後半に住専処理をめぐって6850億円の公的資金を投入したことで、国民からの批判が噴き出し、その批判が特に大蔵省に向けられたことから、大蔵省が表立って新たな公的資金投入に向けて動くことができず、金融危機対策についても、官主導から政治主導へと力関係が変化した。この傾向はその後も続き、このことが護送船団行政の限界をさらに露呈し、長銀破綻に拍車をかけた側面がある。そこで本項では、まず1998年3月期に新たに公的資金が投入されるまでの経過を見ておくことに

しよう。

　新たな公的資金投入を含む金融危機対策の動きが強まったのは、1997年11月の金融危機においてである。特に、拓銀の破綻から一夜明けた1997年11月18日、自民党は臨時経済対策協議会を開き、公的資金の投入を軸とする金融不安の解消策の検討を始めた。さらに、12月25日には、自民党緊急金融システム安定化対策本部（本部長・宮沢喜一元首相）が公的資金投入による資本注入の枠組みを検定し、その後、政府と与党・自民党は30兆円の公的資金枠を設けることで合意する。

　この動きが、1998年2月の金融安定化二法案（預金保険法改正案、金融機能安定化緊急措置法案）の成立と最大30兆円の公的資金投入の枠組み作りに結実し、3月に公的資金投入が実施された。

　しかし、この新たな公的資金投入の実施に至る過程は、決して平坦ではなかった。1996年の住宅金融専門会社（住専）処理への公的資金投入は、当時国民の強い批判を浴び、それ以来、政府では公的資金は「タブー」視されてきた。特に、批判の矢面に立ったのは大蔵省であった。「税金を使った銀行救済」といった批判は、やがて大蔵行政のあり方全般へ広がり、金融・財政分離論など組織解体の危機にまで追い詰められた。その後の金融危機対策が政治主導で進んだ素地はここにある。大蔵省が公的資金投入を軸とした金融危機対策に対して消極的な姿勢を取り続けた要因としては、住専問題以外にもあった。その一つは、金融ビッグバンが打ち出されたことである。その精神は、それまでの護送船団行政から訣別し、市場原理に任せるというものであったからである。それは大蔵行政のあり方の批判とも重なっている。

　しかし、政治サイドの判断はそうではなかった。危機感を強めた自民党は、そうした大蔵省を見限って公的資金投入の方針に動き始めた。その危機感は、97年11月の金融危機だけではなかった。自民党がこの方針を固めた背景に、長銀問題が大きな役割を果たしている。この時点での長銀問題とは、98年3月期の決算までにしかるべき手を打たなければ自己資本比率が8％はおろか6％を割り込みかねないという深刻なものであった[21]。

　こうした経過をコーポレート・ガバナンスの観点から見ると、ステークホ

ルダー(利害関係者)としての国民による従来の大蔵省の金融行政に対する批判が、大きな役割を果たしていることがわかる。住専問題は銀行がバブル期に乱脈融資をした結果であり、本来ならば銀行自らの負担で処理すべき問題であったにもかかわらず、銀行の経営者の責任問題を曖昧にしたまま、国民の税金で住専問題を処理し、税金投入で銀行の負担を軽減する結果となった。銀行の経営を監督するはずの大蔵省が、その役割を果たさず、しかも銀行の経営者の責任を厳しく罰することなく、国民の税金でもって銀行を救済するという大蔵省の金融行政のあり方に対する国民の批判が、それまでの大蔵省の護送船団行政を追及する結果となった。これは、大蔵省がこれまでの銀行経営の監督行政のあり方を見直さざるを得ない契機となったという意味で、コーポレート・ガバナンスの観点からみて、国民がステークホルダーとしての役割を果たしたことを意味する。

(2) 金融再生国会——自民党と野党(民主党)の対立

長銀が、金融再生国会での与野党の政争の具として翻弄され、論戦と駆け引きで揉みくちゃにされるなか、その経営危機は一層深刻化した。図表9-14をみると、金融再生法案に関する与野党協議が混迷した9月に長銀の株価は、額面を割り込み大きく下落した。その意味で、長銀の経営破綻の要因として、この政治問題も無視できない。というのは、長銀は一種の「国策銀行」として設立され、自民党、特に当時蔵相で長銀設立の提唱者であった池田勇人の流れを汲む宏池会の代表である宮沢喜一氏との関係が強かった。そこで、何としても長銀を救済したい自民党と長銀処理を新たな破綻処理制度の典型例にしたかった野党・民主党との対立は、激しさを増すことになる。こうした経過から、長銀は政治の渦に巻き込まれざるを得ない運命を最初から背負っていた。

金融機関の慢性的な不良債権問題をどう解決するのか、この問題への政策的な処方箋には根強い対立軸がある。一方では、公的資金による資本注入で銀行の経営体力を温存しながら回復を待つソフトランディング路線、他方では、経営破綻も辞さない覚悟で一気に金融の膿を出そうとするハードラン

ディング路線、この両者の対立である。ソフト路線は、政府・自民党主流派が一貫してとり続けてきた。ハード路線は、自民党非主流派と民主党など野党である。この政争は、金融再生国会のなかで燃え上がり、長銀はその対立の象徴とされ、その結果、衰退の一途を辿った。

　98年3月に新たに公的資金が投入されたことについては、既に述べた。しかし、この程度の資本注入で、不良債権問題を解決できると見る金融市場関係者は皆無であった。そこで、政府・自民党は、98年5月以降、ある程度の金融不安には目をつぶってでも大手銀行の不良債権処理を進めるという姿勢を鮮明にし始めた。そして、7月の参議院選挙を大過なく乗り切るという見通しのもとに、すでにある13兆円の公的資金枠に加え、破綻銀行の借り手保護を図る「受け皿銀行」制度や不良債権の担保不動産を売却しやすくする権利関係調整および債権流動化のための諸制度からなる「金融再生トータルプラン」を秋までに法制化する考えであった。そして、7月2日にまとまった「金融再生トータルプラン」に盛られた日本版ブリッジバンク制度は、破綻金融機関に国が金融管財人を送り込み経営権を掌握したあと、引き取り手の金融機関が現れない場合には預金保険機構が全額出資する金融持株会社「平成金融再生機構」が子会社としてブリッジバンクを設立して業務を引き継ぎ、借り手企業の連鎖倒産を防ぐというものであった。

　しかし、大手銀行は破綻させず、13兆円の枠内で合併・再編させるつもりであった。長銀もこの路線の延長線上で考えられており、ブリッジバンク制度とは無縁と考えられていた。つまり、公的資金と大手銀行との合併によって、救済しようと考えられていた。そして、合併相手として住友信託銀行の名が浮上した。

　だが、このシナリオは、7月12日投開票の参議院選挙で自民党が歴史的な大敗で単独過半数を大きく割り込み、民主党が大勝利をおさめた結果、瓦解することになる。選挙後招集された国会は、参議院での与野党逆転状態のなかで、冒頭から混迷の様相を呈した。野党三会派（民主党、平和・改革、自由党）は、参議院選挙勝利の余勢を駆って、共同対案を出して徹底抗戦する方針で一致していた。こうしたなかで、民主党は、長銀処理が新たな破綻

処理制度の真価を問う試金石となるという認識から、一時国有化など新たに設ける「破綻処理策」を長銀にも適用する思い切ったハードランディング路線を貫く姿勢に傾斜していく。こうして、ソフト路線の自民党との溝はいよいよ深まり、長銀を「破綻させるのか」「破綻させないのか」という対立の構図は鮮明さを増していった。

　最終的には、自民党が民主党に譲歩をすることによって、9月18日、長銀は「特別公的管理（一時国有化）等」で処理することで与野党が合意した。こうして、長銀の特別公的管理を含む新たな破綻処理制度を盛り込んだ金融再生関連四法案は10月2日に衆院を通過し、12日には参院で可決成立した。そして、金融再生法は23日に施行され、同じ日に長銀はその適用を受け、特別公的管理（一時国有化）を申請した。ここに、長銀はその歴史的使命をようやく終えることになる[22]。

　一時国有化からほぼ1年後の99年9月28日に、金融再生委員会は長銀を米リップルウッド・ホールディングスを中核とする国際投資組合に譲渡することを決定した。そして、2000年2月に、最終譲渡契約が結ばれ、3月2日に新しい長銀の営業が開始され、6月5日からは、銀行名も「新生銀行」と改められた。

おわりに

　長銀の設立からその破綻に至るまでの経過を概観しながら、長銀が経営破綻せざるを得なかった原因を究明してきた。

　その原因の第一として、経営環境が大きく変化するなかで、設立の時期における歴史的使命を早い段階で終えていたにもかかわらず、なぜ経営路線の転換を図れなかったのか、第二として、バブル期に収益至上主義に走り、審査部門を融資部門に組み込み、審査権限を縮小する組織改革を行うことによって、返済見込みのない不動産融資に急傾斜していったが、なぜその経営方針をチェックできなかったのか、第三として、バブル崩壊後に大量に抱えることになった不良債権の抜本的処理を怠り、先送り・隠蔽する路線を取り

続けたことが債務超過を招いたが、それについてもなぜチェックできなかったのか、第四として金融機関の経営状態のチェック機構としての役割を担っている監督官庁である大蔵省の金融行政のあり方と長銀の経営破綻との関係、といった問題を解明してきた。

以上において、長銀の経営破綻をコーポレート・ガバナンスの観点から分析することによって、その原因をよりよく解明できることが明らかになったと思われる。

1) 以上については、日本長期信用銀行『日本長期信用銀行十年史』（日本長期信用銀行、1962年）、29～44ページおよび岡田康司『長銀の誤算』（扶桑社、1998年）、25～28ページを参照した。
2) 以上については、『日本長期信用銀行十年史』、55～63ページ、および共同通信社社会部編『崩壊連鎖』（共同通信社、1999年）、12～15ページを参照した。
3) 以上については、野田正穂・谷田庄三編『日本の金融機関（上巻）』（新日本出版社、1984年）、223～227ページを参照した。
4) 以上については、『日本の金融機構（上巻）』、234～236ページ、『長銀の誤算』、37～39ページを参照した。
5) 長銀における金融債の個人消化体制の強化については、日本長期信用銀行『日本長期信用銀行25年史』（東洋経済新報社、1977年）、第4章第4節および第5章第4節を参照されたい。
6) 『崩壊連鎖』、15ページ参照。
7) 以上については、『日本長期信用銀行25年史』第4章第5節、第5章第5節および『長銀の誤算』第2章・第5章を参照した。
8) 『長銀の誤算』、146～147ページ参照。
9) 以上については、『崩壊連鎖』、16～17ページを参照した。
10) 以上については、『崩壊連鎖』、18～19ページを参照した。
11) 日本の金融を憂う会『長銀破綻の真実』（とりい書房、1998年）、91ページ参照。
12) 以上については、日本経済新聞社編『検証バブル・犯意なき過ち』（日本経済新聞社、2000年）、56～59ページを参照した。
13) 以上については、日経ビジネス編『真説バブル』（日経BP社、2000年）および『崩壊連鎖』、21～30ページを参照した。
14) 以上については、『崩壊連鎖』、36～40ページ、須田慎一郎『長銀破綻』（講談社、1998年）、89～103ページ、箭内昇『元役員が見た長銀破綻』（文藝春秋、1999年）、38～39ページ、『長銀破綻の真実』、124～126ページを参照した。
15) 『長銀の誤算』、67～71ページ参照。

16) 以上については、『長銀の誤算』、160〜168ページ、『崩壊連鎖』、48〜52ページ、『元役員が見た長銀破綻』、115〜119ページ、250〜251ページ、『長銀破綻の真実』、111〜112ページ、114〜116ページを参照した。
17) 以上については、『崩壊連鎖』、38〜44ページを参照した。
18) 以上については、『崩壊連鎖』第2章、『長銀破綻』第1章、竹内正敏『実録　長銀・部店長会議』(オーエス出版社、1999年) 第1章を参照した。
19) ポール・シェアード氏は、『メインバンク資本主義の危機』(東洋経済新報社、1997年) のなかで、日本のコーポレート・ガバナンスの構造は、金融当局→金融機関→大企業→中小・下請企業といったピラミッド構造になっていると指摘している。
20) 「接待汚職」については、朝日新聞経済部『金融動乱』(朝日新聞社、1999年) 第8章、大蔵省の長銀に対する検査のあり方については、『崩壊連鎖』、72〜74ページ、197〜208ページを参照した。
21) 以上については、主に『金融動乱』第7章、『長銀破綻』第2章を参照した。
22) 以上については、『金融動乱』第10・11章、『長銀はなぜ破れたか』210〜218ページ、『犯意なき過ち』192〜204ページを参照した。

著者紹介

服部泰彦（はっとり　やすひこ）

1952 年　滋賀県に生まれる
1978 年　立命館大学経済学部卒業
1983 年　大阪市立大学大学院経営学研究科博士課程終了
1985 年　立命館大学経営学部助教授
現　在　立命館大学経営学部教授
主要業績
『現代の金融資本と株式市場』（単著、法律文化社、1993 年）
谷田庄三編『金融自由化と金融制度改革』（大月書店、1986 年）、第 3 章担当
上野俊樹・鈴木健編『現代の国家独占資本主義（上）』（大月書店、1987 年）、
　　第 1 章第 1 節担当
熊野剛雄・龍昇吉編『現代日本の金融』（大月書店、1992 年）、第 4 章担当

金融機関のコーポレート・ガバナンス

2016 年 8 月 30 日　第 1 刷発行

著　者　　服部泰彦
発行者　　黒川美富子
発行所　　図書出版　文理閣
　　　　　京都市下京区七条河原町西南角　〒600-8146
　　　　　TEL（075）351-7553　FAX（075）351-7560
　　　　　http://www.bunrikaku.com
印刷所　　亜細亜印刷株式会社

©Yasuhiko HATTORI 2016　　　　　ISBN978-4-89259-794-7